近代日本官僚制と文部省

「非主要官庁」の人事と専門性

松谷昇蔵［著］
MATSUTANI Shozo

法律文化社

はしがき

本書のサブタイトルに付された「非主要」という言葉に、どのようなイメージを抱くだろうか。おそらく良いイメージを抱く人はあまりいない。非主要だけでなく、「二流・三流」についても同様であろう。それが口に出されるかはともかく、これらの言葉は組織の序列や人の評価に付されがちな言葉である。そして、文部省はどの時期においてもこのような評価を受け、公然とそのように言われてきた。もっと言えば、中央各省の中で最下層に位置づけられてきたとさえ言える。これは政界・官界や、官界を目指す学生だけでなく、社会に広く共有された認識であった。

しかし、だからと言って、それをもって文部省を研究する意義が薄いということにはならない。逆である。文部省という鏡を一枚加えて近代日本の官僚制を覗きこむと、主要官庁たる内務省や大蔵省では見えてこなかった側面が新たに現れ、これまで内務・大蔵両省から見られてきた官僚制の姿を相対化できるのである。

本書では、各時期の文部省の人事と、それに伴う官僚の専門性の変質を検討することで、官僚制が大きく進展していく内閣制度導入（一八八五年）前後から一九〇〇年代初頭までの約二〇年間の文部省の特徴を明らかにする。個別行政としての文部行政の特徴だけでなく、近代日本の官僚制をより広域に見通し、それが内包していた問題や特徴を示す。本書の趣旨を端的に記せば、文部省の人事と文部官僚の専門性は、官僚任用制度に大きく影響を受けるが、それがかえって文部省の特徴を鮮明に浮かび上がらせることになった、と言うことである。官僚任用制度が整備されていく過程の時期だからこそ、文部官僚のあるべき姿に関して教育雑誌などのメディアで様々な議論を行う余地があった。

本書は二部構成からなる。第Ⅰ部では、近代日本における官僚任用の全体的な流れを踏まえて、文部官僚の特徴を論じる。第Ⅱ部では、官僚の職種や職務と、それに対する評価といったトピックごとに文部省を論じる。基本的には第Ⅰ部の官僚制の動向と文部省の変容を踏まえたうえで、第Ⅱ部へ読み進められることを想定している。しかし、たとえば教育雑誌による文部官僚の評価を先に摑みたい方は、第Ⅱ部第7章から読み始めてもまったく問題ない。

本書は、博士論文を元にしたいわゆる学術書であるが、一方で多くの方に手にとってほしいと考えている。このため、博士論文から表現や論理構成を可能な限り修正し、説明を加えた。また本書では、官僚の顔が見えるような記述を心がけた。たとえば、文部次官の辻新次と文部編輯局長の伊沢修二の殴り合いの喧嘩を呆れながら眺める新人官僚時代の沢柳政太郎（第1章）や、文部省の重要業務である学事巡視を拒絶し、後悔する依田学海（第4章）などの諸光景を想像しながら読み進めていただければと思う。

最後に、本書を現代的な問題に引き付けたい。現在の霞ヶ関内の状況は厳しい。長い労働時間の割に、それに見合う待遇を整備できておらず、他の雑務に時間が割かれ、政策立案などのやりがいのある仕事にエネルギーを注入できないという。結果として、仕事への充足感が得られず、現役官僚の離職が増え、キャリア官僚の志望者数は減少している。行政機関全体で質の高い人材の確保が急務となっている。官尊民卑の時代たる明治期を取り扱う本書から見ると、まさに隔世の感がある。また、ある学会の討論では「官僚が優秀である必要があるのか?」というコメントを聞いた。もちろんそのコメントをした研究者は、あえてそのように挑発的な問題提起をすることで議論を盛り上げようとしたのであるが、歴史学を研究する筆者には、「質の良い人材を行政機関へ」という近代以降の日本の前提を問い直すようなコメントに思えてならなかった。近代日本官僚制の整備過程を扱う本書を繙くことで行政機関の現状に思いを馳せ、現代官僚制を相対化するうえでいくらかの示唆を見出していただけるとしたら、筆者にとっては望外の幸せである。

目次

第Ⅰ部 文部省と官僚任用制度の展開

第Ⅱ部　文部官僚の変容と職種・職務・評価

凡　例

・史料の引用は、原則として旧字や異体字については新字や常用漢字に置き換えた。また、仮名遣いを一部改め、合字を分け、句読点を適宜補った。
・史料の引用に際して明らかな誤字は修正した。
・本文中では以下の略記を適宜用いた。（『教育時論』→『時論』、『教育報知』→『報知』、帝国大学→帝大、帝国大学文科大学出身者→文科出身者、帝国大学法科大学出身者→法科出身者、文官試験試補及見習規則→試補規則、文官高等試験→高文試験、『東京朝日新聞』→『朝日』、『読売新聞』→『読売』）
・なお帝大の略記に関しては、後の東京帝大を指すこともある。また、京都帝国大学の場合は京都帝大と記した。
・注や表を用いた「公文録」「官吏進退」「任免裁可書」「叙勲裁可書」は、所蔵元である「国立公文書館所蔵」の記載を省略した。
・本書で出典のみを記す場合は本文内に括弧で出典を記し、出典の記載に加え、それに関する説明を要するものには章末の注に記した。章末の注も適宜、著者・編者と出版年のみを記載し、参考文献一覧に詳細な書誌情報を記した。
・本文における出典の記載については、教育雑誌など歴史的な史料の場合はタイトルを付した。研究書については、著者姓と出版年を記し、巻末の参考文献に書誌情報を記した。
・表の出所の各種人物事典の一覧については、参考文献に記載した。

序章　近代日本官僚制のなかの文部省

1　なぜ文部省なのか——本書の背景

近代日本の国家構造を見ていくうえで行政官僚制（以下、官僚制と記す）への言及は不可避である[1]。近代後発国家であった日本においては政府の主導で近代化が強力に推進され、人材も行政機関に集中的に投入されたからである[2]。そのため明治維新以降の日本では、官僚制は国家の制度設計を担うアクターとして重要な存在であった[3]。近代日本を考察するにあたって、官僚に多くの注意が払われてきたのもこのためである。各時代において様々な官僚像が多くの研究によって提示されてきた。たとえば明治期の藩閥政治家を補佐する官僚像や、大正期の政党へ接近する官僚像、昭和期に台頭した革新官僚像が挙げられる[4]。官僚は時に権力を補佐し、時に権力の主体となった。

近代日本の官僚制に関しては、これまで主に法学領域、特に政治学と行政学の研究者が論じてきた（中野目 二〇二〇：二～五）。それらの領域では内務省と大蔵省（あるいは両省の官僚）への言及が多かった。これは両省が中央行政の中枢と見なされ、政治権力の作用が両省の検討を通して浮かび上がると考えられたからにほかならない。内務省は地方政府の政策実施や警察権を駆使した治安維持や選挙管理を一手に担ったことにより「政府の中心」と見なされ、他方で大蔵省は各省の予算配分を統括するために「政策の中心」と見なされた[5]。両省の存在感は内政各省の中で群を抜いていたのである。

しかし、こうした主要官庁やそこに属する官僚に関する研究が、必ずしも近代日本の官僚制や官僚への理解を深めてきたとは限らない。むしろそこで生み出されたイメージが、近代日本の官僚制への理解を狭め、歪めてきた可能性がある。特に内政に関しては複数の官庁に管轄が分かれていたにもかかわらず、内務省や内務官僚を中心に理解されてきた。[6] たとえば一八九四年の文官高等試験（以下、高文試験と記す）開始以後の官僚であれば、帝国大学法科大学出身で、法学の素養を持った奏任官以上の官僚がイメージされる。ただし、このような官僚のイメージは、後述するように明治末期以降に官界に入った内務官僚経験者によって語られた談話速記録の影響を強く受けている。当然ながら彼らのみで近代日本の内政が運用されたわけではなく、また「法科大学出身の官僚」と一口に言っても、個別行政領域ごとに彼らの内実は多様だったはずである。主要官庁や官僚だけでは見えてこない多様な官僚の様相を示すことは、近代日本の官僚制がいかに形成されてきたのかを再定義することにつながる。また、それが内務省などの主要官庁を客観視することにもなる。これが本書の原初的な問題意識である。

以上を踏まえて本書では文部省を取り上げる。近代日本の教育政策は強力な国家主導のもとに行われた。一八七一年九月の設置以来、その教育政策の企画・立案を担ったのが文部省であった。教育はしばしば国家の近代化を支える根底であるとされ、国民教育の成否が国家の発展・存亡を左右するという論理で語られることが少なくなかった。[7] 他方で、文部省は各省内の序列で最下位にあるとされ、こうした認識は官僚制の整備とともに顕在化していった。[8] このことは官僚志望の帝国大学の学生にも強く意識された。[9] また、文部省自体の廃省が唱えられ、内務省への吸収が主張されることも少なくなく、文部大臣は「伴食大臣」と見なされていた。[10] 府県は内務大臣の監督を受けており、地方教育行政への文部省の権限が限定的だったことも同省が軽視される要因であった。次節で述べるように、これまでの教育行政研究が戦前教育行政の問題と見なしてきたのが、内務省と府県の教育行政の権限の強さであった。それと同時に、その権限の弱さが指摘されてきた文部省は、その内部にまで考察が深められることはなかった。

以上から文部省は、国家主導で強力に推し進められた教育政策の企画・立案を行い、国民の養成を担ってきたにもかかわらず、中央各省内では二流・三流官庁と認識されていたことが分かる。このような文部省を中長期的に定点的に考察していくことで、また従来の研究で示されてきた内務官僚をはじめとする内政各省の官僚の実態を踏まえて文部官僚を考察することで、文部行政の個別行政の特徴だけでなく、主要官庁の検討では見えてこなかった近代日本の官僚制をより広域に見通すことが可能になる。くわえて、個別行政領域から日本の官僚制が内包する問題や特徴を示すことができる。

そこで本書では、特に官僚制度の展開が文部省にいかなる変化をもたらしたのかという観点から文部省を考察する。時期は、始点を内閣制度導入前後の一八八〇年代とし、終点を高文試験開始の一〇年後である一九〇〇年代半ばとする。これは、本書が一八九三年（明治二六）の文官任用令と翌九四年の高文試験の実施をもって官僚任用制度の確立と捉えているためであり、そのルートを経た官僚が各省の幹部（局長以上）を占め始める一九〇〇年代半ばを近代日本官僚制の一つの節目であると考えるためである。そして本書では、高文試験開始後一〇年間を高文試験初期として、その期間に試験を経て任官をした官僚を高文第一世代の官僚と記す(11)。一九一〇年代になると、彼らの多数は局長に就任し、その一部はすでに次官に昇進していた。ゆえに文部省の組織的な変容を論ずるにあたって、一九一〇年代まで見通す必要がある場合は、必要に応じて考察時期の終点を一九〇〇年代半ばから一九一〇年代まで広げたい。

2　近代日本官僚制と文部省はいかに研究されてきたのか——先行研究整理

(1)　近代日本官僚制に関する研究——内閣制度導入以降の官僚制を中心に

先行研究において官僚制、そのなかでも文部省はどのように扱われてきたのであろうか。まず官僚制研究の状況から見ていく。明治維新以降の日本の官僚制については多くの研究が蓄積されてきた。特に内閣制度・明治憲法体制下の官僚制の考察は行政学と政治学研究によって担われ、急速に整備されていく官僚制に関してだけでなく、行政の制度や慣習がいかに現代日本の行政や国家構造に影響を与えているかにまで検討が及んだ（辻　一九六九、赤木　一九九一、井出　一九八二）。ただし、官僚制総体の変化が、個別官庁にどのような影響をもたらしたのかについて経時的に検討した研究は少なく、各省内部の構造的な理解は深まらなかった[12]。前述した内務・大蔵両省の研究も、長期的に省内の内部構造の検討がなされてこなかったという点では同様である。このことは、行政学が日本官僚制を見るときに個別官庁の分析よりも、中央から地方に及ぶ官僚制支配の実態分析などから巨視的に国家の特質を明らかにすることに主眼があったのと関係してこよう（今村 一九九九：二六〇～二六一）。また、行政学が一九六〇年代を境に明治期を対象とした研究から急速に遠ざかったのも、中央各省内部の構造に関する研究が進展しなかった原因の一つと考えられる（牧原 二〇〇五：五五）。

また、政党勢力の消長が官僚制にいかなる変化を促したかという観点から、政官関係の研究が近年になり大きく進展した（清水 二〇〇七、黒澤 二〇一三、若月 二〇一四）。特に明治後半以降に徐々に影響力を持っていった政党が官僚制をいかにコントロール下に置いたかだけでなく、官僚制も政党に期待し、緊張を伴いつつも、政党と協働することで行政の活性化を企図していたことが示された。また、このような政官の協働関係が一九三〇年代前半以降に崩れていく過程が示されてきた。

内閣制度導入以後の官僚、特に一八八六年（明治一九）三月の帝大創設以後の官僚を概略的に説明する際には、内務・大蔵両省の官僚が多く取り上げられる傾向がある[13]。これは前述したように両省が政府の中枢であったということが大きく、特に地方政府、選挙、警察をはじめ内政に広範な権限を持っていた内務省を取り上げることは、(1)官僚制と政治との距離、(2)中央・地方関係、(3)それに伴う政策の立案と実施過程、を明らかにすることに繋がった（黒澤 二〇一三）。戦後早くから大霞会や内政史研究会によって内務官僚に関する史料が積極的に蒐集されたのも、内務省の国内における強力かつ広範な影響力を意識してのことであった。『内務省史』や『内政史研究会談話速記録』によって、明治末期以降の政策過程や人事慣習などの省内の組織文化が明らかにされてきた。内政史研究会に参加し、上記の談話資料を積極的に用いたのが升味準之輔の『日本政党史論』であることはよく知られる。このような史料の蒐集・蓄積と、それを積極的に使用した升味の研究をはじめとする内務省に関する研究成果の発信が、内務省や内務官僚に関する研究をさらに促進させるという循環的な側面を持った。もちろん升味の関心は官僚制そのものというよりも、官僚制が政党組織などの政治アクターといかなる関係を取り結んだかという点にあった。しかし、升味が描いた「専門化」と「政党化」していく官僚は明治末期から大正・昭和初期までの官僚の変容を端的に示すもので、内務官僚中心の分析であるものの、近代日本の官僚制像を創出し、現在まで大きな影響を与えている。

前述の『内務省史』で、「文部省も自ら事務系統には大学卒業者を採らないので、次官・局長・課長は、大体内務省から出向しているのが原則である」と記されるなど、文部省は概して内務省の周縁的・従属的な組織であると見なされてきた（大霞会 一九八〇：六二七）。これは戦前における文部省の評価に関わる重要な認識である。なぜなら、「内務省の文部省にたいする支配」（副田 二〇一〇：一一二）や「内務官僚による教育支配」（久保 一九九五：一一三）と評価するか、あるいは「両省間の協調関係」（福嶋 二〇〇一：二五）とするかは、内閣制度導入以降の文部省や文部官僚を、内政や官僚制全体の官僚群のなかでどのように位置づけるのかという問題に関わるからである。

そのため官僚制における文部省の位置づけを考察するには、内務省をはじめとする内政を掌る各省への目配りも必要となる。しかし、前述のように内政各省自体の研究は決して多くない[14]。たとえば内務省でさえも組織自体が研究対象となることは依然として少ない（黒澤 二〇一三：一四〜一五、大日方 二〇〇八：二）。その理由としては、関東大震災や一九四〇年（昭和一五）六月の落雷による火災、空襲による火災、敗戦直後の省内部の書類の焼却処分、戦後の各省の組織分割などによって各省の内部史料が焼失・散逸したことが挙げられる[15]。史料の欠損が内閣制度導入以降における中央各省の内部構造を分析することへの高いハードルとなっている。だからこそ、戦後に収録された官僚の談話は戦前の官僚制を考察するための重要な資料であった[16]。内閣制度以降の時期と、公文書などの史料が比較的残存している太政官制の時期とは、この点で状況を異にする。

また、前述した『内務省史』や『内政史研究会談話速記録』に記されている官僚経験者の各省内部やそこに所属する官僚への言及は、彼らが任官した時期の明治末期以降の官界である点に注意が必要である。一連の談話の影響力は大きく、彼らの口から語られる「事実」が、あたかも「戦前」の官僚の一般的なイメージとして敷衍されてきた側面がある。しかし、当然ながら談話では、話者が任官する前の内閣制度導入から高文試験初期までの明治中後期についてはほとんど語られない。ゆえに、内務官僚中心という話者の特性に加え、談話資料の時期の偏りに留意する必要がある。

(2) 文部省研究の障壁

では、文部省自体についてはいかに研究が蓄積されてきたのだろうか。まず『学制百年史』をはじめとする各「学制史」シリーズが挙げられよう。[17] これらはいずれも文部(科学)省編集の書籍という点で「文部省史」的な側面を兼ねていると言えるが、制度については精緻に記されている一方で、文部省内部の構造については局課の変遷を除いてほとんど描かれていない。この点は教育史編纂会『明治以降教育制度発達史』(龍吟社、一九三八～三九)も同様で、同時代においても「「教育法令編年類纂」ともいふべきもの」と揶揄された(藤原 一九四二:一二)。総じて教育制度への記述は充実しているが、文部省内部の説明は最低限にとどまる。

以上のように文部省内部についての説明がされてこなかった状況に対して、教育史研究ではどのように文部省に言及してきたのであろうか。結論から述べると、教育史研究では、文部省や文部官僚自体の分析が「領域外」と見なされてきたと考えられる。すなわち教育史研究における教育制度への考察は、個別の教育制度がどのような教育理念や現状から生起・形成されていったのかということが主たる関心であった。したがって教育史研究では、各時期の教育政策の特色と、その政策に付随する教育理念やそこに内在する問題への考察が深まった一方で、政策立案者である官僚に関しては政治・行政的な観点から深く議論されることは少なかった。[18]

くわえて一九七〇年代からの教育史研究は、中央から地方・地域教育の実態の解明へと関心を移した。その理由として主に、(1)学制や教育令、諸学校令などの研究、またそれに関わった大木喬任や森有礼、井上毅等の文部卿・文相や彼らが主導した各制度についての研究の進展により中央の文部省についての研究が「一応の達成」を見たと考えられたこと、[19] (2)一九七二年の「学制」発布百年を節目として地方・地域教育史への関心が高まったこと、の二点が挙げられる。地方・地域教育研究でも文部省の施策や意向が濃淡こそあれ言及されるが、そこでは個別の制度における教育理念と、府県・市町村などの動向や教育現場への影響が考察の主であった。そのため、現在まで文部省内の構造を経時的に見通すことにはならなかった[20]。このような状況は教育史研究者からも問題とされている（荒井 二〇〇四：二六九、中野 一九八七：一六）。

他方で、戦後の文部省・文部科学省（以下、文科省と記す）への研究に関しては、教育行政研究に主導されることが政治学領域では期待されていたとの指摘がある（曽我 二〇一九：二〇）。そこから類推すれば、戦前文部省に関する研究も教育行政学が担うべきであるとの期待が、教育史学や歴史学の領域ではあったのではなかろうか。もちろん教育行政研究でも戦前の教育行政について触れてこなかったわけではない。たとえば、教育行政研究では、近代日本の教育行政は一般行政に従属していたと認識されてきた。このような認識は戦後すぐに宗像誠也によって示され、現在までの通説となっている。宗像は、戦前に支配的であった「教育行政研究とは、行政一般に関する知識の教育の分野への適用に過ぎない」という思考を批判したのである（宗像 一九五四：三〇）。宗像は戦前の「教育行政者」は「行政的」な側面が強く、「教育的」な側面が弱かったと指摘し、それが戦前教育行政の問題であるとした（宗像 一九五四：二八〜三二）。たとえば教育行政の実施主体である府県や市町村が内務省の監督下にあり、そこで教育行政を担う官僚はその専門ではなく、行政の一領域として教育行政を処理するジェネラリスト型官僚であった。宗像はこのような官僚について、「大学を出たばかりの法学士が、府県の学務課長の椅子に依」って「やがては土木課長かなにかに栄転していく」と指摘し、アメリカの「教育行政者はまず教育自体についての識見を有すべき」とされる状況とは対照的であると述べた（宗像 一九五四：三〇〜三一）。府県の人事構造を踏まえた宗像の指摘は、教育行政が一般行政に従属していたことを端的に示す例として分かりやすい。しかし、この指摘はあくまで行政の現場を担う府県に関するものであり、教育行政の企画立案を担う文部省への言及ではない。

人事の構造とは別に、宗像は戦前の教育行政学の特徴についても言及している。彼は「永く文部省の要路」にあった松浦鎮次郎の著作を戦前の教育行政学の「代表的著作」の一冊として取り上げ、本著作を⑴官僚のためのもので、⑵現行法規を正当化し、⑶教育から出発するのではなく行政から出発していた、と批判した（宗像 一九五四：二二一〜二二二）。このような宗像による戦前教育行政学への批判は、後に教育行政（学）を歴史的な視角から考察した平原春好によって深められ、今なお通説とされている[21]。

しかし、以後の教育行政研究は個別の教育制度研究を除いて、戦前・戦後ともに文部省・文部官僚自体への言及は限定的になっていった。その原因として、⑴教育行政研究の主要な関心が、文部省ではなく、教育委員会制度へと移っていったこと（村上 二〇一一：二二一、二二六）、⑵ある時期まで「すべて」の教育行政の問題を文部省と日教組との二項対立で論じられてきたこと（村松 二〇〇〇：六二）、が指摘される。教育行政研究の比重が戦後教育行政に移っていくに伴い、戦前の教育行政については徐々に教育史研究の守備範囲となっていったと考えられるが、教育史研究の関心が教育行政機関内の構造的な検討になかったことは前述の通りである。くわえて、教育行政研究は政治学の理論的・実証的な成果をフォローして教育行政を説明する姿勢が弱かったことが指摘されている（村上 二〇〇〇：二八五）[22]。教育行政研究では、教育行政が行政領域でも特殊性を帯びている（べきだ）という前提があり、教育行政を行政の一領域と位置づける視点が教育行政研究に欠けていた。このため、諸学問領域（教育学、行政学、政治学）の関心が交錯するがゆえに、学術領域の棲み分け意識も相まって、文部省・文科省に関する考察が深まらず、結果的に戦後文部省・文科省内部の研究の立ち遅れを招いたとされている（曽我 二〇一九：二一〇）。

（3）近年の文部省研究

しかし、近年になり明治期における文部省への理解が徐々に深まってきている。教育史研究からは鈴木博雄らが、「明治期の教育行政の研究は、主として制度、行政の実施過程に重点を置いて進められて来たが、その実施の主体となった文部官僚の果たした役割に視点を置いて研究したものは極めて少ない[23]」という前提を踏まえ、文部官僚の中川元の新出史料を用いることで、一人の文部官僚の職務実態を明らかにした。しかし、これらの研究は中川についての個人研究という側面が強く、欧州派遣での経験や秘書官・視学官の業務といった中川のキャリアやそれに関わる業務の実態は明らかにされたが、このような中川の履歴や経験が文部官僚全体のなかでいかに位置づけられるかは論点として残る。

歴史学からは、文部省の内部や文部官僚について経時的、構造的に考察したものに鄭賢珠《ジョンヒョンジュ》と藤野真挙《なおたか》の一連の研究がある(24)。まず、鄭の論考で重要なのは、省内が学校長などの教育経歴を持つ「教育畠」の官僚で占められた明治中後期（一八八六年二月の文部省官制の制定から、高文試験の合格者が局長に就任し始める一九一二年頃まで）の文部省は、「教育界」とも結束して、「教育畠」ではない官僚を「異分子」として省内から排除するような言動があったことを明らかにした点にある（鄭 二〇〇五）。鄭は、他省から文部省への入省が少なかった明治中後期の文部省を見ることで、文部省は内務省から「出向」してきた官僚によって占められてきたとされる定説に修正を迫った。しかし、この内務官僚の「出向」は一八九〇年代末の明治後期以降に顕著になる現象であり、この点で鄭の検討はそれが本格化する前の時期であり、明治後期以降に内務省から異動して、文部省に定着する官僚をどのように評価するかについてはなお検討の余地がある。

藤野真挙は、明治二〇年代の文部省に着目し、文部官僚が「自らを一介の行政官ではなく、教育を担当するに相応しい知識や経験を持つ教育専門官」と規定し、メディアの報道も相まって文部省が「聖域化」していく過程を明らかにした（藤野 二〇〇九）。特に文部省は一行政機関でありながら政局とは可能な限り距離を取るという「擬制的に政局外」たる位置を得ていったという指摘は、文部省が国家の重要事項である教育を管轄するがゆえに政局から切り離されたことと、政治権力から遠くに位置するがゆえに「二流、三流」官庁とされたことの両側面を整合的に説明できるという点で重要である。

人事をはじめとする文部省内の構造的な分析と、それに対する同時代の評価を浮かび上がらせる鄭と藤野の研究は本書の研究手法と共通する。また、両者の研究は明治中期の文部省を取り上げることで、昭和戦前期の時期を想定する宗像の研究が示したものとは異なる文部行政の状況があったことを示している。一方で、たとえ文部省が政治や官僚制全体の動向から距離をとり、独自の領域を築いていたとしても、やはり文部省は行政機関の一部であり、官僚制度の影響を受ける。鄭と藤野の両者の論考は、他省からの人事流入の少なさやメディア史料の言説を取り上げることで文部省の特殊性を明らかにしているが、それを内政各省の動向をはじめ官僚制全体の推移と絡めて考察することで、文部省の特徴がより浮かび上がってくるのではなかろうか。

鄭や藤野の考察時期から下った高文試験実施以降の時期に言及したものには、福嶋寛之の研究がある（福嶋 二〇〇二）。福嶋は、大正期（特に第一次世界大戦後）に社会教育を推進した「社会教育」官僚の対となる存在として、高文試験を経て内務省から文部省へ異動した官僚を据えた。ここで注目するべきは、「社会教育」官僚を説明する前段階として、福嶋が高文試験以降の文部省の任用数や文部官僚の経歴を自身で整理する必要があった点である。このことから高文試験以降の文部官僚の実態把握が福嶋論文の以前には蓄積されてこなかったことが分かる。ただし、福島論文中の有光次郎や劒木亨弘《けんのきとしひろ》らが語る『内政史研究会談話速記録』中の文部官僚は、厳密には昭和期以降の文部官僚であり、きわめて時限的な文部官僚像であることに注意が必要である。

また、本書の考察時期の前となる太政官制期ではあるが、湯川文彦の研究は内閣制度導入以降の文部省を考察するうえでも重要である。湯川は文部省による教育政策がどのように展開されていったのかということを、文部省上層部（主に文部卿）の個人史料や地方公文書などの史料の発掘によって捉え直した（湯川 二〇一七：第二、八、一〇、一一章の各章）。政府内の立法と事務の全体的な構想を示したうえで、学制や教育令の制定における文部省（文部卿）の政策方針を検討した。従来の教育政策史では各制度間における文部省の変化を強調していたが、そのような通史的理解（たとえば、教育令＝自由、改正教育令＝統制・干渉）への再考を促し、むしろ文部省の政策方針の一貫性や継続性を浮かび上がらせた。湯川は、⑴文部卿が長期間不在という状況で、事務方上層部は固定されていたこと、⑵教育事務の「国家」化が図られるのは明治一四年頃からであったこと、⑶これらの二点は、教育事務の一貫性・継続性を意図するものであったことを指摘する（湯川 二〇一七：第一一章）。これは、内閣制度導入前後を取り上げる本書にも重要な指摘であり、文部行政のあり方と人事がいかに接続し、そこに見られる特徴はどのようなものであるかという本書の問題意識とも関わる。

3　文部省の人事と文部官僚の評価への着目——課題と視角

（1）解決するべき課題

前述したように、教育制度を取り上げる研究では、文部省がいかなる組織であるかという点は明らかにされてこなかった。しかし、このような状況を受けて近年では、文部省の内部構造を明らかにした研究も出てきている。それらは文部官僚の人事や省内外の言説分析によって文部省の特殊性を示す傾向にある。本書もそのような視角に影響を受けている。しかし一方で、文部省が中央行政機関の一つであることを考えると、その特殊性を官僚（制）全体の動向から位置づけることなしに、文部省の特殊性の意義を十分に理解することはできないと考えている。文部省研究においては、省内ポストの特色と官僚登用という側面から人事が分析されてきたが、官僚制の展開が文部省にどのような影響を与えたのかについてはより考察を深めていく必要がある。

以上から、官僚制の動向を踏まえて文部省の特殊性自体を整理し、相対化しておく必要があろう。すなわち特殊性を前提とするのではなく、官僚制全体から文部省を見たうえで、文部省の特徴を検討する必要がある。官僚制の進展に伴い文部省の個性がどのように変化するのか（しないのか）を明示していく必要があろう。そのためには中長期的なスパンからの考察により、一行政機関としての文部省の特徴やその変化を明らかにすることが可能になると考える。

そこで本書では、文部省の特徴やその変化を記述するために、局課の変遷などの省内の機構だけでなく、官僚の経時的な変化に着目する。官僚という各省共通の構成員（ヒト）を考察することで、各省の任用・登用の比較も容易になる。それが結果として官僚制全体を見渡すことを可能にし、個別行政である文部行政の相対化にも資すると考えるからである。(25) また、官僚の養成などの人材資源の管理は各省の特徴が顕著に現れる。それらの変化を見ることで、文部省の変化を明示できると考える。以上から本書の課題を具体的に述べると次の二点になる。

第一に、内閣制度導入前後から文官任用令制定までの官僚任用制度の整備過程で、文部行政を担う官僚の変化を浮かび上がらせ、官僚制全体の中での文部省の特徴を明らかにする。

第二に、同時代における文部官僚への評価の変遷を明らかにする。これは文部官僚が各時期でどのような特徴を持つと認識され、それが官僚制の進展のなかでどのように捉えられていたのかを浮かび上がらせるという点で重要である。もっとも、先行研究でも文部省の特殊性を示す要素として、主にメディアによる文部官僚の評価が示されてきた。しかし本書では、文部官僚に対する評価の変遷にも注目する。個々の官僚の評価だけでなく、集団としての文部官僚の評価の基準は不変ではなく、官僚制の展開とともに経時的に変化していったはずである。その評価を明らかにした先にこそ、官僚制における文部省や文部官僚の立ち位置が自然と浮かび上がるからである。

(2) 分析視角

本書では、第一の課題を解決するために文部省の人事に焦点を当てる。その理由として、人事は公開性や客観性が高く、ゆえに中長期的なアプローチが可能であるという点が大きい。また、文部省の各時期の政策課題については、人員の配置を見ることでより鮮明に浮かび上がってくる。個々の官僚のバックグラウンドと省内ポストとを関連づけながら各時期の文部省の政策課題とその変化にも言及できる。そこで、官僚の人事、とりわけ任用・登用に焦点を当てる。養成・昇進とともに人材の任用は、行政機関のみならず組織の「核心」「土台」であると言われる以上（稲継 一九九六：i、二〇七）[26]、文部省がどのような人物を任用・登用するかを見ることで文部省の根幹となる価値観が端的に浮かび上がると考えるためである。特に原則として新卒者を組織の最高位までもっていく帰属モデルの官僚制と言われる日本の官僚制を考察するには、任用は重要な要素である（村松 一九九四：一五、四七〜五二）。もちろん本書が扱う時期の官僚は一つの省のみでキャリアを完結させず、異なる省へ転籍し、複数の省をまたぐ経歴を持つ者が多い。本書では、このような官僚が数多く存在した状態から試験による資格任用が確立し、徐々に帰属モデルの官僚制が形成されていくなかで、文部省の特徴がいかに現れるかを示したい。

くわえて任用者数の推移や、任用・登用される官僚が文部省と他省とではどのような共通点と相違点があったのかを明らかにする。文部省の特徴を論じるためには、他省の状況を踏まえなければ、それが果たして文部省の特徴なのかということを説得的に示すことは難しいからである。前述したように本書では考察時期を主に内閣制度の導入前後から、高文試験を経た官僚が幹部である局長に就任し始める一九〇〇年代後半までとすることで、文部省の人事がいかに官僚制全体の動向に影響を受けたかを示す。

次に、第二の課題を解決するために、主に教育雑誌を使用することで文部官僚の評価を経時的に検討する。特に専門性・専門知識（以下、専門性と記す）の概念を念頭に官僚への評価を浮かび上がらせる。官僚を論じる際に限らず、専門性の定義は多義的であり、また不十分であるとの指摘がある。[27]このことは官僚制を考察するうえでも注意が必要になり、専門性の概念から説き起こす必要が生じてくる。[28]特に専門性は数値化することが困難で、客観的な測定が難しい。このため専門性を論じるのに重要なのが他者による認識となる。すなわちコミュニティーの内外を問わず、専門性の有無はいかなる場合も人を介して評価される。そのため、専門性を評価するには、他者からいかに認識されるかが重要になってくる。本書では各教育雑誌を他者と設定し、雑誌における文部官僚の評価を浮かび上がらせることで、官僚がどのような専門性を持つと認識されていたかを明らかにする。教育雑誌の見解は一つの価値判断を色濃く反映する。だからこそやや極端ながらも、文部省や教育行政の「あるべき論」を明示できた。そして、雑誌内には現在の教育行政に対する評価にも通ずるような価値観が示されていた。教育雑誌の主張を検討することで文部官僚、広くは教育行政官における専門性とは何かを明らかにする。

より政治学と行政学の知見を踏まえて専門性について述べると、ヘーゲル以降、特にウェーバーの議論に代表されるように、官僚制における権力の源泉は専門性にあるとされてきた。[29]それでは本書の検討対象である高級官僚（勅任官・奏任官）の専門性とはいかなるものであろうか。これについてはウェーバーが「官吏が身につけている特別の技術論（それぞれに応じて法律学、行政学、経営学）」と明記している（ウェーバー 一九八七：一〇）。これは「専門知」や「専門能力」（以下、専門知と記す）と記され（真渕 二〇一〇：八〜一二、水谷 一九九九：三五九〜三七〇）、その特徴として試験・経歴という形で可視化されやすい認知能力であることが挙げられる。一方で、それとは区別され、「現場知」や「職場能力」（以下、「現場知」と記す）と記される専門性があり、端的に言えばこれは現場を回すために組織内（省以下の局・部・課など）で蓄積されるノウハウである。官僚個人や集団内部に積み重ねられるもので、外部から（あるいは内部においてでさえ一定程度の期間を経ないと）把握し難く、当事者が意識的に発信しない限り認知することは難しい非認知能力である。この「現場知」は一つの省を見通す汎用性に欠くことは想像に難くない。

以上の二種類の専門性の区分を踏まえて本書では、「専門知」が文部官僚の専門性とどのように関わるのかに重点を置いて考察していきたい。その理由としては、「現場知」の考察が史料的に難しく、また考察範囲が限定されてしまうことが挙げられる。それに対して、「専門知」の形成は官僚制全般の動向と密接に関わるため、文部官僚の評価を官僚制の展開に沿って考察したい本書に最適である。近代日本官僚制が整備されていくなかで文部官僚の専門性がどのように変化していったのであろうか。そして教育行政においても専門性が重要であるとしたら、行政の頭に教育が付されることで、一般的な行政の専門性とは異なる専門性が必要になってくるのであろうか。[30] 宗像が言う「行政」的な性格を強く持つとされる府県の教育行政とは異なり（宗像 一九五四：三〇）、文部官僚を見ていく意義はこの点にもある。

以上、二点の課題への分析視角をそれぞれ記したが、両課題に関係してくるのは文部行政、より広くは教育行政がどのような特徴を持つのかということである。[31] これについては三点を指摘しておきたい。第一に、教権独立論の問題である。[32] 教権独立論については、教師の教育権が教育行政から独立するべきだというものだけでなく、教育行政そのものを政党、あるいは一般行政から分離させて考えるべきだという見解がある。これは戦前からしばしば主張されてきた。[33] 戦後においても教育行政は政党や一般行政から分離されるべきであるという志向は、教育委員会の創設に見られるように戦後教育行政改革の一つの基本的な理念となっていった。しかし、このような教権独立への強い拘りが、教育行政を考察するに際して行政（学）全体の視野の欠落に繋がるのは想像に難くない。

第二に、教育行政に内在する教育的側面と行政的側面との関係をどのように捉えるかという問題がある。[34] これは前述の教権独立の議論とも関わるが、教育行政学は、教育行政が行政を主とし、教育を従とされるような局面に対して現在に至るまで長らく批判的なスタンスを取ってきた（宗像 一九五四：二八）[35]。このようなスタンスは、前節でも指摘したように地方教育行政が府県の業務の一領域とされたことと、教育行政学が行政学の下位に位置づけられた戦前の教育行政学への反省からくるものである。したがって教育行政学や教育学が教育行政を論じる際には、教育と行政との間に緊張関係があると捉えることが多い。しかし、これは戦後の教育学だけでなく、本書で見るように戦前の教育雑誌などにも見られる思考様式であった。本書でも、教育雑誌を用いることで教育行政の教育的側面と行政的側面とを浮かび上がらせる。

第三は、教育に関する意見表明の敷居の低さである。実際の教育行政には専門的な知識に基づいた精緻な議論が不可欠である。たとえば教育内容や教育方法などの教育のソフト面（いわゆる内的事項）には教育学や教育方法論が、学校設備や教育に関する予算などの教育のハード面（いわゆる外的事項）には学校建築や会計などの専門知識の運用が、そして教育政策の立案には法運用の理解に基づいた行政的な知見が、それぞれ必要となってくる。しかし、各自の経験を投影しやすいため、教育関連の制度に関しては、教育の専門家以外も意見を表明しやすいという傾向がある。教育については総評論家であると言われる所以である。これは現在のみならず、明治期においても基本的には変わらない[36]。本書で見るように教育雑誌が教育や教育行政の専門性をたびたび強調したのも、それが人々に意識されにくいためであった。逓信省や農商務省、鉄道省等の経済・現業官庁の場合、実務担当者である技術官僚に不可欠な専門知識は、自然科学系統の知識であり、非専門家にとっては意見表明が困難で、かつ専門知識の有無が部外者にも明瞭であったという点で、文部省とは大きく事情を異にしていた。これは、文部官僚の専門知識がいかに外部に示すことが可能なのかという問題と関わる。

以上、三点は個別行政としての文部行政・教育行政の特徴であるだけでなく、官僚制における文部省の位置づけや、文部官僚の任用や登用、専門性を考察するうえでも有益な視角となる。

4　文部省研究における史料の状況と教育雑誌——本書の使用史料

(1) 文部省研究を取り巻く史料の状況

本節では文部省の史料状況と本書で使用する史料について述べておきたい。文部省や文部官僚の基礎的な史実の解明が深まらない要因としては、前述した各研究領域の棲み分け意識の他に、史料の問題が大きなウェイトを占めると考えるからである。文部省に関する史料の残存状況は悪く、その原因として、(1)関東大震災によって文部省の書庫内にあった史料が焼失したこと、(2)敗戦直後に占領に備えて省内の書類が焼却処分されたこと、の大きく二点が挙げられる。特に前者の史料には「森有礼、井上毅等わが国教育制度の発達に大きな足跡を残した人達が自ら筆をとって修正加筆した案件が数多く」あったとされる（関屋 一九六五：一二八〜一二九）。

以上のような史料状況から、内閣制度導入以後の文部省の政策過程などを記した内部史料にアクセスすることは困難である。そこで当該期の教育政策を説明するために教育史研究等で用いられてきたのが、(1)閣議への提出書類や地方官庁へ通達された法令の趣旨説明文、(2)各種教育諮問機関の議事録等（臨時教育会議や文政審議会等）、(3)『教育時論』や『教育報知』などの教育雑誌や新聞といったメディア史料、(4)政策に関わった政治家・官僚による個人所有の史料や回想、などである。これまではこれらを使用して省内の動向を帰納的に説明してきた。また、大木喬任や辻新次、沢柳政太郎《まさたろう》などの文相や幹部官僚の個人史料も残存している。しかし、個人史料の多くは時限的なものであり、かつ文部省内全体を説明できるものではないところに弱みを抱える。

本書では、まず『職員録』や『文部省年報』などの公的刊行物によって人事などの基礎的な事実を抑える。また、必要に応じて、前述の(1)の史料も制度を説明する際に使用していく。あるいは、(4)の官僚個人の著作や回想録などの史料を用いることで文部省内部の状況を探っていきたい。しかし、これらだけでは史料的なハンディキャップを抱える文部省・文部官僚を経時的に描くことはできない。

(2) 教育雑誌への着目

そこで本書では、『教育時論』や『教育報知』（以下、『時論』『報知』と記す）の両誌をはじめとする教育雑誌を積極的に使用する。第7章でも述べるが、これまで教育雑誌は主に教育史研究の基礎史料として使用されてきた。特に教育政策史研究では政策過程やアクターの動向などの事実を浮かび上がらせるために教育雑誌を用いることが多かった。本書でもそのように教育雑誌を用いることもあるが、より重視するのは雑誌内で述べられている言説である。文部省や文部官僚はもとより、官僚制の状況に対する雑誌内の主張や評価が本書では重要となる。教育雑誌の主張を見ることで教育行政とはいかなるものであり、どのような人物によって担われるべきだと考えられていたかが浮かび上がるからである。

前述のように文部省内部であれば政策過程のように、教育雑誌の使用は一つのイシューを解き明かすための史料の一手段にすぎなかった。ゆえに誌面の論調の変化を中長期的に見ていくような視角は希薄であった。しかし、特に『時論』や『報知』両誌の刊行期間は長期にわたる。そのなかで文部省・文部官僚に対する批評は、制度に関する議論のように制定前後に瞬発的に盛り上がるのではなく、常に誌面で論じられるトピックであった。ゆえに両誌による文部省論や文部官僚像を見ることで、両誌の主張の変化も明らかにできる。本書の最終章である第7章では、それまでの各章で取り上げた雑誌の主張の位置づけを、雑誌の長期的な変化から位置づけ直している。

もちろん教育雑誌の見解は、教育をメイントピックに据えて論じるという点で、一つの価値観を色濃く反映するものであるが、本書の主要史料となる『時論』・『報知』の両誌は変化していく現実の政治と行政の状況に注意を払っており、それが彼らの考える理想的な文部省像にどのような変化を強いるかについて常に注視していた。文部省と官僚制を考察する本書で特に注意するべき点は、両誌が自らの思い描く理想的な教育や教育行政を論じるために、あえて政治や行政全体の動向を踏まえて文部省を評論した点にある。その過程で両誌は文部省を論評するだけでなく、近代日本の官僚制の問題を鋭く指摘した。短期間で廃刊することが多かった教育雑誌の中で両誌が長期間にわたって刊行し続けることができたのは、教育関連の記事が充実していただけでなく、その時々の政治や行政に関する記事を多く掲載し、それが読者の好奇心を刺激したという側面があろう。同時代に「籠城主義」「秘密主義」（第7章を参照）と評された文部省内部の実態を浮かび上がらせることは、教育界と文部省双方に関係を持っていた両誌の真骨頂であり、両誌が教育総合雑誌の「大関」と言われる所以であった(37)。

ただし、両誌を含む教育雑誌を使用するに際しては、そのバイアスも認識しておく必要がある。それは教育雑誌が概して文部省や文部官僚の役割を過大評価しているということである。このことは、両誌が文部省や文部官僚に対して肯定的に評価している場合に限らず、否定的に評価している場合にも言える。各省中で軽量級的な扱いを受ける文部省に失望を表明する記事が、教育雑誌の誌面に多く見られるのも、教育雑誌がそれだけ文部省の役割を重要視していたからにほかならない。しかし、官僚制が整備されていく一八八五年以降の状況下で、教育雑誌の理想とする文部行政や教育行政を実現するのにあたって、文部省や文部官僚にどこまで裁量があったのかは注意する必要があろう。また、教育雑誌の主張するような文部省の組織拡大が、近代日本の内政にどこまで重要かつ不可欠なものであったかはきわめて怪しい。この点に雑誌のバイアスがかかっていることを意識して、教育雑誌を見ていく必要がある。教育雑誌は行政組織が強固になっていくにつれて文部省の序列が低位に固定され始めていると感じていた。だからこそ教育雑誌は官僚制の進展に抵抗感を抱くことが少なくなかった。したがって教育雑誌の官僚制批判の記述は、このような文部省の現状の打破を意図したものが大半であり、各時期の行政が抱えていた課題にはさほど関心がなかったことに留意したい。しかし、このような教育雑誌の文部省や文部官僚に対しての時に極端な論評こそが、文部省や文部官僚の変遷を同時代的にどのように捉えられていたかを示す格好の材料となるのである。

教育雑誌の主張が端的に現れるのが社説や雑誌の固定欄であった。教育方法に関する論説などとは異なり、時事的な記事の記者署名はきわめて稀で、記事の執筆者を特定することは困難である。このため、第7章でも述べるように、本書における教育雑誌の引用は主に社説や固定欄（『時論』の「時事寓感」や『報知』の「新報」）など社内に関係する人物が執筆した可能性の高いものを取り上げる。くわえて、雑誌の立ち位置に関わる記事については、社説や固定欄などの記事で同様に主張されているかを確認することで、史料操作の恣意性を可能な限り減らす。

5　本書の構成

最後に本書の構成について述べておきたい。本書は二部構成である。第Ⅰ部（第1～3章）には、内閣制度導入直前の時期を起点として、官僚任用制度の整備を時系列順に各章を配置した。第Ⅰ部では、官僚任用制度の展開によって、文部省の任用・登用がいかに変化し、それが他省とどのような点で異なり、また文部官僚がいかに変容したのかを明らかにする。くわえて、各々の特徴を持つ官僚が教育雑誌をはじめとする他者からいかに評価されたかということを示す。

第Ⅱ部（第4～7章）では、トピックごとに文部省・文部官僚を考察する。各章では、第Ⅰ部と同様に任用制度等の官僚制の展開を踏まえながらも、第Ⅰ部では十分に明らかにし得なかった文部省内部の状況とそれに対する評価に焦点を当てる。個別の局やポストの変化（職種）、省内の官僚養成と政策立案（職務）、理想的な文部官僚像の変容（評価）を各章で取り上げる。第Ⅱ部各章の記述は、第Ⅰ部と重複する点が少なくない。これは、第Ⅰ部では必ずしも十分に検討できなかった省内の状況を、第Ⅱ部の検討の際に補足し、第Ⅰ部で取り上げた事象をより多角的・重層的に考察したいという意図による。

第Ⅰ部第1章では一八八五年（明治一八）一二月の内閣制度導入直前の文部官僚の構成を考察し、それが内閣制度導入を含む文部省全体の組織変更によっていかなる変化があったのかを明らかにする。また、この時期の文部官僚は教育畑の経歴を有していたが、その教育畑の内実と評価についても浮かび上がらせる。第2章では官僚任用制度の嚆矢となる文官試験試補《しほ》及《および》見習《みならい》規則《きそく》の制定以降における文部省の官僚任用の特徴を明らかにする。それを踏まえて、同時期に教育雑誌上で展開された井上毅文相期の文部省幹部への批判を検討することで、文部行政・教育行政が文科と親和的であると見なされる一方で、法科とは緊張関係にあったことを浮かび上がらせる。第3章では文官任用令制定と高文試験実施により官僚任用制度が確立した時期における文部省の官僚任用・登用の特徴を論じる。

その際に内務省、より正確には府県から文部省へ異動してきた官僚を取り上げ、それらの官僚の異動と当該期の文部行政との関連を明らかにする。また、異動してきた官僚が教育雑誌からいかに評価されたかを述べる。

第Ⅱ部に入り、第4章では、第1章で取り上げた人員整理を企図した非職《ひしょく》人事をより掘り下げ、それと文部省内でも特殊な専門性を要した内閣制度導入前後の編輯局の実態とを絡めて論じる。内閣制度導入以前の編輯局内の構成員の多くは学問に従事しており、官僚制には馴染まない人材であったが、それが内閣制度導入前後に激変していく過程を、編輯局の業務の変化にも着目して論じる。第5章では文部省視学官を取り上げる。特別任用ポストとなる前の視学官は文部官僚の全員が担う可能性があったが、徐々に特別な業務となっていく。その過程を、文部省を取り巻く時代状況も踏まえながら明らかにする。視学官を通して省内における一般業務と特別業務の区分の出現や、特別任用職となった視学官ポストがさらに専門性が細分化されたことを示す。第6章では文部官僚の欧米派遣を官僚の世代ごとに区分して検討することで、文部省における派遣の形式や被派遣者の省内での立ち位置を明らかにする。また、文部省の官僚派遣が各省と比べていかなる特徴を持ったのかも示す。一八八六年の諸学校令の制定以降、文部省が何を政策課題と捉え、それを解決するために官僚にどのような政策学習を促したかを、欧米派遣を検討することで示したい。第7章では、これまで文部官僚に対する評価を明らかにするために各章で使用してきた『時論』や『報知』の記事を、両誌が創刊される一八八五年から、『報知』が低迷し、休刊（のち廃刊）となる一九〇〇年（明治三三）前後まで通時的に考察する。ここでは、両誌がいかなる文部省や文部官僚に関する理想像や規範論を教育社会・教育界へ投げかけようとしたのか、そして、その主張が時代とともにどのように変化したのかに着目する。

終章では、まず各章で明らかにした知見を、序章で述べた課題に沿って述べる。これまでは、文部省を評価する際に文部省や文部官僚の特殊性が前提とされるか、あるいは内務省との関係で文部省の従属性が強調されるなど評価の振れ幅が大きかった。しかし、このような評価は、各時期における文部省の一時的な状況を述べるにとどまることが多かった。本書のように中長期的な検討を通すことで、実際の文部省は官僚任用制度の展開に沿って任用・

登用の形態が大きく変化し、複雑かつ多彩な官僚で構成されていたことを指摘する。そのうえで文部省や文部官僚の中央各省中の位置づけを述べ、専門性のあり方やポストの在職期間などから近代日本官僚制研究へ含意を記すことにする。

注

（1）これはすでに日本近現代史研究に限らず、政治学や行政学の領域で多く指摘されており、贅言を要しないが、たとえば御厨貴・坂本多加雄「はしがき」（近代日本研究会編『官僚制の形成と展開』山川出版社、一九八六年、ⅳ頁）や山中永之佑『日本近代国家の形成と官僚制』（弘文堂、一九七四年、序章）。戦前でも田中惣五郎『近代日本官僚史』（東洋経済新報社、一九四一年、一頁）が指摘している。また、辻清明の「官僚制は、立法部と行政部とを問うことなく、それを総称する官府の性格に与えられた名称だったと言ってよい」という指摘は、近代日本において官僚制が「統治構造の真髄としての地位を占めてきた」からである（辻清明『日本官僚制の研究』新版、東京大学出版会、一九六九年、二四二頁）。くわえて、「「戦前は官僚国家」であったというのはあまりに単純である」が、「全体的にみて、戦前の官僚制の社会への影響力は天皇制を背景にきわめて大きかった」との村松岐夫の指摘は、近代日本の官僚制を論じるうえで重要な指摘であろう（村松岐夫『戦後日本の官僚制』東洋経済新報社、一九八一年、六頁）。なお村松は、戦後日本の政官関係における政党・政治家の影響力の強さを指摘している。

（2）ここでいう政府とは行政府で、内閣と行政機関の集合体を指す。政府の近代化の推進に関する具体的な研究は、たとえば御厨貴『明治国家形成と地方経営』（東京大学出版会、一九八〇年）、同『首都計画の政治』（山川出版社、一九八四年）、柏原宏紀『工部省の研究』（慶應義塾大学出版会、二〇〇九年）、官僚の養成については、清水唯一朗『近代日本の官僚』（中央公論新社、二〇一三年）、人材の集中という点では、教育社会学から天野郁夫『試験の社会史』（東京大学出版会、一九八三年）などがある。

（3）ここでいう官僚とは、必ずしも⑴近代教育を享受し、学位といった教育機関からの免状を所有しており、⑵専門試験をパスしている、狭義の官僚（いわゆる専門官僚）だけでなく、官僚任用制度の整備以前に官僚となり、高等官（勅任官や奏任官）として官庁に属し、業務に従事した広義の官僚をも含める。なお本書では、必要によっては判任官（属）に言及するが、主に高等官（勅任官や奏任官）を取り上げる。

（4）藩閥政治家と官僚の関係については、坂野潤治『明治憲法体制の確立』（東京大学出版会、一九七一年）や升味準之輔『日本政党史論』全七巻（東京大学出版会、一九六五～八〇年）、佐々木隆『藩閥政府と立憲政治』（吉川弘文館、一九九二年）、同『伊藤博文の情報戦略』（中公公論新社、一九九九年）が代表的である。政党と官僚制については升味をはじめとし、清水唯一朗『政党と官僚の近代』（藤原書店、二〇〇七年）、若月剛史『戦前日本の政党内閣と官僚制』（東京大学出版会、二〇一四年）、黒澤良『内務省の政治史』（藤原書店、二〇一三年）などがある。新官僚や革新官僚については、橋川文三「革新官僚」（神島二郎編『権力の思想』筑摩書房、一九六五年）、伊藤隆『昭和初期政治史研究』（東京大学出版会、一九六九年）、古川隆久『昭和戦中期の総合国策機関』（吉川弘文館、一九九二年）などがある。

（5）水谷三公『官僚の風貌』（中央公論新社、一九九九年）一七二～一七三頁。平田東助は高橋是清に対し、内務省を「政府の中心」、大蔵省を「政策の中心」と語ったという。

（6）ここでいう内政とは、マインツの古典的五省でいうところの「内務」の管轄範囲を表すが、内務省や内務行政との混同を避けるために以後も内政と記す（レナーテ・マインツ『行政の機能と構造』片岡寛光監修・縣公一郎訳、成文堂、一九八六年、二四頁）。

（7）本書の考察時期で言えば、日清戦争の勝因が国内の教育の整備・充実に求められたことが挙げられよう（たとえば第九回帝国議会一八九六年一月八日の衆議院の「清国償金の一部を以て普通教育の基本と為す建議案」、同月一一日の貴族院の「清国償金の一部を市町村立小学校の基本金に充つるの建議案」）。もちろん教育に関する予算の拡充のために、あえて戦勝の要因を教育に求めている側面があるが、ここでは軍事の他に教育の充実が戦勝の要因とされた論理に注目したい。

（8）たとえば『教育時論』第四一七号の社説「文部省」（一八九六年一一月一五日）では、文部省内の官僚（判任官も含む）は、他省に移りたがる傾向があると指摘し、他省に比して文部省が「無力」であると記す。

（9）各省の序列は『内政史研究会談話速記録』内で官僚経験者によってしばしば言及されている（たとえば「松隈秀雄氏談話速記録」九三、一九七一年、一六～一七頁）。

（10）文相を伴食大臣とする認識はメディアだけでなく、政界においてもある程度共有されていた（たとえば松枝保二編『大隈侯昔日譚』報知新聞社出版部、一九二二年、一三九頁）。文部省廃止論については、久木幸男の一連の論稿（「一八九〇年前後における文部省廃止問題」『横浜国立大学教育紀要』二五、一九八五年と「一九世紀末の文部省廃止論」同『紀要』二六、一九八六年）や鄭賢珠「第一次桂内閣期の文部省廃止構想と阻止運動」（『Humanitas』三四、二〇〇九年）。

（11）第3章で詳述することになるが、文部省に入省した高文第一世代の官僚は、一八九五年に試験に合格した田所美治と松村茂助を起点として、九八年に試験に合格した松浦鎮次郎が終点となる。その後は一九〇六年に試験に合格し、翌年に文部省へ入省した黒沢次久まで幹部候補者の文部省への入省はない。このような任用の状況から高文試験開始後一〇年が文部省にとって一つの節目であったと言える。

(12)　この点で西尾隆『日本森林行政史の研究』（東京大学出版会、一九八八年）が農商務・農林省を、前掲若月『戦前日本の政党内閣と官僚制』が逓信省を中長期的に考察した数少ない研究と言える。

(13)　前掲水谷『官僚の風貌』。高文試験以降の官僚に関する記述は、内務・大蔵官僚に関するものが多く、依拠する史料は『談話速記録』であることが多い。

(14)　ただし、各省研究が皆無というわけではなく、たとえば波形昭一・堀越芳昭編『近代日本の経済官僚』（日本経済評論社、二〇〇〇年）は第一次世界大戦後から一九三〇年代前半の大蔵・農林・商工・鉄道・内務・植民地の各府省の官僚と彼らによる政策策定の過程を考察しており、川手摂「高文官僚の人事秩序の形成に関する試論」（『都市問題』一〇四-七、二〇一三年）は内閣制度導入から一九四五年八月までの農商務省の人事運用を記述統計的に検討している。

(15)　各省内部の史料の残存状況については、『日本古文書学講座』（近代編Ⅰ-九、雄山閣、一九七九年）が現在でも参考になる。また、史料の消失はその領域の研究の停滞を招くだけでなく、政策知識の消失にも直結し、それにより官僚が新たな政策を創造する際の阻害要因となっていることが指摘されている（直近では三谷宗一郎『戦後日本の医療保険制度改革』有斐閣、二〇二二年、特に第一章）。

(16)　これについては、「日本近現代史研究は、戦後、基本的に歴史資料として公文書が無いことから始まった」とし、個人文書中心の「日本近現代史研究は、政策研究における意思決定過程研究が中心となって発展した」という小池聖一の指摘が近代日本官僚制研究の前提として重要となってくる（小池聖一『アーカイブズと歴史学』刀水書房、二〇二〇年、二六～二七頁）。

(17)　「学制」を冠する年史は、文部省編『学制五十年史』（文部省、一九二二年）、同編『学制七十年史』（帝国地方行政学会、一九四二年）、同編『学制八十年史』（大蔵省印刷局、一九五四年）、同編『学制九十年史』（大蔵省印刷局、一九六四年）、同編『学制百年史』（地方行政学会、一九七二年）、同編『学制百二十年史』（ぎょうせい、一九九二年）、文部科学省編『学制百五十年史』（ぎょうせい、二〇二二年）の計七冊が出版されている。また、戦後における文部行政については、文教制度調査会『戦後文部省二十五年史』（文教制度調査会、一九七二年）がある。

(18)　このような傾向は教育史研究における明治以降の通史記述に端的に現れていよう（たとえば国立教育研究所編『日本近

代教育百年史』国立教育研究所、一九七三〜七四年)。

(19) 佐藤秀夫「日本近代教育史に関する研究史料の考察」(『日本の教育史学』一三、一九七〇年)一四七頁。中央について「一応の達成」と認識された理由として、文相であった森有礼と井上毅の研究が六〇年代後半に海後宗臣のグループによって深められたことが挙げられる(森については『東京大学教育学部紀要』八、一九六八年に掲載された諸論文、井上については海後宗臣編『井上毅の教育政策』東京大学出版会、一九六八年)。制度についても「学制」や教育令については土屋忠雄『明治前期教育政策史の研究』(講談社)が六二年、倉沢剛『学制の研究』(講談社)と尾形裕康『学制成立史の研究』(校倉書房)がともに七三年に、倉沢『教育令の研究』(講談社)が七五年に上梓された。また、通史では前掲国立教育研究所編『日本近代教育百年史』が一九七三年と七四年に刊行されている。

(20) もちろん教育史研究においても少数ではあるものの、文部省を取り巻く政官の状況を踏まえて文部省内の構造とその変化に着目した研究はある(たとえば米田俊彦『近代日本中学校制度の確立』東京大学出版会、一九九二年や伊藤純郎『郷土教育運動の研究』増補版、思文閣出版、二〇〇八年)。また、米田は「教育審議会と松浦鎮次郎」(『人間発達研究』二一、一九九八年)で教育審議会における現役文部官僚との比較によって、元文部官僚の松浦鎮次郎の人物分析を行い、文部官僚の世代間の差異を浮かび上がらせた。本書と最も関係するところでは、中野実「帝国大学体制の成立とその改編の動向」は、帝大とそれをめぐる諸制度が国家体制と密接な関係を持ったことの一事例として、帝国大学出身の文部官僚の変遷に触れている(寺崎ほか編 一九九三:一一九)。

(21) 平原は帝国憲法下の教育行政の特徴を官僚主義的、国家主義的、中央集権的と指摘し、教育行政組織が一般行政組織に従属していた(結果として、教育行政は一般行政の一部とし、行政の教育に及べるものと思考する)ことへの例証として、松浦鎮次郎や下村寿一、武部欽一などの文部官僚の著作を取り上げている(平原春好『日本教育行政研究序説』東京大学出版会、一九七〇年、主に序論・第一章)。約二〇年後の平原春好『教育行政学』(東京大学出版会、一九九三年)も基本的には同著の主張を踏襲している。

(22) 別のところでも村上祐介は、教育が行政の領域でも特殊性を帯びるという前提がある「教育行政の学」だけではなく、「教育を行政のいち領域と見た場合、教育は何が異なり、なにが同じであるのか」である「教育の行政学」の必要性を述べている(村上・橋野 二〇二〇:四。シノドスでのインタビュー「教育は誰が統治しているんだろう?」https://synodos.jp/opinion/info/10112/、二〇二四年九月二〇日最終閲覧)。

(23) 鈴木博雄「明治期文部官僚の形成過程」(同編『日本近代教育史の研究』振学出版、一九九〇年)一七頁。同書の第一

部「明治期文部官僚の教育史的研究」収録の諸論文が中川元の文部官僚としての職務実態を考察している。

(24) 鄭賢珠「近代日本の文部省人事構造――明治中後期における「教育畠」の形成」(『史林』八八-三、二〇〇五年)、同「第二次松方内閣における文部省紛擾」(『教育史フォーラム』一、二〇〇六年)、同「第一次桂内閣期の文部省廃省構想と阻止運動」。これらの成果は博士論文『近代日本教育行政における人事体制』(未刊行、二〇〇六年)にまとめられている。なお、鄭は「教育畠」と記しているが、鄭の記述を除いて本書では通例にならい教育畑と記す。

(25) 本書では、高等官(奏任官)への任官を前提に各省が任用試験の合格者を採用することを「任用」とし、本省内の昇進ルートに拠ることなく、本省外の人材を奏任官・勅任官ポストに着任させることを「登用」と記す。

(26) 稲継裕昭は「物を作ったり売ったりするわけではなく、提供できるサービスは「人材」によってもたらされるもので」ある行政では、「公務の質は、どのような者が公務部門に入職するか、彼らをどのように育成するか、彼らがどのように働くか、に依存するところが大きい」と、官僚制における人材管理の重要性を述べる(稲継 一九九六、i頁)。なお近年の行政学では、人事研究が多く蓄積しているが、稲継や田邊國昭の研究以前は、抽象的・規範的な議論にとどまっていたとの指摘がある(大谷基道・河合晃一『現代日本の公務員人事』第一法規、二〇一九年、序章・第一章)。

(27) 伊藤武・内山融「専門性の政治学に向けて」(内山ほか編 二〇一二:第一章)六頁。以下、専門性概念の整理は同書の第一章と第二章の岡山裕「専門性研究の再構成」に多くを拠った。

(28) たとえば、佐藤慶幸『官僚制の社会学』新版(文眞堂、一九九一年)の第八章の四「プロフェッショナリズムと官僚制」。

(29) フリードリヒ・ヘーゲル『法の哲学』二(藤野渉・赤沢正敏訳、中央公論新社、二〇〇一年、三〇六、三〇七頁)やマックス・ウェーバー『官僚制』(阿閉吉男・脇圭平訳、恒星社厚生閣、一九八七年)。なお本書では、官僚の評価や、行政と教育行政の緊張を考察するために観念的な専門性の議論を用いているが、より具体的な専門性に関する議論としては、たとえば組織の政策知識に関する研究があり、行政学や公共政策学、組織論で現在までに多くの成果が蓄積されている(三谷 二〇一二:第一章を参照)。

(30) 官僚(制)と専門性については、現代行政学研究の領域で多くの知見が蓄積されている。最近では若林悠『日本気象行政史の研究』(東京大学出版会、二〇一九年)、藤田由紀子『公務員制度と専門性』(専修大学出版局、二〇〇八年)、林奈生子『自治体職員の「専門性」概念』(公人の友社、二〇一三年)、日本行政学会編『年報行政研究五〇　行政の専門性と人材育成』(ぎょうせい、二〇一五年)。専門性に焦点を当てたものではないが、高等教育機関における事務員の養成過程での業務の専門性獲得に関しては、渡辺恵子『国立大学職員の人事システム』（東信堂、二〇一八年）がある。公共政策学領域でも行政側の有する専門性の概念整理を行ったうえで、それが政治や社会といかに緊張（あるいは協調）関係にあるかを前提として議論が展開されることが多い。

(31) 本書では文部行政と教育行政を区分して記す。「文部行政」を文部省による行政とし、文部行政と府県以下の教育行政を「教育行政」と記す。

(32) 教権の概念整理については、徳久恭子『日本型教育システムの誕生』（木鐸社、二〇〇八年）や細川哲「教育権独立論と教育法制」（『鳥取大学教育学部研究報告』人文社会科学、二八-一、一九七七年）。

(33) 前掲平原『日本教育行政研究序説』第四章。なお徳久恭子によれば、教育が政党や一般行政から干渉を受けないという意味での戦後日本政府が想定した教権の独立は、教育権の主体を市民と想定するアメリカに用いられる教育権の独立とは根本的に異なるものであり、ゆえに日本とアメリカでは教育権についての議論は当初嚙み合っていなかったことが指摘されている（徳久 二〇〇八：二二三～二二九）。

(34) 教育行政の「教育」と「行政」の関係については、両者の定義や各種の事例を交えながら思考実験的に考察したものとして、森隆夫『教育行政における法的思考と教育的思考』（ぎょうせい、一九九六年）がある。

(35) ここでは戦後直後の宗像誠也を取り上げたが、このような発想は戦後教育改革の理念を至上とする伝統的な教育行政学・教育法学の研究視角の問題と密接に結びつく（たとえば、村上 二〇一一：二六～二七）。

(36) たとえば主に第2章で取り上げる木場貞長《こばさだたけ》は「由来、教育の事は議論が為し易く、素人でも種々の意見を有す。況んや黒人《〔ママ〕》になると種々の説が入れ得るものである」とし、その結果「教育界が小異を争ふて大同を破るといふ様な小理窟の絶え間なきは、これ亦文部行政を振はしめざる一原《〔ママ〕》」と述べている（木場貞長「教育社会の勢力少なき理由」『内外教育評論』三-一、一九〇九年一月八日、一八頁）。

(37) 一八九〇年の帝国議会開設以降、両誌は政治・行政に関する記事を意欲的に誌面へ取り込んだ。結果的にそれが教育雑誌の「両大関」（『教育』五一、時評「教育雑誌の両大関」、一八九一年一〇月二五日、七～八頁）としての両誌の地位を不動にさせる契機となった（詳細は本書の第7章を参照）。

第Ⅰ部　文部省と官僚任用制度の展開

帝大生時代の岡田良平（後列左）と沢柳政太郎（前列左）、上田万年（後列右）（『沢柳政太郎全集』7〔国土社、1975年〕）

1907年の岡田良平（前列左から4人目）と沢柳政太郎（同5人目）（『斯民』2-6）

第1章　内閣制度導入前後における文部省

1　近代日本官僚制の根源としての内閣制度の導入

本章では、内閣制度導入前後における文部省内の官僚の構成を検討することで、当該期の文部官僚がいかなる性質を持ち、またそれがいかに変化したのか（変化しなかったのか）を明らかにする。

序章で記したように、近年になって少数の研究者によってではあるが、文部省についての研究が進められ、文部省内部への理解が深まってきている（鄭《ジョン》　二〇〇五、二〇〇六a、二〇〇六b、二〇〇九、藤野　二〇〇八、二〇〇九）。それらの研究の特徴は、省内の官僚（主に奏任官以上）の特殊性を示すところにあり、「教育関係」の経歴を持つ文部官僚を「教育畠」や「教育専門官」と評価する。(1) そのような官僚は、「教育畠」ではない官僚（「異分子」）の文部省内への流入を許さず、政局外に立つことで文部省を「聖域化」していったとする。文部官僚の性格が端的に表出される事例を用いて、文部省や文部官僚の特殊性を描き出すことにより、文部省への理解を深めてきたと言える。筆者も文部省内部の理解には、まずなによりも文部官僚の構成と官僚への評価を明らかにすることが、文部省の基礎的事実の把握に不可欠であると考えており、これらの研究と問題認識を共有している。

しかし、藤野真挙《なおたか》も示唆しているように、文部省は本質的には一行政機関である（藤野　二〇〇九：三二）。したがって、文部省の「聖域」性が発露する時限的な政局的事例（蜂須賀茂韶文相期の文部省紛擾など）や文部官僚の自意識を検討するだけでなく、文部省内部の理解には官僚制度や省内局課の展開に沿って分析を加えるという中長期的な考察が必要であろう。官僚制度の制度的変遷に沿った時系列的な記述は政局のそれよりも必ずしも華々しくはないが、そのような描写によってこそ同時代人が「聖域」と主張し得た文部省内部の実像が明らかになる。特に先行研究では、内閣制度導入前についての文部官僚の編成について触れられることはなかった。しかし、一八八五年(明治一八)一二月の内閣制度の導入は、翌年二月の各省官制通則と三月の帝国大学令、八七年七月の文官試験試補《しほ》及見習規則《およびみならいきそく》という官僚制の整備に繋がっていく根源である。したがって、内閣制度導入前後における文部官僚の実態を見ることは、官僚制の展開による文部省の変化を経時的に考察していくうえで不可欠である。

くわえて、先行研究で記される「教育畠」や「教育専門官」の教育とはどのようなものを指すのであろうか。教場で教授教育を行う教員なのか、それとも学校長等の学校運営を担う事務方による営為を指すのであろうか。後述するように、この問いは、任用制度が未整備の時期における文部省の官僚登用・養成を考察することに繋がり、また教育行政機関たる文部省と各教育機関との関係を問うことにもなる。

以上から本章では、内閣制度導入前後の文部省を検討する。第2節では、主に内閣制度導入直前の一八八五年一二月時点の文部官僚の経歴とポストとの関係を考察する。第3節では、八五年中の二回の非職人事の実態を明らかにし、非職となった官僚について述べる。第4節では、森有礼文相期(一八八五年一二月から八九年二月)の官僚を取り上げ、内閣制度導入後における文部省の人事の特徴と背景を論じる。

2　内閣制度導入以前の文部官僚

(1)　教育畑官僚の台頭

本項では、内閣制度導入以前の文部官僚の構成を通時的に概観する。

一八七七年(明治一〇)までの文部省の奏任官は人員の入れ替わりが激しいものの、七八年からは安定する。表1-1を見ると、九鬼隆一、西村茂樹、中島永元、辻新次が長期にわたり幹部を担っていることが分かる。九鬼や中島、辻は開成学校や大学(南校)の創設以来教育に関わってきた人物であり、彼らは本省の奏任官の下位から徐々に上位に昇進していった。八〇年（明治一三）二月に河野敏鎌が文部卿に就任したことに伴い、島田三郎などのいわゆる「嚶鳴社系官僚」の入省が奏任官に限らず判任官にも見られた。彼らは教育令改正を主導したが、明治一四年政変により一年余りで文部省を去った(2)。

政変以降の文部官僚を見てみると、辻や中島をはじめ、浜尾新、小林小太郎以下、大学や省直轄学校など高等教育機関で役職に就いた人物が文部省の奏任官の多数を占めた。また、表1－2は一八八〇年から八五年までの局長・課長ポストの変遷である。文部省の基幹原局とも言える専門学務局系統（官立学務局・専門学務局・学務一局）と普通学務局系統（地方学務局・普通学務局・学務二局）の局長はそれぞれ浜尾と辻が長期にわたり務めている。また、「嚶鳴社系官僚」が文部省に流入した時期を除けば、編輯局は内閣制度導入まで西村茂樹が局務を統べた(3)。会計、報告の長の交代は後述する八五年二月の「事務規程通則」による局課掛の改正までない。したがって、八〇年から八五年前半までの間は各局長・各課長レベルでの更迭がほぼなかったことがここから分かる。

以上を踏まえて、文部官僚の経歴を見てみたい。本章では校長や幹事など学校の事務方業務に従事した経験を「学校運営の経歴」と記し、教壇上での教授教育の経験を「教職の経歴」とする。この区分を念頭に八五年一二月時点の文部官僚の配置と学校運営・教職の経歴を記したものが表1－3である。学校運営と教職のいずれの経歴も持たない官僚は五名（安東・蒲原・大島・西川・加太）と少数である(4)。内閣制度導入を待たずに文部省内は「教育」畑の官僚が多くを占める状況となっていた。

（2）文部官僚の経歴の実態

本項では、前項に掲げた表1－3の文部官僚の経歴、具体的には学校運営の経歴と、教職の経歴の二点について考察する。

この時期における教職の経歴を持つ文部官僚は、教職経験の後に文部本省へ出仕している。これは高度な学術を修めた人材を文部省に限らず当時の官庁が欲し、積極的に登用したことによる（たとえば清水 二〇一三：主に第二章）。

表 1－1　内閣制度導入以前の文部官僚

1874年	
官　職	人　名
卿	木戸孝允
大輔	田中不二麿
大丞	長炗
四等出仕	野村素介
	小松　彰
	長与専斎
	町田久成
	相良知安
	畠山義成
中督学	西潟　訥
少丞	九鬼隆一
五等出仕	司馬盈之
	辻　新次
	中島永元
	河津祐之
	西村茂樹
六等出仕	入江文郎
	長谷川泰
	小林儀秀
	内村良蔵

1875年	
官　職	人　名
卿	欠
大輔	田中不二麿
四等出仕	長与専斎
	小松　彰
	九鬼隆一
	西村茂樹
五等出仕	中島永元
	辻　新次
六等出仕	入江文郎
	小林儀秀
	内村良蔵
大録	久保田譲

1876年	
官　職	人　名
卿	欠
大輔	田中不二麿
大丞	長与専斎
	小松　彰
	九鬼隆一
	西村茂樹
権大丞	中島永元
	辻　新次
少丞	内村良蔵
中督学	野村素行
	畠山義成

1877年	
官　職	人　名
卿	欠
大輔	田中不二麿
少輔	神田孝平
大書記官	九鬼隆一
	西村茂樹
	野村素介
権大書記官	中島永元
	辻　新次
	長与専斎
	池田謙斎

1878年	
官　職	人　名
卿	西郷従道
大輔	田中不二麿
少輔	神田孝平
大書記官	九鬼隆一
	西村茂樹
	野村素介
権大書記官	中島永元
	辻　新次
四等出仕	長与専斎
	池田謙斎

1879年	
官　職	人　名
卿	寺島宗則
大輔	田中不二麿
少輔	神田孝平
大書記官	九鬼隆一
	西村茂樹
	野村素介
権大書記官	中島永元
	辻　新次
権少書記官	久保田譲
四等書記官	長与専斎
	池田謙斎

1880年	
官　職	人　名
卿	河野敏鎌
少輔	九鬼隆一
三等出仕	加藤弘之
大書記官	西村茂樹
	辻　新次
	牟田口元学
権大書記官	中島永元
	島田三郎
少書記官	浜尾　新
	小林小太郎
	服部一三
権少書記官	久保田譲

1881年	
官　職	人　名
卿	福岡孝弟
少輔	九鬼隆一
大書記官	西村茂樹
	辻　新次
	中島永元
権大書記官	浜尾　新
少書記官	小林小太郎
	久保田譲
	伴　正順
	伊沢修二
権少書記官	江木千之
	岩崎維慊
	安東清人

1882年	
官　職	人　名
卿	福岡孝弟
少輔	九鬼隆一
大書記官	西村茂樹
	辻　新次
	中島永元
	浜尾　新
権大書記官	小林小太郎
少書記官	久保田譲
	伴　正順
	伊沢修二
	穂積陳重
権少書記官	江木千之
	岩崎維慊
	安東清人
	吉村寅太郎
	依田百川

1883年	
官　職	人　名
卿	福岡孝弟
少輔	九鬼隆一
大書記官	西村茂樹
	辻　新次
	中島永元
	浜尾　新
権大書記官	小林小太郎
	久保田譲
	伴　正順
少書記官	伊沢修二
	穂積陳重
	依田百川
権少書記官	江木千之
	岩崎維慊
	安東清人
	吉村寅太郎

1884年	
官　職	人　名
卿	大木喬任
御用掛	森　有礼
大書記官	辻　新次
	中島永元
	浜尾　新
権大書記官	小林小太郎
	久保田譲
	伴　正順
	木村正辞
少書記官	伊沢修二
	依田百川
権少書記官	江木千之
	岩崎維慊
	安東清人
	吉村寅太郎
	高橋健三
	菱田重禧
	佐沢太郎
	野村　綱

1885年	
官　職	人　名
卿	大木喬任
御用掛	森　有礼
大書記官	辻　新次
	中島永元
	浜尾　新
	久保田譲
権大書記官	小林小太郎
	伴　正順
	木村正辞
	伊沢修二
	内村良蔵
少書記官	江木千之
	手島精一
	西村　貞
	安東清人
権少書記官	吉村寅太郎
	佐沢太郎
	野村　綱
	蒲原忠蔵
	中川　元
	平山太郎
	大島三四郎
	西川鉄次郎
	加太邦憲
	久保春景
	青木　保

注：表記の統一のため、1879年までは『文部省歴代職員録』（1998年）をもとに、1880～85年は毎年12月の『改正官員録』をもとに作成。

1877年と1878年は「野村素行」とあるが、「野村素介」の誤記と考えられる。

小林儀秀と小林小太郎は同一人物。

表１－２　1880～85年の文部省幹部の配置

1880年	
官　名	人　名
官立学務局長	辻　新次
	→浜尾　新
地方学務局	辻　新次
会計局長	中島永元
編輯局長	島田三郎
報告局長	西村茂樹
内記所長	中島永元
音楽取調掛長	伊沢修二
調査課長	島田三郎

1882年	
官　名	人　名
専門学務局長	浜尾　新
普通学務局長	辻　新次
編輯局長	西村茂樹
会計局長	中島永元
庶務局長	伴　正順
報告局長	小林小太郎
内記課長	岩崎維慊
調査課長	江木千之
	→穂積陳重
褒賞課長	江木千之
音楽取調掛長	伊沢修二

1884年	
官　名	人　名
専門学務局長	浜尾　新
普通学務局長	辻　新次
編輯局長	西村茂樹
会計局長	中島永元
庶務局長	伴　正順
報告局長	小林小太郎
内記課長	岩崎維慊
調査課長	穂積陳重
	→伊沢修二
褒賞課長	江木千之
音楽取調掛長	伊沢修二
官報報告掛長	高橋健三

1881年	
官　名	人　名
官立学務局長	浜尾　新
→専門学務局長	
地方学務局長	辻　新次
→普通学務局長	
会計局長	中島永元
庶務局長	伴　正順
編輯局長	島田三郎
	→西村茂樹
報告局長	西村茂樹
	→小林小太郎
内記局長	中島永元
→内記課長	岩崎維慊
音楽取調掛長	伊沢修二
調査課長	島田三郎
	→江木千之

1883年	
官　名	人　名
専門学務局長	浜尾　新
普通学務局長	辻　新次
編輯局長	西村茂樹
会計局長	中島永元
庶務局長	伴　正順
報告局長	小林小太郎
内記課長	岩崎維慊
調査課長	穂積陳重
褒賞課長	江木千之
音楽取調掛長	伊沢修二
官報報告掛長	高橋健三

1885年	
官　名	人　名
内記課長	岩崎維慊
→内記局長	辻　新次
専門学務局長	浜尾　新
→学務一局長	
普通学務局長	辻　新次
→学務二局長	
編輯局長	西村茂樹
会計局長	中島永元
	→久保田譲
庶務局長	伴　正順
報告局長	小林小太郎
	→中島永元
調査課長	伊沢修二
褒賞課長	江木千之
音楽取調掛長	伊沢修二
官報報告掛長	高橋健三

注：矢印については、官名の場合は改称、人名の場合は後任を表す。
出所：『文部省歴代職員録』（1998年）をもとに作成。

表1－3　1885年12月における文部官僚の前職

人　名	官職	学校経営・学校行政・教育事務	教授教育・教育現場
辻　新次	大	大学南校長、東京外国語学校長事務取扱	開成学校教授試補
中島永元	同	大阪洋学所事務取扱、大学南校事務	大学中助教兼中寮長（のち大寮長）
浜尾　新	同	大学南校中監事、開成学校長心得、東京大学法理文三学部綜理補兼予備主幹	藍謝堂教員
久保田譲	同	広島師範学校長	―――
小林小太郎（儀秀）	権大	―――	大学校大助教
伴　正順	同	南校副校長、開成学校長、東京外国語学校長、宮城外国語学校長	―――
木村正辞	同	―――	大学大助教
伊沢修二	同	愛知師範学校長、東京師範学校長	―――
内村良蔵	同	宮城外国語長心得、東京博物館長御用掛、東京外国語学校長	―――
江木千之	少	―――	製作学教場教員、長崎師範学校教諭
手島精一	同	開成学校監事、東京教育博物館長	―――
西村　貞	同	大阪師範学校長	東京英語学校教諭
安東清人	同	―――	―――
吉村寅太郎	権少	広島師範学校長	―――
佐沢太郎	同	―――	福山藩一等教授
野村　綱	同	宮崎学校長	宮崎県学務課長
蒲原忠蔵	同	―――	―――
中川　元	同	―――	外国語学校教授
平山太郎	同	体操伝習所主幹、東京図書館長	―――
大島三四郎（誠治）	同	―――	―――
西川鉄次郎	同	―――	―――
加太邦憲	同	―――	―――
久保春景	同	兵庫県学務課長	神戸師範学校長
青木　保	同	大阪師範学校監事、秋田師範学校副校長（のち校長）	大阪師範学校教員

注：官職は書記官を示す。大＝大書記官、権大＝権大書記官、少＝少書記官、権少＝権少書記官。
経歴は明治期以降のものを採録した。

出所：『改正官員録』（1885年12月）、各種人名事典（参考文献を参照）や「任免裁可書」をもとに作成。

表1－4　1885年2月14日の文部省幹部

役　職	人　名	官　職
内記局長	辻　新次	大書記官
学務一局長	浜尾　新	大書記官
学務一局副長	小林小太郎	権大書記官
学務二局長	辻　新次	大書記官
編輯局長	西村茂樹	大書記官
会計局長	久保田譲	権大書記官
報告局長	中島永元	大書記官
音楽取調所長	伊沢修二	少書記官
体操伝習所長	西村　貞	准奏任御用掛

出所：官報（1885年2月10、12、14日）と『文部省歴代職員録』をもとに作成。

文部省を考察するうえでより重要なのは、学校長や監事（幹事）などの学校運営の経歴を持つ人材である。大学など高等教育機関に携わっていた辻や中島は文部省への出仕以前に学校運営を経験し、文部省創設に伴い本省に移った。辻や中島以降は、文部省に出仕し、学校運営を経験してから本省へ戻る官僚と、学校運営から官歴を開始し、本省に登用される官僚との二種類のタイプが見られる。当時はこれが文部省の官僚養成として意識されなかったかもしれない。しかし、本省内の高等官ポストが少なく、内務省・府県に幹部官僚の養成を依存する後年の文部省（第3章を参照）と比べれば、官立学校や省直轄学校などの教育機関を通して官僚を養成・登用する当該期のシステムは、教育事務を統轄する文部省らしいものであった。「文部省は学校であるか、行政府であるかを疑はれる」（前田又吉「文部次官福原鐐二郎君」〔『教育学術界』二四‐三、一九一一年一二月一〇日〕七五～七六頁）という指摘も、このような文部省を踏まえた評価であった。

　では、なぜ学校長経験者が文部省奏任官となっていったのだろうか。教育制度形成期のこの間、文部本省が官立や省直轄の学校機関からの情報を集約・整理し、政策に反映させたことは想像に難くない。教育畑の官僚には各教育機関との連絡を密に取り、それをもとに省務を執ることが求められていた。たとえば浜尾新はヨーロッパに派遣された一時期を除いて、長期にわたり本省で高等教育に関する事務の局長（学務一局長・専門学務局長）であったが、奏任官として本省に出仕する以前は、旧東京大学法学部・理学部・文学部綜理兼予備門主幹を務め、八五年一月からは本省学務一局長に加えて旧東京大学副綜理を兼任していた。浜尾は副綜理として綜理の加藤弘之を支える一方で、学務一局長として本省と旧東京大学との連絡を担った。これは浜尾に限ったことではなく、辻や中島も、「学制」制定過程において「南校にあり、南校と本省の連絡係」の役割を担ったと考えられる（倉沢　一九七三：四〇六）。

一八八五年二月一二日の「文部省事務規程通則」制定直後の省内各局における官僚構成が表1－4と表1－5である。特に基幹原局の学務一局と学務二局の違いは重要である。学務一局は東京大学をはじめとする高等教育機関を管轄し、各課は庶務及記録（第一課）の他に「法学文学商業学」（第二課）、「理学医学農学職工学」（第三課）を管轄した（「学務一局処務概則」〔一八八五年二月一九日〕『法規分類大全』一六巻官職門一四、二一八頁）。准奏任御用掛を含めて学務一局内の官僚は相対的に年齢が若く、いずれも開成学校や海外の大学などで各学問領域を修めた人物であった(5)。学務一局に教育機関と兼任の御用掛が多いのも、本省が各研究領域の人材の知見と各機関における研究・教育の課題を遍く収集するためであった。

他方で、学務二局は大阪中学校、東京教育博物館、各師範学校に加え、六地方部に分けて地方教育を管轄した。具体的な局務は四月七日「処務規則」によって定められ、五課を設け、師範学校及び体操伝習所（一課）、中学校

表1－5　1885年2月14日の文部省各局内部

人　名	官職・兼任等
内記局員	
伊沢修二	少書記官・兼勤
水野忠雄	文部省准奏任御用掛、東京師範学校・東京女子師範学校兼勤
中根　淑	准奏任御用掛
学務一局	
安東清人	少書記官
大島三四郎	准奏任御用掛
千本福隆	准奏任御用掛
青木　保	准奏任御用掛
西川鉄次郎	准奏任御用掛
山岡次郎	准奏任御用掛
学務二局	
伴　正順	権大書記官
江木千之	権少書記官
吉村寅太郎	権少書記官
野村　綱	権少書記官
鈴木唯一	准奏任御用掛
野村彦四郎	准奏任御用掛
中川　元	准奏任御用掛
編輯局	
佐沢太郎	権少書記官
会計局	
蒲原忠蔵	権少書記官
報告局	
高橋健三	権少書記官
西川鉄次郎	准奏任御用掛

注：佐沢は1885年2月14日『官報』で報告局の勤務を命じられている。
出所：『官報』（1885年2月10、12日）をもとに作成。

及び女学校（二課）、小学校及び幼稚園（三課）、各種学校・書籍館・博物館・盲唖院・音楽取調所（四課）、他課の管轄にない庶務及び記録等（五課）、に分掌された（「学務二局処務概則」〔一八八五年四月七日〕『法規分類大全』一六、官職門一四、二三二～二三三頁）。二局に属した官僚は自己の学問に基づく専門性でキャリアを展開していくというよりも、文部本省での業務や師範学校長、あるいは府県で学務に携わってきた者が多い。教職経験者である局長は辻をはじめ江木や中川も、教場よりも文部本省における官歴が主であり、彼らの知見や経験は学術領域への寄与というよりも、教育政策の策定などの本省の事務に活かされた(6)。二局の官僚の多くは八五年以前にすでに学校運営に関わっていたため、学務一局の官僚と比べるとキャリアが長く、年齢が高い(7)。

対照的に教育運営の経歴が求められなかった局として、報告局が挙げられる。局長の中島を除いては、奏任官の西川鉄次郎と高橋健三はともに東京大学で法学を学んだ後に官界へ入ったため、両者に学校運営や教職の経験はない。いずれも文部省にいたのは短期間であった(8)。元来、「報告、統計及教育に関する通信、博覧会に係る事務」（「文部省事務規程」〔一八八五年二月九日〕第二五条〔『法規分類大全』一六、官職門一四、二二三頁〕）という報告局の局務においては、奏任官ポストの官僚に教育運営の経歴の必要性が相対的に低かった。

その他に、音楽取調所長と体操伝習所長は、アメリカやイギリスで師範学科の調査を行った経験を持ち、師範学校長経験者であった伊沢修二と西村貞が担った。中島永元が長期間担ってきた会計局長は「事務規程通則」の制定後に新たに久保田譲が担い、その後の森文相期中は久保田が務めることになる。

以上を見ると、局長をはじめとする奏任官は、学校運営を担った経験があったことが分かる。教育畑の教育とは、学校運営などの学務経験であると言える。それは、高等教育の従事者が多い学務一局の局長であった浜尾も例外ではなかった。後年、曽根松太郎や藤原喜代蔵は、「事務家」（「事務官」「属吏」）、「学者」、「教育家」という三区分を用いて、辻・浜尾・久保田の三者を評価している(9)。三者は文部省草創期から事務に携わり、内閣制度導入以降においても文部省の要職を長期間務めており、官僚任用制度制定以前の象徴的な文部官僚と言える。曽根と藤原はともに、三者を「純粋の事務家」「属吏の大成したる巨人」と評するが、学者としては「何等の価値な」いとする。一方で、三者を「三大教育家」や「教育界の元勲」と述べ、この三者に菊池大麓を加えて、「教育社会の四大元老」と評している。このように評されたのは、彼らが長年にわたり教育界に密接に関わっていたからである。辻は大日本教育会の会長を務め、当時においても「辻新次君は依然として教育社会の人なり。而して大日本教育会の熱心なる会員なり」という評価がなされている（「辻新次君大日本教育会長を辞す」〔『大日本教育会雑誌』一二三、一八九二年一二月二五日〕七六三頁）。浜尾は帝国大学・東京帝大の総長を長期にわたり務めた。久保田も貴族院議員の時に学制改革論争に参与したことで、「教育界の輿論を議院に代表」（藤原 一九一三：四四三）するという評価を得た。この三者は文部官僚の経歴だけでなく、省外の活動によって教育家という評価を獲得したのである。ただし、ここでの「教育家」は教壇での教職経験ではなかったのである。

また、一八九〇年代前半の時点では入省間もない少壮文部官僚であった沢柳政太郎も、辻と伊沢を「教育家」と評価した[10]。評論家だけでなく、内部からも当該期の文部官僚は「教育家」として見なされていたのである[11]。

3　内閣制度導入前後における文部省の非職人事

内閣制度導入後の一八八六年二月に各省官制通則が制定され、各省内の官房と局課が整備された。各省官制通則の前段階として各省は人員整理を行い、奏任官を主に常勤から任期付の非常勤とする非職としていた。非職は八四年一月に制定された官吏非職条例（以下、非職条例と記す）によって定められ、「奉職中、廃庁廃官又は各庁の事務張弛、其他疾病等の事故に因り、本属長官」が非職を命じることができるとされた（「官吏非職条例」第一条〔『法令全書』一八八四年、一五四頁〕。非職については同条例を参照）。非職となった官僚は常勤でなくなり俸給も下がるが、その他の職務は通常の官僚のものと変わらないとされた（二条）。また、非職を命じられた官僚は非職後の一定期間（三年）は、現俸三分の一の給付が保障され（四条、五条）、復職の可能性も与えられていた（三条）。この点で非職は免職と異なるものであった。政府は、官吏の身分を一定程度保障し、人員整理のハードルを下げることで、行政機関

表1－6　1885年3月の非職官僚

人　名	生年	出身	官　職	非職当時のポスト	非職以前の主な前職	文部省入省年
依田百川（学海）	1834	佐倉藩	少書記官	報告局副長、編輯局員、音楽取調掛員	集議院幹事、修史館四等編修官	1881.12
岩崎維慊（秋溟）	1834	土佐藩	権少書記官	内記課長	司法大録、警視局准奏任御用掛	1881.6
菱田重禧（海鷗）	1836	大垣藩	権少書記官	庶務局員・内記課員	福島県権知事、青森県権令、長崎上等裁判所詰、広島控訴裁判所詰、宮内省御用掛兼勤編纂局編輯委員	1883.11

出所：「非職元文部権少書記官正七位岩崎維慊特旨を以て陞叙の件」（請求番号：任Ａ00158100）、「故菱田重禧（内務省六）」（請求番号：贈位00129100）、『学海日録』、『明治過去帳』、『国史大辞典』、『官報』、『改正官員録』、『文部省職員録』をもとに作成。

内における人材の新陳代謝の促進を図ったのである（石川 二〇〇四：一〇七～一〇八）。では、文部省はどのような非職人事を行ったのであろうか。

（1）一八八五年三月の非職

内閣制度導入直後の非職によって各省で人員整理が行われたが、文部省はすでにその九カ月前の八五年三月に、独自に複数の奏任官を非職にしている。まず、この三月の非職について見ていきたい。

前述のように文部省は八五年二月九日に局課掛の改正を行い、「編輯局、会計局、報告局を除き従前の局課掛を廃し、更に内記局、学務一局、学務二局を置」いた（「文部省各局課を改定して事務規程を定む」『公文類聚』九-二、明治一八年、請求番号：類00227100、件名番号：011）。続いて一二日には「事務規程通則」を制定し、省内を再編した。これに伴い三月六日に依田学海、岩崎維慊、菱田重禧の三名の奏任官に非職が命じられる[12]。表1－6は三者の略歴を記したものである。岩崎が内記課長、菱田が内記課員と庶務局員であり、内記課は局に昇格し、庶務局は廃局になったことから、省内の再編に巻き込まれたことが分かる。くわえて、非職となった三者の共通点として以下の三点が指摘できる。

第一に、彼らの生年である。彼らは一八三〇年代半ばの生まれで、非職当時は五〇代のいわゆる「天保老人」であった。彼らと同位の官等であった伊沢修二（少書記官、五一年生）、江木千之（権少書記官、五三年生）、吉村寅太郎（同、四八年生）と比べると一〇歳以上年長である。

第二に、三者とも漢学者・儒学者としての側面が強い。依田は雅号である学海の名で知られ、非職後は文筆業に勤しむ傍ら、演劇改良会の発起人の一人として、福地桜痴らとともに演劇改良運動にも関わった（福地 一九九三：四四四～四四五）。岩崎は安積艮斎に学んだ儒者であり、秋溟の号で、「学は程朱を宗とし。文は韓鷗を奉じ。詩は唐宋に出入し。最、五言に工にして。詩文並に優に作家の域に入る」と評された（松村 一九三二：八七）。菱田は号を海鷗と言い、非職後は漢詩を主に文筆にいそしんだ（徳田 二〇一三：三五五～三五七）。三者は互いに親しかった。(13)

第三に、彼らには文部官僚としての来歴が浅かった。くわえて、学校現場での経験が皆無であり、前職はいずれも文部行政とは関係の薄いものであった。

三者の非職は、文部卿の大木喬任が最終的な判断を下したと考えられるが、非職となった依田は「蓋《けだし》森有礼氏文部の事を摂《せっ》せらるに、この人儒学をいみきらひし」ためと、当時文部御用掛であった森有礼によって非職となったと認識している（『学海日録』六、二九八頁、一八八五年一二月三一日条）。依田についてはこの後の第4章で詳述する。

(2)　一八八五年一二月の非職

一八八五年三月の非職人事が文部省独自のものであったのに対して、同年一二月二八日の非職人事は文部省だけでなく、各省で行われたものであった。内閣制度導入直後の一二月二六日に内閣総理大臣伊藤博文から各省大臣へ全五綱からなる「各省事務整理綱領」が示された。このうちの一綱である「官守を明にする事」は「各々省内局課の設置を定め、官吏の員数を限り、節減淘汰の意見」（「各省事務整理綱領」〔内閣記録局編『法規分類大全』十、官職門一、原書房、一九七八年、復刻版、七五～八一頁〕）を求めるものであった。当年末から八六年にかけて各省、府県では大規模な人員整理が行われることになる。

本省に限れば最も早く非職を行った外務省に次いで、文部省は各省中で二番目に早い一二月二八日に人員整理を行った。(14)この文部省の非職は「奏任以上にて非職仰付けられたる者一七人あり。又従前奏任なりし方にて、此度判

表1－7　1885年12月の非職官僚

人　名	生年	出　身	官　職	非職当時のポスト
小林小太郎	1848	松山藩	権大書記官	学務一局副長・報告局兼勤
伴　正順	1843	土佐藩	権大書記官	学務一局員
木村正辞	1827	下総藩	権大書記官	編輯局副長
内村良蔵	1848	米沢藩	権大書記官	学務二局員
西村　貞	1854	足利藩	少書記官	体操伝習所所長
佐沢太郎	1838	福山藩	権少書記官	編輯局員
蒲原忠蔵	1830	肥前藩	権少書記官	会計局員
平山太郎	1849	佐土原藩	権少書記官	学務二局・編纂局員

出所：『官報』号外（1885年12月29日）、『文部省職員録』（1886年7月）、『明治過去帳』、『大正過去帳』、各種公文書、各種人物事典をもとに作成。

任に下りたる者もあり。判任官に至ては全員の三分の一を留めたるのみ」であり、「此度の改革は実に維新以来の変事」と言われた（「文部省大変革」『教育時論』二六（一八八六年一月五日）二一頁。なお資料中の「奏任以上」とは准奏任御用掛の九人を含んでいる）。

表1－7が一二月二八日に非職となった奏任官の略歴である。一二月の非職は、三月の非職と比べて非職となった官僚の傾向が見えにくい。しかし、次の四点を指摘しておきたい。第一に文部卿の大木が文部省を去ったために、大木と関係の深かった木村正辞と蒲原忠蔵が非職となっている。両者は、公私ともに大木と親しく、大木が文部卿に着任した際に文部省に登用された[15]。

第二に本省外から一年以内に本省へ転任してきた官僚が手島精一を除いて全員非職になっている（内村良蔵・西村貞・平山太郎）。内村は東京外国語学校長であったが、同校が東京商業学校と併合されたため、八五年九月に権大書記官として本省へ移った。体操伝習所長であった西村は八月に本省学務二局に異動し、その際に准奏任御用掛から少書記官として任官している。平山は東京図書館長から五月に権少書記官として本省に転じた。

第三に各局の局長級の官僚が非職となっておらず、その下位層である局副長クラスの奏任官が非職となっている。具体的には小林小太郎・伴正順・佐沢太郎・蒲原がそれに当たる。くわえて、小林・伴の両者は前述の同年二月の局課掛の再編の際にそれぞれ庶務・報告の両局長を解かれていた。

第四に、「老朽務めに堪へざる者は其官を退かしむべく務めて核〔ママ〕実厳明にして効力あることを要すべし」（前掲

「各省事務整理綱領」八一頁）と政府が表明したために、文部省でも三月の非職と同様に年齢が非職の一つの原因となった可能性が高い。権大書記官で、森有礼文相下で編輯局長となる伊沢修二は一八五一年生まれであるが、同じく権大書記官で非職となった小林（四八年生）・伴（四二年生）・木村（二七年生）・内村（四八年生）よりも年少である。権少書記官では、非職となった佐沢（三八年生）・平山（四九年生）・蒲原（三〇年生）に対して、省内に留まったのは吉村寅太郎（四八年生）・中川元（五二年生）・西川鉄次郎（五四年生）であり、彼らは非職となった官僚よりも概して年少である。これらの他に実際には勤務実態への評価や、それに伴うポストと個人の適性などの非認知的な能力が非職に関係したと考えられる。

また、内閣制度の導入で原則として御用掛が各省に置かれなくなった[16]。基本的に御用掛は他機関との兼任であり、文部省の御用掛も多くは大学や直轄学校に属していた。

4　内閣制度導入後の文部省

内閣制度の導入に続き、一八八五年一二月二八日には文部省内に（大臣）官房・学務局・編輯局・会計局が設置された。さらに八六年二月二七日には各省官制通則が制定され、文部省でも局課が整備された。本節では、内閣制度導入後の文部省官制で定められたポストと文部官僚の配置について、森有礼の志向と文部省を取り巻く状況に留意しながら考察する。

（1）森文相の人事と各ポスト

当該期の文部省人事についてまず留意しておくべきは、文相に就任した森有礼の人事への関心の高さである。健堂横山達三は「森文部大臣が、適材抜擢の態度は、敏活にして大胆なり。彼は、教育を改良せんが為には、人材を必要とし、其の適材を発見する事には、つねに、深き注意を怠ること無かりき」（横山　一九七四：一八一）と評している。その他にも森が新進の人材の登用を重視していたことは多く語られている。(17) これを踏まえて森文相期の文部官僚を見ていく。

表1－8が森文相期の文部省の陣容である。まず、次官と局長ポストを見ると、普通学務局長が空位であるものの、その他はおおむね安定している。創設最初期から文部省に関わり、内閣制度導入直前には幹部クラスであった人物が次官や局長に就任しており、年功から順当な人事であった。浜尾新の欧州滞在中に大阪分校長の折田彦市を一時的に学務局長に就任させ、普通学務局長・学務二局長を歴任した辻新次を新設の次官ポストに昇進させた以外は、内閣制度以前からの据え置き的な人事と言える。幹部官僚は森と良好な関係を築いていたとされる。(18)

また、内閣制度の導入と官制通則によって（大臣）官房と総務局が新設され、省内の事務の安定化と効率化が図

表1－8　森文相期文部官僚（1886年3月～89年2月）

官　名	人　名	官　名	人　名
次　官	辻　新次★	参事官	野村　綱
学務局長	折田彦市		杉浦重剛
	浜尾　新	書記官	服部一三
普通学務局長（心得）	浜尾　新		山口半六
	野村　綱		物集高見
	久保春景		大島誠治
専門学務局長	浜尾　新★		青木　保
編輯局長	伊沢修二★		内藤素行
会計局長	久保田譲★		山田行元
会計次長	手島精一★		藤井善言
秘書官	小牧昌業		田中稲城
	木場貞長		蒲原忠蔵
	中川　元		伊集院兼良
	久保春景	視学官	吉村寅太郎
参事官	服部一三		江木千之
	折田彦市		野村　綱
	江木千之		中川　元
	手島精一		久保春景
	吉村寅太郎		小杉恒太郎
	木場貞長		川上彦次
	大島誠治		桧垣直右
	物集高見		相良長綱
	中島永元		椿蓁一郎

注：学務局は87年10月に普通・専門の両学務局へ分局。
★＝森期において変動がないことを示す。
なお、参事官・書記官に関して86年4月以降に人員が固まりはじめるため、森文相期を満期で務めた参事官・書記官は厳密には存在しない。
出所：『文部省歴代職員録』、『職員録』、『改正官員録』、『官報』をもとに作成。

られた（清水 二〇〇七：一二三）。官房内の秘書官は大臣との関係で選出されたが、同じく官房内に設置された参事官を命じられた人物は、森文相期以前から文部省に出仕していた人物が大半であった。参事官は「大臣又は次官の諮詢に応じ、意見を具へ及審議立案を掌る」とされた（「各省官制通則」〔『法令全書』一八八六年〕六～七頁）。この時期の参事官は局長に次ぐ地位であり、森文相期には手島精一、杉浦重剛がそれぞれ会計局次長、専門学務局次長を兼任している。また、後の榎本文相期には服部一三、次いで芳川顕正文相期には江木千之がそれぞれ参事官から普通学務局長に昇進した。

「参事官会議規程」では、「各局部又は帝国大学各学校職員奏任官以上は、其主任の事務に関しては参事官会議に列せしむることあるべし」とあり、会議の決裁は文部大臣に申告された（「参事官会議規程」〔『法規分類大全』一六官職門一四〕五三～五四頁）。このため、参事官は省内の各部局にまたがる横断的な知識を要求されるだけでなく、帝国大学や省直轄学校への対応も必要であり、省内外の職務を兼ねることも多々あった[19]。こうした職務の性質上、参事官を務めることが広範な事務知識を習得する機会となり、それが省内での昇進に繋がった。

総務局の設置は事務の効率化を企図したものであった。すなわち、「省務の全部を統轄する」（前掲「各省官制通則」六～七頁）総務局の局長は次官が兼任し、省内各局の文書が総務局に集約された。総務局には書記官が配置され、書記官は「各局の成案を審査し文書を掌」り、文書課・往復課・報告課・記録課の各課長を兼ねた。文書・資料の処理という点で書記官は相対的に事務色の強い業務を担った。また、課長とならない書記官もおり、彼らは各自の専門的な知見から業務に従事した[20]。

人事で森の裁量が大きかったのが、官房に設置され、文部省の独自のポストであった視学官である。視学官は八六年二月の文部省官制によって設置された。翌三月には、五つの地方部を設け、五人の視学官が各々の地方の巡視を行った（『法令全書』〔一八八六年、三七頁〕、『法規分類大全』一六、官職門一四〔三〇二～三〇三頁〕）。新設ポストである視学官は、森の裁量で人材を配置できるポストであり、くわえて奏任官ポストでは相対的に低い官等での就任が可能で、外部から新進の人材の登用が容易であった[21]。

視学官の中で内閣制度導入前から文部本省に在職していたのは野村綱・中川元・久保春景・吉村寅太郎・江木千之である。このなかで久保は御用掛時代の森によって文部本省へ登用された（大木喬任宛森有礼書翰、一八八五年五月一六日〔大久保・上沼・犬塚 一九九八b：一八四〕）。内閣制度導入前の江木は少書記官で、野村と中川、吉村はともに奏任官の最低位にあたる権少書記官であり、官等の関係で視学官に就任したと考えられる。[22]また、中川以外は地方教育の経験を持つ人物が視学官になっている。森文相期以降に登用された視学官について言えば、各尋常師範学校長経験者が多く、そこから直接文部省に登用されるか（小杉恒太郎）、高等師範学校を経由して本省に異動している（桧垣直右・川上彦次・相良長綱・椿蓁一郎）。[23]なお、師範学校令によって尋常師範学校長は府県の学務課長を兼ねることができ（第七条）、視学官に就任した者の中には学務課長経験者もいた（桧垣・相良・椿）。森自らが地方官庁で官歴を積んだ久保や椿を直接本省へ登用していることは、森文相期の人事として注目に値する。[24]これについて、秘書官であった木場の「多くは行政官出身、或は行政官出身の学校関係者等が是に任じられてあった」という後年の回想と合致する（木場貞長「視学雑感」〔『日本之小学教師』一三―一五二　一九一一年八月一五日〕二頁）。

（2）森文相期における人事の安定性と特徴

以上、森文相期を見ると、次官や局長をはじめ参事官・書記官に至るまで内閣制度導入以前に文部本省に在職していた官僚が多く、特に幹部クラスの更迭はない。内閣制度導入前後の二回の非職によって、森文相期の陣容が整えられ、基本的に幹部クラスの異動はなかった。一二月の非職に文相であった森が関与したのは疑い得ないが、三月の非職においても、森のために非職となったという前述の依田の記述から、御用掛であった森の関与が考えられる。依田の記述に限らず、たとえば三月非職の前段階とも言える二月の局課掛改正で久保田が新たに会計局長に任命されたが、それが森の関与によることを示唆する新聞報道もある（「久保田局長の転任の理由及び其教育意見」〔『読売新聞』一八九一年六月二四日朝刊〕）。もちろん、この史料は新聞紙上に掲載された伝聞情報であるが、実際に内閣制度導入後も久保田は森文相期で更迭されることなく会計局長を務めており、そのことがこの記事の信憑性を高めている。[25]

一八八六年三月から四月にかけて諸学校令が制定されたものの、これ自体は各教育段階の基本方針を定めたものにすぎなかった。このため諸学校令は制定当初から省内で改正の必要が共有され、実際に実施五年以降に順次改正されていった[26]。森が「省中の常務は練熟老成なる辻次官に一任して自分は出省することも稀[27]」であったとの木場の回想は、諸学校令の制定から改正に至る政策の継続性が求められていた文部省の状況から、森文相期で大幅な人事を行わず、内閣制度導入における省内に与える影響を最小限にしたことを考えると示唆的であろう[28]。基本的な省務への森の関与は最低限であり、次官の辻がリードしていたのである。

一方で、内閣制度導入後の森の人事は一定の傾向が見られ、師範学校をはじめとする地方の教育機関や教育行政機関から人材を登用する傾向がある。具体的には視学官の人事がそれに当たる。もちろん視学官の職務が地方の学事巡視であるという理由からそのような人材を登用したとも言えるが、森文相期の視学官は、視学官退任後のキャリアとして、地方官庁への異動を選択した。特に桧垣直右と椿蓁一郎は各地の地方官庁の官僚を歴任し、最終的には知事となる[29]。文部本省の次官や局長をキャリアの頂点とせず、両者はいわゆる内務省県治畑のキャリアを歩んだ[30]。そして森文相期は空位の普通学務局長の代理として、視学官中の高位の者が選ばれた。森は文部省での勤務が長い官僚よりも、地方学務の経験が豊富な奏任官に普通学務局を統べさせたのである。普通学務局長は森の死去二カ月後に服部一三が就任していることから森の判断で局長が空位であったことは確実である。また、本省外でも、森は帝大総長に東京府知事の渡辺洪基を、高等師範学校長に陸軍歩兵大佐である山川浩を任命しているが、両者はそれ以前に文部省に属していなかった。本省を含めた文部省の森の人事は閉鎖的なものでなく、官庁間の異動を伴ったものであった。

5　官僚任用制度制定前の文部官僚

本章では内閣制度導入前後の文部官僚について論じてきた。まず本章の論旨をまとめる。省内の各局で違いはあるが、文部省の奏任官僚の大半は官立や省直轄学校といった教育機関の学校長等の経歴を持つという点で、学校運営の経歴を歩んできた官僚であった。このような官僚は教育制度形成期においては重要であった。ゆえに一八八五年三月の非職人事では学校運営の経験がなく、文部省に入省したのも相対的に遅い人物が非職となった。結果としてこの人事は教育畑の文部官僚の同質性を高めたという点で大きな意味を持つ。しかし、このような文部官僚の特性は不変ではない。文相となった森有礼が主導した八五年一二月の非職人事は、三月と同様に年齢によって非職となった官僚がいる一方で、学校長から本省に移った直後に非職となった官僚も多い。文部省官制の制定後に次官・局長や参事官に就任した人物には、内閣制度導入以前から長期にわたって本省で業務を統べた幹部級の官僚が多かった。この配置が制定直後の諸学校令の改正業務を担うことを期待されたものなのかは不明であるが、少なくとも森文相期に省幹部の更迭はなく、結果的には彼らがその改正業務を担っていくことになった。実は内閣制度導入以後の森文相期の文部官僚、特に上層部の編成は内閣制度導入前と大きな変化は見られず、新規の登用もあまりなかった。

これに対して、新設の視学官は、前職で文部本省に勤務経験のない人物が多く登用されている。そのなかには校長経験者もいたが、地方庁の学務課長経験者も含まれていた。これらの官僚の一部は、文部本省の離職後に再度地方行政に参加し、内務省の県治畑を歩んでいった。第5章で見るように、当該期の視学官と、後の参事官の兼務期の視学官や特別任用期の視学官との違いは、前者が地方教育行政の経験を持つのに対して、後者は学校運営や教科に関する専門性を有していたところにある。したがって後年の視学官の方が官立・省直轄学校からの就任が大半であり、文部省と学校間のみの外部から閉ざされた人事が行われていく。

長期にわたり文部省の業務に従事し、森文相期に幹部を務めた辻新次や浜尾新、久保田譲は明治期文部官僚の象徴的な存在であった。彼らはたしかに文部本省外の活動などから「教育家」と評価されたが、同時に「事務官」としての側面も他者から強く意識された。それは、学校長などの学校運営を含めて文部省草創期から約二〇年間にわたって事務に従事し、順調に官歴を積んでいったからにほかならない。したがって一九一一年に記された前述の前田の「文部省は学校であるか、行政府であるか」という皮肉を含む記述は、官僚の任用と養成が整備された一九一一年から見ればそのように表現することも可能であるのだが、本章で取り上げた時期においても、本省の事務経験が豊富な「事務官」的な人物がすでに本省の幹部を占め、省務を担っていたという点で文部省は疑いなく行政機関であった。

本章で取り上げた時期、すなわち官僚の資格任用制度が未整備の時期の文部省は、官立・省直轄学校などで学校運営に携わった官僚が多数を占めていた。このような人材の往来は文部本省と学校を繋ぐものであった。後には教育機関からの登用が文部省の特徴であると認識され、その人事の是非が教育雑誌内で議論されていく（これについては第7章で詳述）。次章で取り上げる、試補世代の沢柳政太郎などへの評価にも通ずるが、学校現場の経験を持つ人物が文部官僚には望ましいという意識が、文部官僚に対する評論には潜在的にあった。第7章で述べるように、当該期の文部官僚はいわば文部官僚像の原点であり、後の文部官僚を評価するうえでの基準となっていた。

次章以降で見るように、官僚任用制度が制定されると、大学卒業生の任用が本格的に開始されるため、任官する以前に学校運営の経歴を持つ官僚は少なくなる。また、第5章で論じるように官僚任用制度の整備とともに、省内の官僚で学校長等の教育現場の経歴が要求されるのは、制度上は視学官などの一部のポストに限定されていく。くわえて官立・省直轄学校など高等教育機関では徐々に学内の人材を総長や学校長に据えるようになった。このため、大正期以降に文部本省での業務を経験した官僚が学校長に就任するケースは激減していく(31)。学校運営の側面においても文部官僚は徐々に教育現場から離れていったのである。

注

（1）文部官僚を鄭賢珠（二〇〇五）が「教育畠」の官僚群と評し、藤野（二〇〇九）が「教育専門官」の集団と評価した。なお、鄭は「教育畠」と記しているが、一般的には「〇〇畑」と記述されることが多いため、本章では教育畑と記す。

（2）嚶鳴社系官僚については、福井淳「嚶鳴社員官吏と「改正教育令」」（『歴史学研究』五三五、一九八四年）。

（3）当該期の編輯局内部と西村については第4章で詳述する。

（4）蒲原忠蔵が一八八四年一一月（あるいは一二月）に司法省から異動したのは、司法卿から文部卿に就任した大木喬任による政治任用であった。蒲原と大木の関係については、蒲原有明『夢は呼び交す』（岩波書店、一九八四年、一〇二～一〇三頁、底本は『夢呼び交す』東京出版、一九四七年と『野ざらしの夢』生活社、一九四六年）を参照。加太は司法省権少書記官と大学法学部長心得との兼任で、主に司法省法学校の文部省への移管作業に従事した（日本史籍協会編『加太邦憲自歴譜』東京大学出版会、一九八二年、一二二～一二三頁、底本は一九三一年）。安東清人は官立学務局長であった浜尾新によって登用された。なお安東は病により八五年一一月に非職となっている（安東については、上村直己「明治初期ドイツ留学生安東清人」『熊本大学教養部紀要』〔外国語・外国文学編〕一九、一九八四年）。大島も司法省から八一年一一月に文部省へ異動し、文部一等属として専門学務局に勤めていることから浜尾による登用の可能性が高い（「従五位大島誠治任官の件」任免裁可書、一八九七年、請求番号：任B00144100、件名番号：007）。西川は内務省を非職となった後の八四年六月に文部省に入省している（「非職内務省准奏任御用掛西川鉄次郎御用掛被命の件」官吏進退、一八八四年、請求番号：公03861100、件名番号：029）。西川の入省の経緯は不詳であるが、生年が安東・大島と同年であり、両者や浜尾の関与が考えられる。

（5）開成学校以降の高等教育機関の出身者ということで、一八八五年当時において青木保が三三歳、安東清人・千本福隆・西川鉄次郎・大島三四郎（誠治）が三一歳と若く、最高齢は東京博物館兼勤の山岡次郎が三五歳であり（いずれも数え年）、平均三二歳となる。青木・西川・大島が法学、安東・山岡が鉱山学や化学、千本が物理学をそれぞれ専門とした。

（6）明治最初期の辻はフランスに関する知見から開成学校教授試補の地位にあったが、文部省設置以降は一貫して文部本省で官歴を積む。特に大木のブレーンとして、「学制」の制定を「洋学、とくに外国学制の知識」から補助としたと考えられている（倉沢　一九七三：三九一～三九七）。中川は大学南校で仏語、明法寮で仏法を学んだ後に文部省に入省し、外国語学校教授に任じられ、さらに師範学科取調のため、フランスに派遣される。八一年一一月に帰国してからは文部本省に在職し、内閣制度以後は幹部として省務に携わる（鈴木　一九九〇：第一部）。江木は七五年二月に開成学校内の製作学教場の数学教員になり、一年後には文部本省に戻り、さらに七六年二月に長崎師範学校の教員に任命されるが、「脚気病に罹ったのと、地方の奉職は気に入らぬ」と同年八月に辞め、文部本省に復帰している（江木千之翁経歴談刊行会　一九八七：三三）。三者に共通して言えるのは学者としてではなく、退官まで官僚（学校長を含む）としてのキャリアを選択し、官歴を積んだということである。

(7)　一八八五年時で伴正順が四二歳、江木が三二歳、吉村寅太郎が三七歳、野村綱と鈴木唯一が四〇歳、野村彦四郎が三七歳、中川が三三歳であり、平均約三七歳（いずれも数え年）である。

(8)　西川鉄次郎は八六年九月には判事に転官する（国立公文書館蔵「文部書記官西川鉄次郎判事に転任の件」（請求番号：任A00097100、件名番号：039）。太政官権少書記官と兼任であった高橋は一カ月後の三月一〇日に参事院議官補兼太政官権少書記官に転任しており、その後も官報の業務に従事する（同蔵「権少書記官高橋健三文書局幹事被命の件」（請求番号：公04051100、件名番号：054）。

(9)　以下、曽根松太郎『当世人物評』（金港堂書籍、一九〇二年）八四～八七頁、一六七～一八三頁と藤原喜代蔵『人物評論学界の賢人愚人』（文教会、一九一三年）四三三～四四四頁。なお、辻と久保田の評価については次章にも記すが、そこでも事務官としての面が強調されていた。

(10)　国立国会図書館蔵「大木喬任関係文書」中の「談話筆記」上巻「沢柳政太郎」項（請求番号：六九－一）。沢柳が両者を「教育家」と評した背景を述べると次のようになる。一八九一年六月に大木喬任が文相に就任した際に披露宴が催されたが、その際に辻と伊沢が「腕力の大喧嘩」となり、「折角の披露の宴会席上にて悲風惨雨を生出」したという。これに対して沢柳は、両者が「教育家」でありながら、このような惨状になってしまったのは情けないと述べた。なお、その際に沢柳は文部省を「教育省の上流」と認識していた（一九〇〇年一一月二一日の発言）。

(11)　藤原喜代蔵は伊沢を、「伊沢は学者的頭脳と行政的手腕とを稟有す」（藤原 一九一三：四四八）と評価している。

(12)　非職は前もって同年二月九日に三者に伝えられた（学海日録研究会編『学海日録』六、岩波書店、一九九二年、一一〇頁、一八八五年二月九日条）。

(13)　たとえば依田の日記には、「南摩羽峯の招に応じ、その富士見坊の宅に至る。会するものは西村茂樹氏・小中村清矩・菱田・大槻・岩崎・水野（忠雄―引用者注）の諸子也」とある（前掲『学海日録』五、三八五～三八六頁、一八八四年四月一一日条）。また非職後の八五年六月一七日には菱田重禧が来訪し、翌日には「菱田重禧と崇福寺に遊」んでいる（前掲『学海日録』六、二一五頁）。

(14)　各省における非職による人員整理は、一二月二六日の外務省、次いで二八日に文部省と海軍省、二九日に宮内省、三一日に農商務省、八六年一月一六日に内務省と大蔵省、二〇日に司法省の順番で行っている。陸軍省はやや時間が経った四月一九日に非職を行っている（『官報』を参照）。

(15)　木村正辞については、大沼宜規「官吏木村正辞の活動」『近代史料研究』四（日本近代史研究会、二〇〇四年）を参照。

蒲原については、前掲蒲原『夢は呼び交す』を参照。

(16) 現在のところ御用掛設置の法的な根拠は見出せないが、廃止の根拠として八六年二月の「各省官制通則」中の第二二条（他省との兼官の原則禁止）及び五二条（補助員・顧問員は閣議を経て、裁可を請う必要）がある。

(17) たとえば木場貞長は伊沢修二・山川浩・物集高見の文部省への登用の例を挙げて、「同子〔森有礼―引用者注〕は人を見るの明は十分持て居られた」と回想している（「故森文部大臣の事業」『教育時論』九八二、一九一二年七月二五日、二〇頁）。その他に木村匡『森先生伝』（大空社、一九八七年、二二三頁。底本は金港堂書籍、一八九九年）。

(18) たとえば森は地方巡視を重視し、自身も巡視を頻繁に行っていたことが知られているが、「日常の行政事務は「辻といふ女房があるから之に任せる」と謂って普通事務は辻次官に一任し」ていたと言われ、次官の辻を信頼していたという（国民教育奨励会編『教育五十年史』民友社、一九二二年、一〇一頁）。また、編輯局長の伊沢に関しては、教科書会社による伊沢排斥運動の高まりによって、森は首相であった伊藤博文に伊沢の更迭を提案されたが、伊沢に「一任して更に疑ふ所がなかった」とされる（前掲木場貞長「故森文部大臣の事業」二〇頁）。

(19) 前掲「各省官制通則」（一八八六年二月二六日、勅令二号）の第四八条には「参事官は其省の便宜に従ひ局課の事務を兼任し、若くは臨時の命を承けて其事務を助くることあるべし」とある。

(20) 森文相期において課長を兼任していない書記官は山口半六・物集高見・能勢栄・田中稲城であり、山口は建築（後に学校建築の技師の所属は会計局に移管される）、物集は国語の教科書編纂、能勢は倫理の教科書編纂、田中は図書館行政に関わった。なお一八八五年一二月に非職となった蒲原は書記官として登用され、学校建築に従事した。彼らは一貫して文部本省に関わるというよりも、当該期における省務の課題解決のために登用されていた。

(21) 視学官には奏任四等上から下の官等にある官僚が就任した。文部省では参事官よりも下位で、書記官クラスとほぼ同等の官等にあった（各年の『職員録』を参照）。

(22) 同官等であった大島誠治は書記官に就任している（一八八五、八六年の『改正官員録』を参照）。

(23) 桧垣は石川県師範学校長、小杉は千葉県師範学校長・同県中学校長、川上は兵庫県師範学校長を経て高等師範学校准奏任御用掛、相良は沖縄県師範学校長・学務課長との兼任、椿は三重県師範学校長を経て高等師範学校教論を前職として文部省視学官に就任した（彼らの経歴に関しては、「官吏進退」、「任免裁可書」、各新聞、各人物事典を参照）。

(24) 久保春景は播磨県や兵庫県に奉職し、最初は警保掛、後に学校掛・学務課長、地理課長を務める。一八八三年八月から兼任として神戸師範学校長を務めているが、基本的に久保のキャリアは官庁の学務を基本としている（官吏進退「兵庫県一等属久保春景権少書記官に転任の件」請求番号：公04076100、件名番号：038）。椿は自身で、「拙者は明治二十一年に森有礼さんが巡廻として三重県に参られましたる其時に初めて知己に相成り、共々東京へ参りまして視学官となりました」と述べている（国立国会図書館蔵「大木喬任関係文書」中の「談話筆記」下の「椿蓁一郎」項、請求番号：六九‐三）。

(25) 森有礼は「学校経済主義を拡張するには、学務に通じ兼て経済上の思想ある人を以て会計局長たらしめべからず」と考え、久保田に「会計局長の椅子を与へた」という（『読売新聞』一八九一年六月二四日朝刊）。

(26) たとえば小学校令は一八九〇年一〇月に改正されるが、すでに森文相期に改正が意識され、改正までに江木・服部・浜尾・久保田・辻などが関わった（詳細は、藤野 二〇〇八）。諸学校令の教育制度上の位置づけについては、佐藤秀夫「明治二三年の諸学校制度改革案に関する考察」（『日本の教育史学』一四、一九七一年）。

(27) 前掲木場貞長「故森文部大臣の事業」二〇頁。

(28) 第1節第1項でもみたような内閣制度導入前の文部省上層部の人事が安定しており、これにより教育事務の一貫性・継続性が保たれてきたとされる（湯川 二〇一七：第一一章）、内閣制度導入によってもその傾向が保たれたと言えよう。もっとも内閣制度導入の前後で省内上層部の人事に変化がないのは文部省のみでなく（たとえば内務省も同様である。大霞会 一九八〇：一六六）、内閣制度の導入がどこまで各省の既存の人事や組織に変化を与えたかについてはさらなる考察を要する。

(29) 椿蓁一郎は文部省で華族女学校幹事兼本省参事官まで務めた後、愛媛・沖縄・和歌山の書記官を歴任し、最終的には和歌山県知事、〇三年には秋田県知事に就任した（「任命裁可書」及び歴代知事編纂会編『日本の歴代知事』二‐下、一九八一年、三四四頁を参照）。桧垣は文部省退省後に秋田・福島の書記官を務めた後、富山・岡山の県知事を歴任した（「任命裁可書」及び同『日本の歴代知事』三‐上、一九八二年、二五七頁を参照）。

(30) 両者以外では相良長綱が後に台湾に移り、台東庁長を最終官歴とする（国立公文書館蔵「台東庁長相良長綱特旨叙位の件」〔叙位裁可書、請求番号：叙00162100、件名番号：012〕や『東京朝日新聞』一八九七年一月一三日朝刊を参照）。

(31) 数は少ないものの福原鐐二郎や松浦鎮次郎のように文部次官の後に、東北帝大や京城帝大、九州帝大の総長を任じられる例もあるが、文部省と官立・省直轄学校間の人材の往来というよりも文部省からの天下りという側面が強い（福原の東北帝大就任の経緯については、手嶋〔二〇二四〕）。

第2章　官僚任用制度成立期における文部省

1　官僚の資格任用制度の整備と文部省の任用

前章では内閣制度導入前後の文部省を取り上げた。文部省では内閣制度導入前の幹部クラスの官僚が、内閣制度導入後の森有礼文相下においても次官や局長として引き続き省務を掌った。これらの幹部官僚は教育畑の経歴を持ち、第7章でも述べるように彼らの存在が「あるべき文部官僚像」に大きな影響を与えた。

この森文相期の幹部官僚が文部省から去っていくのは、本章で取り上げる文官試験試補及見習規則（以下、試補規則と記す）期の終盤にあたる。一八八七年（明治二〇）七月に制定された試補規則は、文官任用令が九三年（明治二六）一〇月に制定されるまでの官僚の資格任用の根拠となった。試補規則によって帝国大学（以下、帝大と記す）からの官僚任用のルートが明示され、各省は帝大出身者を幹部候補者として任用していくことになる。試補規則の制定によって、官僚の資格任用は一応の成立を見ることになった。本章では、試補規則下の文部省の任用がいかなるものであり、他省と比べてどのような差異があったのかを明らかにする。官僚任用は各省共通の営為であり、ゆえに文部省の特徴が鮮明に見えてくる。

本章と次章で述べるが、文官任用令・文官高等試験（以下、高文試験と記す）と、その前段階と一般的に見なされる試補規則とでは、文部省の対応はまったく異なっている。沢柳政太郎や渡部董之介など長期間にわたって文部行政を牽引することになる官僚が、試補規則で文部省に入省する。また、佐藤秀夫が沢柳を「初めから行政官として、文部省に入っ」たため、「本来の意味の文部官僚」と述べているが[1]、この指摘は文部官僚の「あるべき論」にも関係してくる。なぜ沢柳がそのように評価されるのかを、本章でも試補規則における文部官僚の特徴と評価を浮かび上がらせることで、佐藤とは違う視点から一定の見解を示す。

くわえて本章では、試補規則から文官任用令までの過渡期の文部省を見るために、井上毅文相期（一八九三年三月～九四年八月）の文部官僚に着目する。第3節で述べるように井上文相期の文部省についてはこれまで多くの研究が蓄積されてきた。しかし本章では、井上文相期における文部官僚の変化を文部行政・教育行政の専門性の観点からどのように考察できるのかということを検討していく。これによって個別の教育政策史や井上の思想研究としての側面が強かった井上文相の時期を、試補規則下の官僚任用の成立期における文部官僚の変容という点で捉え直したい。

2　帝国大学出身者の文部省への入省

本節では文部省による官僚任用に焦点を当てる。第一項では、官僚任用を取り巻く環境の変化、すなわち帝大の創設と試補規則の制定によって、官僚の任用がいかに変化していったのかを見る。そのうえで第二項では、文部省における官僚任用の実態を明らかにし、その特色を明らかにする。くわえて、文部省の官僚任用の特色が、当時の文部行政に対する認識とどのように関わるのかを示す。第三項では、文部省は試補採用とは別に、省直轄学校長を本省幹部として登用しており、これが文部省の試補採用に与えた影響について述べる。

(1)　帝国大学の創設と試補規則の制定

周知のように帝大出身者が本格的に官界へ進出してくる以前は、縁故などの属人的な関係性に基づく情実人事が官界で横行しており、「情弊ノ至ル所其失ニ堪ヘス」（『官報』（一八八五年一二月二六日号外）三頁）という状態であった。これを問題視した伊藤博文は一八八五年（明治一八）一二月二二日に内閣総理大臣に就任すると、その直後の二六日にいわゆる「官紀五章」を各省に示し、これを官僚組織の整備の基準とした。そこでは「官守ヲ明ニスル事」、「選叙ノ事」、「繁文ヲ省ク事」、「冗費ヲ節スル事」、「規律ヲ厳ニスル事」の五項目が内閣総理大臣の伊藤から各省大臣へ通達された（同右、一～六頁）。官僚の任用に関しては「選叙ノ事」に記され、「仕進ハ試験ニ由ラシムル事」（同右、三頁）と、官僚の任用は試験を経た資格任用によってなされることが明記された。この後に試補規則や文官任用令が制定され、官僚組織における任用が属人的なものから変化していった。この過程を記すと次のようになる。

まず、八六年三月に制定された帝国大学令の制定により帝大が創設された。帝大の創設は大学卒業生の進路を官界に向けるという点で重要であった。従来、帝大の前身である東京大学などの官立諸学校は技術的専門家を重点的に養成しており、必ずしも官吏養成に重点を置いたものではなかった（東京大学百年史編集委員会 一九八四：一〇五三～一〇五四）。このような状況に変化をもたらしたのが帝国大学令であった。官僚の資格任用を志向する政府の意を受けて、大学は行政官養成のために法科大学（以下、法科と記す）を拡充した。政府は法科大学に「行政官の供給源」（東京大学百年史編集委員会 一九八四：一〇五三～一〇五四）としての役割を期待したのである。法科大学長を総長の渡辺洪基が兼任したことからも、帝大内において法科大学が重視されていたことが窺える。

表２－１　試補採用者数各年一覧

年	行政官試補合計数	法科出身者数	文科出身者数
1888	17	17	0
1889	15	15	0
1890	38	36	2
1891	22	22	0
1892	16	15	1
1893	9	8	1
計（人）	117	113	4

注：1889年の出身大学不詳者４名は表に反映しなかった。
　　1891年の私立大４名及び不詳者１名は表に反映しなかった。
出所：『日本官僚制総合事典』をもとに作成。

次いで、帝大創設の翌八七年七月に試補規則が制定された。これによって、高等文官（奏任官）になるためには文官高等試験、普通文官（判任官）となるには文官普通試験を受験し、合格することが必要となった（試補規則の第一条）。しかし、一方で帝大法科と文科大学（以下、文科と記す）出身者、及び旧東京大学（以下、旧東大と記す）法学

表2-2　試補採用者の入省先一覧

年	内務	大蔵	検査	農商務	法制局	逓信	文部	臨時議会事務局	内閣	元老院	計
1888	5	5	1	2	4						17
1889	3	6	4	1	2			2		1	19
1890	8	4	6	6	6	3	4		1		38
1891	10	4	5	1	1	4	1		1		27
1892	5	6		2		2	1				16
1893	3	2		1		1	2				9
計（人）	34	27	16	13	13	10	8	2	2	1	126

出所：『日本官僚制総合事典』をもとに作成。

部と文学部出身者に対しては高文試験の受験を免除とする、いわゆる「無試験任用制」が採られた。これは帝大出身者を官界に誘致することを企図したものであり、実際に帝大から官界への人材供給を決定的なものにした（東京大学百年史編集委員会 一九八四：一〇六七〜一〇六八）。各官庁へ採用された試補の総数と内訳は表2-1と表2-2のようになる。

帝大の創設と試補規則の制定によって行政官の任用ルートが整備され、官界へ安定的に人材を供給する役割を果たした。このことは、一八八八年から九七年までの一〇年間に法科出身者の六九七名のうち、実にその約三分の二にあたる四五七名が官界に進出したことからも分かる（東京大学百年史編集委員会 一九八四：一〇八二〜一〇八四）。

(2) 試補規則下における文部省の任用

第1章で見たように、森文相期の文部官僚は、学校運営を担った経歴を持つ官僚が大半を占めていた。学校長などに任命され、学校行政を経験するのが、帝大出身者が入省してくる以前の文部官僚であった。

では前項に見た官僚任用の全体的な動向を踏まえると、文部省の試補の採用はいかなるものであったのだろうか。まず、試補の採用数から述べると、文部省の試補採用数は他省に比して少ない。表2-3を見ると、計八人（法科・文科出身者がそれぞれ四名）の試補を採用しているが、これは各省で最少の採用数である。試補入省の最多は内務省の三四人であり、以降は大蔵省二七人、農商務省一三人、逓信省一〇人、文部省の八人と続く。試補の多数を占める法科出身者の採用数に限れば、文部省の入省者は四人であり、下位から二番目の逓信省の一〇人と大きく差が開く。各省の本省における高等官の人員は農商務省、内務省、大蔵省が多く、逓信省と続き、最も少ないのが文部省である(2)。内務が府県、大蔵が各税関に多くの高等官ポストを有していたことを考えれば、試補の採用数はおおむね各省の高等官数と比例する。つまり、文部省による試補の採用数が少ないのは、省内の高等官ポストの少なさに原因があった(3)。

表2－3　文部省試補入省者数各年一覧

年	行政官試補合計数	（法科出身者）	（文科出身者）
1888	0	0	0
1889	0	0	0
1890	4	2	2
1891	1	1	0
1892	1	0	1
1893	2	1	1
計（人）	8	4	4

出所：『日本官僚制総合事典』をもとに作成。

また、入省者数が少ないことの他に、注目するべきは表2－4にまとめた採用者の内訳である。ここから三点のことが言える。第一に、文科出身者の試補全員が文部省へ入省している。そもそも試補規則における帝大文科出身者の「無試験特権」は旧東京大学文学部理財学科・政治学科に在籍した学生への配慮であり、政治学を修めた者への各省の人材需要を期待したものであった（東京大学百年史編集委員会　一九八四：一〇六三～一〇六七）。しかし、実際のところ文科出身の試補は四人と少ない。くわえて、その入省時期は一八九〇・九二・九三年と試補規則の後半期であり、これらの文科出身者は旧東大理財学科・政治学科の出身ではなかった。

第二に、文部省に入省した法科出身者は計四人であるが、入省直後に死去した堀江綱一郎と、進路を官界ではなく学界に取った岡村司を除いて、彼らは早い時期に他省へ移っていることが確認できる。九〇年に参事官室付で入省した藤田虎力は文部書記官、新潟中学校長などを務めた後、入省から六年後の九六年に逓信省に移っており、その後は逓信省鉄道事務官、帝国鉄道理事、鉄道院理事を歴任するなど一貫して鉄道畑を歩んでいる（『東京朝日新聞』〔一八九五年一二月一日朝刊、一九〇七年五月五日朝刊〕、各『官報』〔一八九二年一二月二八日、一八九八年三月一日、一九〇九年一二月一一日〕）。飯野謹一も藤田と同じく九〇年に参事官室付で文部省に入る。飯野も九四年二月に陸軍試

表2－4　文部省試補入省者一覧

人　名	日　付	専攻	卒年	配　属	最終官職	退官年
渡部董之介	1890.7.22	文	1889	普通学務局	文部省図書監査官	1913
藤田虎力	1890.7.22	法	1890	参事官室	鉄道院監督局長	1914
飯野謹一	1890.8.13	法	1890	参事官室	陸軍法務官	不明
沢柳政太郎	1890.8.13	文	1888	総務局	京都帝大総長	1913
堀江綱一郎	1891	法	1890			
牧瀬五一郎	1892.11.4	文	1891	専門学務局	文部省参事官・陸軍大学教授	
岡村　司	1893.2.24	法	1892		京大教授	1914
磯田　良	1893.2.24	文	1890		東京高師教授	

注：堀江の入省月日については不明。また、堀江は1892年に死去。
出所：『日本官僚制総合事典』と「任免裁可書」をもとに作成。

補として陸軍省に異動となった（国立公文書館蔵「飯野謹一理事試補に任用の件」任免裁可書、一八九四年二月二八日〔請求番号：任B0003100、件名番号：031〕）。その後は一貫して陸軍省内で官歴を重ねており、陸軍理事、陸軍法務官を歴任し（『官報』一九一〇年七月一九日、秦 一九八一：四二四）、また台湾総督府の陸軍部法官部理事を務めた（『職員録』一九一九年、六七〇頁）。法科出身者の入省は四例と少なく、またそのうち官僚として経歴を検討できるのは二例と少ないが、ここから分かるのは、法科出身者が入省後の早い時期に他省に移っているということである。また、藤田・飯野の両者ともに文部省を去った後は、教育と関係の薄い職務に従事している。この後に述べる文科大学出身の試補とは異なり、文部省に入省した法科出身の試補が文部省の幹部となることはなかった。

第三に、文科から文部省に入省した試補について述べたい。まず、磯田良は前述の岡村と同じく学界での活動を基軸とした人物なので、ここでは磯田を除いた三人の文科出身者の試補を検討する。法科出身の試補とは対照的に、文科から文部省へ入省した人物は、長年にわたり文部省内で省務を掌り、省幹部となっている。まず、渡部董之介と沢柳政太郎を見てみる。渡部は九〇年七月に試補として入省してから書記官や参事官など一貫して本省で経歴を重ね、特に図書課長や図書局長など教科書関係のポストを長期にわたって務め、省幹部として職務を担った（『大正人名辞典』下 一九八七：一四二〇、『明治人名辞典』二・上 一九八八：わ項の八、『官報』、国立公文書館蔵の各「任免裁可書」）。渡部から遅れること一カ月後に試補となった沢柳は、大臣官房内の各課長の兼任の書記官として省務に従事していたが、九二年一一月のいわゆる教科書機密漏洩事件で一度は文部省を去ることになる。しかし、九七年四月には第二高等学校長、九八年七月には第一高等学校長といった省直轄学校長に復帰している。そして、その後再び文部本省に戻り、九八年一一月から一九〇六年二月まで普通学務局長として、〇六年七月から〇八年七月まで次官として明治後半期の文部行政を主導した（秦 二〇〇三：二七九）。試補として入省して以来、渡部と沢柳は長年文部省に属し、官歴を積んだ。

九二年一一月に試補として入省した牧瀬五一郎は文部省内では書記官や参事官を勤め、途中で山口高等学校教授兼舎監や山口県尋常中学校長を経て、一九二〇年の死去直前まで文部秘書官や参事官を勤めている。牧瀬の本官は九八年九月から陸軍教授であり、他省での勤務経験がない渡部と沢柳とはこの点で異なる（前掲『明治人名辞典』二・下〔ま項の四三〕、各『官報』、国立公文書館蔵の各「任免裁可書」を参照）。しかし、いずれにせよ、この三者は文部省幹部を長期間務めたという点で、法科から試補として文部省に入省してきた官僚とは異なっていた。

ここで注意したいのは、この三者の出身学科である。前述したように、文科大学の「無試験特権」は旧東大文学部理財学科・政治学科に対する猶予措置であったが、実際には試補採用者のすべてが旧東大の政治学科ではなく、彼らの出身学科はいずれも帝大文科大学の哲学科だった。文部省は、「官吏が身につけている特別の技術論（それぞれに応じて法律学、行政学、経営学）」（ウェーバー 一九八七：一〇）を修得し、組織を統率するようなジェネラリスト型の人材の任用を意図したわけでは必ずしもなかったのである。

では、なぜ文科大学の出身者が文部省に入省したのであろうか。これについては、文科出身者が、文部省以外の各省にとって採用の対象となりづらかったと説明することが可能である。すなわち、文部省以外の各省は、文科出身者が自省の職務内容に馴染まないと判断し、文科出身者もそのように考えて進路選択を行ったと説明できる。しかし、たとえそのような状況が現実にあったとしても、それではなぜ文科出身者が文部省に採用されたのかということに対しては十分に説明したことにはならない。この問いに積極的に応答する手がかりとして、『教育時論』（以下、『時論』と記す）の二点の記事を見てみたい。

一点目の記事は、九二年一二月に「嗚呼《ああ》文部の近事」という題で記されたものである（『時論』二七五、一八九二年一二月五日、八～一一頁。以下、同史料）。この記事の直前に当たる一一月二四日に森有礼文相期から長期にわたって文部次官を担ってきた辻新次が教科書機密漏洩事件で辞職している。これを受けて、後任次官に普通学務局長の久保田譲が任命されるが、記事では久保田を評価できる点は会計等の「世俗の吏才のみ」で、文部次官としては不適任であると記される。そこでは、西村茂樹と細川潤次郎が次官に適任であるとし、その理由として、世人が求めるのは「一種の哲学家、若くは教育家、若くは道徳家」であるからだとしている。そして、「教育の上官」に求めるものを次のように記している。

今の教育の上官は、単に教育上の俗務を処理するのみにあらずして、併せて教育の主義方案を指示せり。学級の編制を定むるも、教育官吏の事なり。師範学校、中、小学校の教則、校則並に教授法の要略を示すも、教育官吏の事なり。今の教育官吏は、俗務を処理するにあらずして、教育の主義方案を指示する者なり。教育の主義方案を指示するは、是れ俗吏の事業にあらずして、哲学家の事なり。

（前掲「嗚呼文部の近事」〔『時論』二七五、一八九二年一二月五日〕八頁）

ここでは、「教育の上官」は「俗務」だけでなく、「教育主義方案を指示」する必要があり、それを行うのは「俗吏」ではなく、「哲学家」の仕事であるとしている。その理由として、教育課程や教授法などの教育行政の内容面に通じ、これを指示しなければならないからだと記す。

この記事が文部省の職務内容から「哲学家」を欲することを示すものならば、次に紹介する二点目の記事は文部官僚の学歴や経歴に「哲学」的な側面を求めているものと言えよう。少し長くなるが、引用してみたい。

吾輩は過去及び現在の文部省の官吏の材能を疑はむと欲する者にあらず。今の文部官吏の多くは文科大学出身の人なり、仮令《たとい》その専攻せる所が教育学なりしや否やは明ならずとも、兎も角も教育に必要なる哲学的諸学を修めたる者なれば、余輩は之に教育の事務を托するを以て甚だ不適当とは謂はず。然れども翻って今後の同省官吏たらむとする者を考ふれば、吾輩は寒心せざるを得ざる者あり。何ぞや、現今の文官登庸試験法これ也。文官登庸試験なる者は各省及び地方庁の高等官たらむとする者の必ず受くべき所なれば、文部の官吏たらむとする者も亦《また》固《もと》より之を受けざるべからず。而《しか》るに其試験科目なる者は専ら公私の法律に関し、教育の事とは少しも相関せず。

（山田輝一「文部官吏登庸法」〔『時論』四三三、一八九七年四月二五日〕一五頁）

この記事は、九四年以降に実施されていた高文試験を論じたものである。記事では、高文試験の科目編成が法学中心で構成されていることに批判の矛先が向けられ、法学科目中心の試験と「教育の事は少しも相関せず」と断じている。この後も記事は教育事務と高文試験の科目との関連の無さを延々と論じているが（次章に詳述）、注目したいのは記事で「今後の同省官吏」とは対照的に取り上げられている「今の文部官吏」である。ここでは、九七年当時の文部官僚の多くが文科出身者であり、学生時代に教育学を学んでいたか否かはおくとして、「哲学的諸学」を修めたから、教育事務を担うのに不適任ではないと述べられている。

哲学科をはじめとする文科大学の諸科では第一学年で「哲学史及論理学」、第三学年で「教育学」を履修する教育課程となっており、この点から文科出身者が教育や「哲学的諸学」への素養を持つという批評は根本的な事実認識として正しい(4)。さらに試補規則期の文科大学には哲学科の他に和文学（後に国文学）・漢文学・博言学・国史・史学・英文学・独逸文学の各科が設置されていたが、沢柳に見られるように教育に関心を持つ学生は哲学科に在籍した(5)。高文試験の実施によって、これまで以上に法科出身者が官界の主流を占めることが確実な状況で、こと文部官僚においては文科出身者の方が適切だと説かれているのである。記事では文部官僚の多数が文科出身者であると記されているが、九七年の文部本省に限って言えば、文科出身の高等官は二名（渡部董之介、岡田良平）のみである(6)。したがって文科出身者が高等官中の多数とは言い難いが、このような錯覚自体に当時の文部省が、文科出身者を多く任用していたというイメージが強かったことが窺える。

以上の二つの記事は九二年と九七年のもので、高文試験の実施前後にまたがる時期と言えるが、ここから分かることは当該期において文部官僚や教育に関わる人物は「哲学」を中心とした学問や、それに類する姿勢を身につけておくべきだとする認識が存在していたということである。二つの記事の「哲学」のニュアンスは、九二年の「哲学家」が人物の資質に関するニュアンスで記され、次官をはじめとする「教育官吏」に求められているのに対して、九六年の「哲学的諸学」の方はより狭く、文科大学の教育カリキュラムとその習得を想定しており、主に文部省に入省してくる大学出身者の能力について述べている点で「哲学」の内容に微妙な違いがある。しかし、むしろこのような形而上学的な概念である「哲学」が文部行政を掌るには必要であるという認識は、両記事で共通している。そこに官僚制度が整備過程である当該期の文部官僚の特色が鮮明に浮かび上がる。

以上を踏まえて、本項をまとめると次のように言うことができよう。まず、中央各省で文部省の試補採用者数は最も少なかった。その内訳を見ると、文部省では試補の多数を占める法科出身者の採用数が少なく、それとは対照的に試補全体で圧倒的に少数であった文科出身の試補全員を採用した。結果として法科出身者と文科出身者の試補採用者数が同数となっている。文部省に入省した法科出身者の藤田と飯野は比較的早い時期に他省に異動し、その後は教育行政と関係の薄い職務に従事している。試補として入省した法科出身者が文部省幹部にまで昇進することはなかった。このことからも、文部省で「法学士などは重用されなかった」（前田又吉「文部次官福原鐐二郎君」〔『教育学術界』二四-二、一九一一年一一月一〇日〕七五頁）といった指摘は正しい。

他方、文科出身の試補は長く文部行政に関わり、文部省幹部として省内に重きをなした。このことから、文部省は政治学的な知見を求めて文科出身者の試補を採用したわけではなかった。そして、哲学や論理学、教育学を学んだ彼らが文部官僚の資質という点で、肯定的に評価されることはあっても、批判されることはなかった(7)。

次章で述べるように、九三年一〇月に制定された文官試験規則では、法科出身者が予備試験を免除されたのに対して、文科出身者はそれから除外された。また試験科目が法学中心であったため、文科から試験を経て、官界に入ることが難しくなった。このため、試補規則期は文科出身者が大学卒業直後に本省に奏任官として任用される唯一の時期であった。

(3) 試補入省期の文部省奏任官

前項においては試補採用の内訳を主に考察したが、本項では試補入省者数に再度焦点を当てる。すなわち文部省における試補の入省人数が、なぜ各省中で最少であるかということである。たしかに文部本省の高等官数は各省のうちで最も少ない。しかし、それ以外に文部省の人事にも原因を探ることができる。

まず試補規則の概要を確認したい。既に述べたように、帝大法科・文科と旧東大法学部・文学部の出身者は試験を受けずに試補となることができた。そして、試補は原則三年の練習期間を経れば、奏任官に任官することができた。翻って考えると、各省は試補の分だけ、奏任官ポストを用意する必要があった。

これを踏まえて、試補規則が廃止され、高文試験の実施が待たれていた一八九四年一月の文部省内の高等官を見ると、表2－5のようになる。この表は自由任用枠の勅任官（次官・局長）を除いた文部省内の高等官を示したものである。[8] 表を見ると、まず試補採用者として当該期に本省に在職しているのは、牧瀬五一郎（秘書官、参事官）、渡部董之介（普通学務局勤務、参事官）の二名であり、両者は参事官に就任している。第1章で見たように参事官は省内外の職務を兼任することが多く、参事官会議では文部省の各部局や帝国大学・直轄学校との折衝を必要とした（「参事官会議規程」〔『法規分類大全』一六、官職門一四〕五三～五四頁）。そのため本省だけに限らない文部省全体の事務に関する広範な知識を必要とし、またそれを習得する機会ともなった。

一八九〇、九二年にそれぞれ試補として入省した渡部と牧瀬は、九四年時点ですでに参事官に就任している。参事官ポストが任官直後のポストとして想定されていたことがここから分かる。[9]

では、当該期の参事官はどのような人物によって担われていたのであろうか。前掲表2－5のように、参事官は嘉納治五郎・由布武三郎・青木保・寺田勇吉・椿蓁一郎・渡部・岡田良平・牧瀬の八名が在任している。注目すべきは、彼らの多くが学校現場の職務と兼ねて参事官を務めている点である[10]。嘉納が東京師範学校長、由布が高等商業学校長、寺田が第一高等中学校教授、椿が華族女子学校幹事、岡田が山口高等中学校長、とそれぞれ兼任している。九四年の構成はやや極端ではあるものの、その後も参事官は一定の割合をもって学校長在職者や経験者で占められている[11]。

省直轄学校などの機関と文部本省との連絡という点から参事官の職掌を見ると、省直轄学校長の経験者や在職者による参事官の就任・兼任は省務の円滑化を促すことになる。また、第5章で詳述するが、当該期の参事官は学事視察を行う必要もあったため、学校現場の運営や教育方法への知見が求められていた。そのために参事官ポストを可能な限り省直轄学校関係者に務めさせている。これは文部省が本省と帝大・省直轄学校という省内間で人事を完結させていたことを意味する。省内部で人材が充足できる以上、文部省は有限である奏任官ポストに、無理に試補の採用を行う必要はなかった。特に参事官の枠は試補採用に際して重要な目安となっていたのである[12]。

一八九三年一〇月の文官任用令制定と、それに続く九九年三月の文官任用令改正により官僚任用制度が確立する。これにより次第に高文試験を経た官僚が参事官などの奏任官ポストを占めるようになり、省直轄の学校長が本省ポストを兼任することは徐々に少なくなる。しかし、こうした官僚任用の制度が確立していく過程においても、文部

表2－5　1894年1月の文部省奏任官

ポスト	人　名
普通学務局勤務	寺田勇吉
	渡部董之介
専門学務局勤務	小山健三
秘書官	小山健三
	牧瀬五一郎
文書課長	青木　保
会計課長	永井久一郎
図書課長	嘉納治五郎
参事官	嘉納治五郎
	由布武三郎
	青木　保
	寺田勇吉
	椿蓁一郎
	渡部董之介
	岡田良平
	牧瀬五一郎
書記官	永井久一郎
	青木保
	小山健三

出所：『職員録』甲（1894年）をもとに作成。

省人事の特性は顔を覗かせる。それを端的に示すのが、第二次山県有朋内閣による九九年の文官任用令改正である。この改正によって、政党から猟官の対象となっていた自由任用枠、すなわち勅任文官が原則として奏任文官（及びその在職経験者）からの就任に限定された。

しかし、限定的なものとなった勅任官の任用には少数の例外が存在した。その一つに文部省に関するものがある。すなわち文部省勅任官は「満二年以上帝国大学及直轄諸学校ノ勅任文官ノ職ニ在ル者及在リタル者」を任用することができた（改正文官任用令の第一条〔『法令全書』一八九九年三月二十七日、六八〜六九頁〕）。この規定により文部省では帝国大学や省直轄学校の関係者が、これ以後も局長に登用されるケースが散見される。(13)幹部候補としては法科出身の官僚が多数となることが予想された当該期において、この規定は文部省の人事の特徴を示すものであった。学校長による本省内ポストの兼勤という文部省の志向が、奏任官ポストでは失われたものの、勅任官ポストでは制度的に維持できたのである。(14)

では、文部省ポストの要職を占めた省直轄学校長兼任者や経験者はいかなる専門性を持つとされていたのだろうか。試補制度期に学校長の専門性に言及した記事は、『時論』をはじめとするメディアに見られない。当時は文部官僚の多くが、学校長兼任者・経験者であり、おそらくそれが自明のものとされていたため評価対象として注目されなかったのかもしれない。学校長が省内の多数でなくなった時に彼らの専門性が注目されることになった。前項で取り上げた「文部官吏登庸法」を再び取り上げたい。すでに述べたように、この記事は九七年に記されている。文部省内では学校長兼任者・経験者が徐々に少なくなり、文科出身者が頭角を現し、後には高文試験を経た法学士の官僚が多数を占めることが予期されていた時期の記事である。

そして、この記事では法学を専門領域とする将来の文部官僚への不安を隠さず、法律科目中心で構成されている高文試験を批判し、高文試験の代替手段として文部官僚の登用条件を次のように述べる。

五年以上尋常中学校長、尋常師範学校長、又は高等なる学校の校長・教授、若《も》しくは同等なる学校の校長たりし者にして適当なる者あらば、之を抜いて文部高等官試補となし、考試三年にして適ならば（ママ）乃ち之を本官に進む。

（前掲山田「文部官吏登庸法」一七頁）

この記述を見ると、省直轄学校だけでなく、尋常中学校や尋常師範学校の学校長も文部高等官に就任できると述べており、その根底には「文部の官吏、皆教育の実務に通じ」（同右）ていなければならないという考えがあった。省直轄学校長をはじめとする学校長は教育の実務に関する専門知識を持つと考えられていたのである。

『時論』としては、このような専門性を持つ学校長らを「教育社会」の重要な構成員と考えていた。対照的に「昨日まで政治社会に在りて、法律に行政に熱中し居られたる人」や「突然教育社会に飛び入りたる、名望家」では、教育社会の構成員に成り得ないと考えていた（「教育社会は教育家を以て組織すべし」〔『時論』一二〇、一八八八年八月一五日〕三一～四頁）。しかし、このような学校長に対する肯定的な評価とは裏腹に、表2－5中の学校長兼任の参事官で批判を受けた人物が由布武三郎である。『時論』による由布の評価は次節に詳述するが、由布は九三年一月に福井地方裁判所長から文部省参事官に、次いで同年六月に高等商業学校長に就任する（作道・江藤 一九七五：一八七）。この由布に対して、『時論』は「其人の学ぶ所は、律令の条目にして、教育の学にあらず。経済商業の事にあらず。其経験せし者は、断訟刑名の事にして、学生を率ゆる事にあらず」と批判する（「如何にせば官学校内の俗臭を一洗すべきや」『時論』三三一、一八九四年三月一五日、七頁）。『時論』から見ると、由布は「突然教育社会に飛び入りたる、名望家」であり、学校長に必要とされる教育事務の専門性を持っているとは考えられなかった。

以上のように省内の多数を占めていた省直轄学校長兼任者や経験者は、文部官僚を担うに値する専門性を持つと教育メディアから認識されていた。「従来文部省の高等官と言へば、純教育家と文学士とに限られて居た有様」（前掲前田「文部次官福原鐐二郎君」七五頁）といった認識は、以上のような本省と省直轄学校間のポストの兼任や往来と、試補採用による文部省独自の人材運用を組み合わせた結果であった。

3　井上毅文相期の文部省幹部――「法学」批判の具体的様相

本節では井上毅文相期の文部省に焦点を当てる。前節第三項で検討した参事官は井上文相期の参事官である。井上文相期は参事官を各学校長に兼勤させる一方で、古参官僚で占められていた省内の勅任官ポスト（次官、局長）の刷新を断行する。これに伴って局長に就任した人物は、文部官僚の適性という点から批判されることになる。そこではいかなる批判がなされたのであろうか。この検討は、文部官僚や教育行政官が、どのような人材によって担われるべきであるかという当該期の文部官僚の規範論や専門性を考察することに直結する。

（1）井上文相期の教育行政と評価

一八九三年三月に第二次伊藤博文内閣の文部大臣に就任した井上毅は、後の時代には森有礼と並び、明治期における代表的な文部大臣と言われる（たとえば横山達三『文部大臣を中心として評論せる日本教育之変遷』〔臨川書店、一九七四年、九七～九八頁、底本は中興館書店、一九一四年〕や藤原喜代蔵『明治大正昭和教育思想学説人物史』一〔東亜政経社、一九四二年〕七八六～七九四頁）。それは、森が諸学校令に見られる学校体系の基本的な枠組を整備したのに対して、井上は実業教育の奨励や女子教育に関する制度を制定したことから見られるように、それまで不十分であった学制の整備に着手したからである（前掲藤原『明治大正昭和教育思想学説人物史』一、七八八～七九一頁）。

一方で、当時において井上は主に教育界から多くの批判を受けた文相でもあった。井上の文相としての適性を大きく問われたのが、いわゆる「箝口訓令」（訓令第一一号）の問題であり、これが『時論』をはじめとする雑誌や新聞によって批判された[15]。そして、本節で取り上げる井上文相や省幹部の経歴に対する批判は、教育政策の企画・立案を行う文部省がいかなる人物によって担われるべきかという、根本的な次元のものであった。

表2－6　井上文相期における幹部の人事異動（1893年3～6月）

官　職	旧		新	
次　官	久保田譲	3.11	牧野伸顕	3.11
専門学務局長	浜尾　新	3.30	牧野伸顕（事務取扱）	3.31～6.19
			木下広次	6.19
普通学務局長	千家尊福	5.4	木場貞長	5.5

出所：『文部省歴代職員録』をもとに作成。

（2）文部省幹部の人事

さて、井上が文相に就任することで文部省の人事はどのように変化したのであろうか。これについては、たとえば海後宗臣編『井上毅の教育政策』では、「井上は文相就任とともに、かつての下僚であり、地方長官の経歴を経た牧野伸顕を次官に任命した。文部省内部の人事は、行政整理の進行中であったためか注目すべき刷新を行ってはいない」と記されている（堀内　一九六八：五九～六〇）。ここにおける「行政整理」とは、議会で民党側によって要求されたもので、結果的に一八九三年一〇月の文部省官制通則の改正につながる。この改正によって、省内の報告課・教員検定課・教員恩給課・記録課の各課が廃止となり、文部本省における人員が一三八人から一〇八人にまで削減された[16]。たしかに文相に就任した直後の井上は、省内の人事異動を最低限に止め、牧野伸顕を次官兼専門学務局長に、木場《こば》貞長《さだたけ》を秘書官兼参事官に各々任命しただけであった。しかし、就任から三、四カ月後の五、六月には各局長を相次いで変更する。五月に普通学務局長を千家《せんげ》尊福《たかとみ》から木場貞長に、六月には牧野の兼勤であった専門学務局長に木下広次を充てている（表2－6）。

この局長人事に注目した研究は確認できない。しかし、文部省創設以降、長期間にわたって文部省幹部を務めていた久保田譲と浜尾新に代わり、文部本省での勤務の経験がない牧野、木下を局長に就任させたことは、文部省にとっては画期的な人事と言える。では、井上文相はいかなる意図のもとに、文部省の人事を行ったのであろうか。井上は文相就任から一カ月後に、首相の伊藤に文部省人事に関する次のような書翰を送った。

文部省之前途着手すべき件々堆積し、総而皆精密なる調査を要候処、局課其人を得候事第一之緊急に有之《これあり》、生就任《せいしゅうにん》已来《いらい》乍不及《およばずながら》注意を以《もって》旧来之人物鑑別いたし、取捨之必要を認候。
（伊藤博文宛井上毅書簡〔一八九三年四月二五日〕『伊藤博文関係文書』一、塙書房、一九七三年、四四九～四五〇頁）

当該期は、資本主義の発達に即した実業教育の整備などの学制の構築が文部省にとって急務とされていた。井上も「件々堆積」する省務の円滑化のために、省内、特に「旧来之人物」に対し注意を払い、「取捨之必要」を感じていた。この直後に、井上は「旧来之人物にてはとても運歩之見込無之、生奉命已来空手曠《くうしゅむなしくすぐ》過之有様に而恐縮此事奉存候」（伊藤博文宛井上毅書簡〔一八九三年四月二六日〕同右書、四五〇頁）とフラストレーションを伊藤に吐露している。井上は文部官僚に良い印象を持っていなかったと思われ、たとえば師範学校で憲法に関する講義を行っているという情報を得た井上は、「是元来危険之事」と考え、「例之文部省之庸眼無識之徒創始したる事」と非難している（伊藤博文宛井上毅書簡〔一八九三年八月二五日〕同右書、四五四頁）。[17]「例」と記されていることから、日常的に井上の感じていた不満を伊藤に述べたものと考えられる。

井上は局長ポストのすべてを更迭することで、「大に清新潑剌たる空気を注入する必要」（下園 一九四〇：九〇～九二）を感じていた。[18]では、新たに局長に就任した牧野・木下・木場はいかなる人物だったのであろうか。

局長に就任した三者における共通点は、前述のように省内からの年功による局長への就任ではなく、井上との縁故によるものであった。まず牧野に関しては、牧野の父である大久保利通への恩義から、井上が大久保の息子である牧野を引き立てたことはよく知られている（茶谷 二〇一三：三〇、木野 一九九五：一四〇～一四一、下園 一九四〇：九二）。牧野も、自らが井上に「後輩として引立てて貰った」（牧野『回顧録』上、一九二頁）と述べていることから、文部次官の就任も井上の招請であった。木場は八九年七月から法制局で勤務し、その際に九一年五月まで法制局長官であったのが井上であり、木場の文部省への再出仕も、井上が強く要請したとされる（下園 一九四〇：九二）。また、木場は牧野と同郷の薩摩出身である。森文相期に文部省秘書官や参事官を務めており、省内に精通していることも考慮されたと考えられる。木下の場合、井上と同郷の肥後藩出身で、井上は木下の父である儒学者木下犀潭の弟子であり、犀潭の娘の鶴は井上に嫁いでいたため、井上と木下は親類であった。

また、井上文相期は高文試験を経た帝国大学卒業生が各省に入省し始める時期であるだけでなく、帝国大学の前身機関の出身者が各省内の幹部になっていく時期でもあった。木下が南校（後に司法省法学校に転校）、牧野が開成学校と旧東大、木場が旧東大と、それぞれが帝大の前身機関で学んでいる。牧野は文部次官として文部省に入った当時を、

文部省には加藤弘之、浜尾新、同輩には岡倉覚三、木場貞長ら、開成学校時代の同窓も居ったので、初めての仕事ではあるが全然不案内の役所ではなかった

と回想している（前掲牧野『回顧録』上、一九二頁）。九三年三月当時は、帝大総長に加藤弘之、本省専門学務局長で、直後に帝大総長になる浜尾新、東京美術学校長の岡倉天心など、牧野の出身である旧東大に関係の深い人物が文部省に在職していた。そのため、「始めての仕事」場であった文部省であっても、出身校のネットワークによる安心感があったとする。帝大出身者が官界において多数を占める以前に、大学南校以来の帝大の前身機関の出身者や関係者がすでに文部省をはじめとする各省の幹部となっていた。

（3）文部省幹部への批判

では、井上文相によるこの文部省人事は同時代でどのように報じられたのであろうか。たとえば井上と牧野が文部省へ入省した直後の『読売新聞』（以下、『読売』と記す）は、「元来精神家にして、勉強家の聞えある人なれば大臣に昇任せし以来、早出晩退」と井上の執務態度を肯定的に評価している。また牧野に関しても、「流石に乃父《だいふ》に肖て頗る大量なりとの聞え高く、且つ慎重事務を執りて、平素寡言能く人を容るるにより省内の折合もよ」いと報じ、両者の入省によって「旧来の空気殆んど一掃したるの観あり」と記事を結んでいる（「文部省の新空気」〔『読売』

一八九三年三月一四日〕)。しかし、この『読売』の評価は、井上・牧野両者の性格や執務態度を論じており、文相や文部官僚の適性に対する評価ではないことは留意すべきであろう。

これに対して、次に掲げる『時論』の記事は、文相や文部官僚としての能力から井上文相以下の省幹部を批判する。

> 顧みて今の文部の柄〔ママ〕を執る人々を見渡せば、其の教育上の見識に於ては、幼稚なること驚くべし。井上大臣を始めとして、木下、木場の両局長の如きは、所謂学政の柄を執る枢要の地位に立つ人なれども、我等は彼等の履歴の上より考へて、彼等が普通教育の実情に通じたる者なりとは信ずること能《あた》はず。彼等がやれ実業教育の、やれ教育の精神のと囃《はや》し立つるを聞けども、未だ彼等が十分に是等の問題を理解したる者なりと信ずること能はず。教育社会の人に在りては、既に数年来見慣れ聴き慣れたる如きことにても、彼等の耳目には事新しきが故に、彼等は一時騒ぎ立ちしのみ。〔中略―引用者〕殊《こと》に驚くべきは、彼等が今日の気運を知らず、教育と云ふ一事業が、一科の専門となりしことを忘れ、何人にても教育の任に当るべしと思へる如き風あること是なり。
>
> (「文部当局の幼稚」〔『時論』三〇五、一八九三年一〇月五日〕九頁)

この記事の根底にあるのは、「教育」とは「一科の専門」であり、「何人にても」行い得るものではないという主張である。これを前提として、文相である井上をはじめ、木下・木場両局長を批判しているのである。ここで重要なのは記事における批判の正否や妥当性ではなく、批判の根拠である。記事では、彼らの「教育上の見識に於ては、幼稚」である原因を「履歴」に求めており、そのことをもって彼らは普通教育や実業教育への理解が不足しているとされた。

では、この三者の「履歴」とはいかなるものであろうか。これに関して、先に引用した記事の次号に掲載された「法律的人物の実業論」と題される記事に具体的に記されている。

表2－7　「法律的頭脳」と評された官僚の経歴

人　名	役　職	学　歴	主な経歴（前職）
井上　毅	大　臣	大学南校	内閣書記官長、法制局長官、枢密院書記官長、枢密顧問官
牧野伸顕	次　官	東京大学文学部（和漢学科）	外務省御用掛、兵庫県大書記官、法制局参事官、内閣総理大臣秘書官、内閣官報局長、福井県知事、茨城県知事
木下広次	専門学務局長	パリ法科大学卒業	東京大学法学部教授、法科大学教授、貴族院議員
木場貞長	普通学務局長	東京大学文学部（政治学及理財学科）	文部大臣秘書官、文部参事官、兵庫県書記官・第一部長、法制局参事官、法制局行政部
由布武三郎	参事官	東京大学法学部	重罪裁判所裁判官、控訴院評定裁判所長
嘉納治五郎	参事官	東京大学文学部（政治学及理財学科）	学習院幹事兼教授、学習院教授兼教頭、文部省参事官、第五高等中学校長

出所：由布以外は『日本近現代人物履歴事典』、由布は『人事興信録』3版（1911年）をもとに作成。

法制局に長官たりし井上毅君、法学博士たる木下広次君、判事たりし由布武三郎君、其他牧野君とて木場君とて嘉納君とて、今の文部の腕利は揃ひも揃ひて法律的頭脳を有しながら、頻りに実業論、実際論を担ぎ出さる。偖《さて》も危きものかな、と懸念する老教育家もありと云ふ〔中略―引用者〕吾等も亦文部の実業策は、大丈夫心配するに及ばず、と保証する能はざるを知るなり。

（「法律的人物の実業論」『時論』三〇六、一八九三年一〇月一五日）二九頁）

記事では前記事に記された井上・木下・木場に加えて、由布・牧野・嘉納の名前が挙げられているが、この記事によって彼らの「履歴」がいかなるものであり、前号の記事で彼らが何を根拠に批判されたかが分かる。すなわち彼らは「法律的頭脳」と見なされ、「文部の実業策」は覚束ないと批判されたのである。記事中で「法律的頭脳」とされた人物の経歴をまとめたのが、表2－7である。職歴を見ると、法制局への勤務経験が井上・牧野・木場に見られる。また、木下は、法学教授の経歴を主とし、由布は司法関係の業務に従事していた。嘉納については、「法律的頭脳」と批判される要因は職歴に見られないが、旧東京大学文学部政治学及理財学科卒業という学歴が、「法律」と結びつけられて、批判された可能性が高い。嘉納と牧野を「法律的頭脳」と批判するのはやや強引と思えるが、それだけ井上文相期の文部省幹部が「法律的」な専門性を持っているという印象が抱かれていたのであろう。

このような印象は、井上が病のために文相を辞職した後にも見られ、「井上文部大臣が尚文部の主宰たりしとき、教育に関する勅令、省令等には、頗る周密なる説明を附せられたるを以て、能く法令の精神を了知し、之が施措を誤まらず、教育社会のものは其至便を称したりき」（「法令と説明」〔『時論』三五三、一八九五年二月五日〕九頁）と、井上文相期における法令の説明や処置が高く評価されている。前の「法律的頭脳」といった批判が、ここでは法令に対する理解ということで肯定的な評価に転じていることが分かる。

以上の『時論』の記事中に見られた井上文相下の文部官僚批判を踏まえて、次のことが言える。まず、文部行政を担い得るか否かということは、経歴によって判断されたことが分かる。文相の井上をはじめ、局長や参事官などの文部省幹部が「法律的頭脳」と評されたのは、その典型的な例であった。批判を受けた文部官僚は帝国大学の前身である教育機関で政治学や法学を修め、卒業後はそれに応じた経歴を積んでいった。このような経歴が「法律的頭脳」とされ、「教育」を担うには「危きもの」と否定的に評価されたのである。この背景には、「教育」を行うには一種の専門的な能力が必要とされ、それは法学的な知見とは別次元のものであるという前提があった。

また、教育の専門性とは何かという根源的な関心を持つ『時論』には、資本主義の発展が著しい日清戦後の状況に対応するために、実業教育政策の必要性を説いた井上文相以下の文部省幹部が、彼らの経歴と相俟って、時代迎合的な発想でのみ教育政策を行っていると映ったのである。実際に牧野は後年「実業教育といふ言葉すら其の時〔井上文相期―引用者注〕は未だ耳新しい時」であったと回想している（牧野伸顕「井上文部大臣」国民教育奨励会編『教育五十年史』民友社、一九二二年、一七四頁）。しかし、『時論』の言う通り、「実業教育」という言葉は井上文相期より前の時期にすでに使われており[19]、『時論』の文部省幹部への批判が必ずしも的外れであったわけではなかったことが分かる。

4　木場貞長の教育行政に対する認識

前述した『時論』の認識を踏まえて、本節では教育行政に対する木場貞長の認識を論じる。前節で見た「法律的頭脳」と批判を受けた官僚の一人が木場である。この批判の通りに、木場は自身の専門である法学を基軸として、文部省に限定されない官職を歴任した行政官であった。したがって木場が、教育や教育行政を「一科の専門」と考える人々から批判されるのは当然のことであった。

他方で、木場は井上文相期に限らず、内閣制度導入以後の明治期から昭和戦前期まで文部省に関わっている。法学を専門としつつも、文部省に関わり続けた木場の教育行政の認識を検討することは、戦前日本における教育と行政の関係を明らかにすることになろう。

(1) 木場貞長の経歴

木場貞長の教育行政認識の検討に入る前に、木場の経歴について簡単に触れたい(表2-8)。木場は一八五九年三月に鹿児島に生まれ、八〇年に東京大学文学部政治学科を卒業する。直後に文部省に入り、文部御用掛として官立学務局に勤務するも、八二年に政治学修行のためドイツのハイデルベルク大学に留学し、政治学・法学・心理学を修め、博士課程を修了した。帰国直後の八六年三月に森有礼の要請を受けて再度文部省に入省し、森文相下では秘書官と参事官を務める。以降、断続的に文部省内に携わり、九三年七月から九七年四月まで普通学務局長、一九〇三年一二月から〇六年一月まで文部次官などの要職を歴任する。

その一方で、八八年五月に兵庫県書記官・第一部長、八九年七月には法制局参事官に就任し、直後に法制局行政部に勤めるなど、法令案の審査などを担った。一九〇六年から四四年に死去するまで貴族院議員を務め、また一三年には行政裁判所評定官・行政裁判所部長に命じられている。

表2－8　木場貞長の経歴

文部省		その他	
年　月	役　職	年　月	役　職
1880.10	御用掛・官立学務局		
		1882.3	政治学修行のためドイツへ留学
1886.3	帰国、大臣秘書官		
1886.5	参事官心得		
1886.9	兼参事官		
		1888.5	兵庫県書記官・第一部長
		1889.7	法制局参事官
		1889.8	法制局行政部勤務
		1890.7	法制局第一部勤務
1893.3	大臣秘書官兼参事官		
1893.5	書記官・普通学務局長心得		
1893.7	普通学務局長		
1897.4	依願免本官		
		1899.3	法学博士
1900.4	参与官・大臣官房図書課長事務取扱		
1900.5	官房長		
1900.6～01.6	兼実業学務局長事務取扱		
1903.12	文部次官		
1906.1	依願免本官		
		1906.1～44.6	貴族院議員
		1913.6	行政裁判所評定官·行政裁判所部長
		1922.7	依願免本官

出所：『日本近現代人物履歴事典』を参照。

示したい。

（2）木場の教育行政認識

以上の経歴を持つ木場貞長が教育行政をどのように認識していたのか。これを見るために次の木場のコメントを示したい。

顧ふに、教育行政は教育に関係あること論を待たずと雖《いえども》、亦行政の一部のみ、決して教育学、又は其他専門の学問にあらざるなり。故に文部大臣に尚ふ所は、畢竟《ひっきょう》行政的手腕のみ、其教育家たり、学者たるは固より問ふべき所にあらざるなり。（木場貞長「教育談（中）」〔『時論』四七三、一八九八年六月五日〕九頁）

文部大臣の資質に関して、木場がこのように言及した時期は一八九八年六月である。この時期の前後に政争による内閣の交代が相次いだこともあって、「文相更迭の頻繁にして、殆ど其の送迎の煩に堪へず」（「又々文相の更迭」〔『時論』四七一、一八九八年五月一五日〕一頁）と言われるほど、文相の更迭が頻発していた。九八年だけでも、この記事が発表される六月までにすでに二人の文相が更迭されていた(20)。木場の文相に対する意見は明白で、「文相は教育家」や「学者」という経歴ではなく、「行政的手腕のみ」で評価されるべきというものであった。

また、別の場で木場は「私は始終教育の事をば教育の方から観ずに、全体の国家行政と云ふ方から観たいのである」と述べ、自らの「考がどうしても純粋の教育家の意向に投ぜぬことが沢山ある」と吐露している（石川 一九〇二：一二三）。そのうえで「一種の異分子になって」教育を考えていると自己を評価している（同右）。

では、この木場の「意向に投ぜぬこと」とは何であろうか。その一つとして、先に木場が言及した文相の経歴に関連して、『時論』の記事から具体的な例を挙げたい。記事の概要を先に説明すると、九七年一一月に第二次松方正義内閣の文相に就任した浜尾新の評価を記したものである。浜尾は帝国大学やその前身機関において総長や綜理などの要職を務め、長期間にわたって大学運営に携わった。また前章で見たように文部本省でも専門学務局長を担った人物である。記事では、浜尾について次のように記す。

新文部大臣浜尾新君は、藩閥以外にして、何種の政党にも属せざる、純然たる教育家なり。浜尾君這回の栄任は、全く其の教育界に閲歴あり、名望あるを以ての故にして、実に文部立省以還《いかん》、嘗《かつ》て其の前例なき、栄誉ある大臣と曰はざるべからず。〔中略―引用者注〕教育家中より、文部大臣を挙げたるの点に於いては、吾等今日の現内閣を多とせざるを得ず。

（「文部大臣の更迭」〔『時論』四五三、一八九七年一一月一五日〕一～二頁）

記事によれば、浜尾を「前例なき栄誉ある大臣」と見なし、その理由として、「教育界に閲歴」があるからだと論じている。「純然たる教育家」である浜尾が、文相に任じられたことを「多とせざるを得ず」と『時論』は肯定的に評価した。また、同記事では「吾等が門外漢の大臣を戴くを欲せざるは、他故あるにあらず、畢竟教育事業の挙がらざるを以てなり」（同右、二頁）と、「教育界に閲歴」を持たない人物が文相に任命されることに対して嫌悪感を示した。このような記事の論調と、この記事から約半年後に出された、文部大臣の能力が「教育家たり、学者たるは、固より問ふべき所にあらざる」という木場の見解とは相容れないことは明白である。そして、当時において、「代表的な教育雑誌」（教育ジャーナリズム史研究会 一九八七：九六～九七）と評価される『時論』の記事に、少なくない「教育家」の意向が集約されていたのであれば、木場は自認するように教育政策に関心を寄せる者のなかでは、「異分子」であった。

（3）文部官僚としての木場の評価

最後に、「異分子」であった木場が、文部省内でいかなる評価をされていたかを見てみたい。

この時（蜂須賀茂韶が文相を去る時―引用者注）、木場貞長氏が普通学務局長であって行政整理の衝に当たっていた。その人は学識もあり、誠実であって値打のある人物だが、いわばこせこせして学校の実情を理解しないという風があったので、人物に非難はなかったが、やり方に苦情が絶えなかった（嘉納治五郎『嘉納治五郎著作集』三〔五月書房、一九八三年、底本は一九二九年から翌三〇年の『作興』に掲載された「教育家としての私の生涯」）二四七頁）。

これは嘉納治五郎の木場への評価である。前節で見たように、嘉納は木場と同様に「法律的頭脳」と評された人物である。それは嘉納が旧東京大学政治学科を卒業していることによるものと思われる。しかし、嘉納は学習院教頭、第五高等中学校長、高等師範学校長などを歴任した人物で、嘉納自身「他のいかなる職業よりも、教育事業の楽しみの一層勝っている」（同右、二三八頁）というような人物であった。このような嘉納からすると、木場は学校の実情を理解していないように見えた。

このような木場への評価は、嘉納に限らず広く共有されていた。木場が一八九三年五月五日から務めていた普通学務局長を、九七年四月一六日に辞任した直後に、『時論』は次のように木場を評している。

木場氏は、省内切っての細工師にして、大臣も木場氏には万事相談せられ、文部省内に於ける働《ママ》役者は先づ木場氏なりしかど、如何せん、氏が措置設計の何時もコセコセして、大度量、大系統なきより、何時も議会にては散々にイヂメられ、又直轄学校校長、職員に対し、常に小刃《ママ》細工を弄し、（中略—引用者注）是等の連中より、激しき反抗を受け、従ふて自ら省内に於ける羽振もはかばかしからず。さてはいよいよ辞職するに至りしとぞ。

（「木場局長の辞職」（『時論』四三三、一八九七年四月二五日）八頁）

この記事の記述自体、前述の嘉納の木場への評価と酷似しており、嘉納が『時論』に省内の状況をリークした可能性が否定できないが、これによれば木場は省直轄学校長から批判を受けており、省内でもうまくいっていなかったという。陸軍省や逓信省の直轄学校の予算に対して、文部省の直轄学校の予算が低く抑えられたため、省直轄学校長は批判の矛先を木場に向けたとされる（「陸軍諸学校費と文部省の予算」（『時論』四三一、一八九七年四月五日、一〇頁）と同右「木場局長の辞職」）。また、記事中の「こせこせ」や「大度量・大系統なき」、「小刃細工」という木場の性格に関する記述は、官吏としての木場、より悪く言えば俗吏としての木場が表現されていると言えよう。参事官をはじめ従来の文部省の幹部の大半は、省直轄学校長等の学校運営の経験を有していたが、木場は学校長などの教育現場の経歴がなかった。少なくとも省直轄や官立の学校長を歴任してきた嘉納からは、木場が「学校の実情を理解しない」人物であると見られたのである。

5　試補規則期に表出した文部省の固有性

(1) 文部省における文科と法科

本章では試補規則期における文部省の官僚任用を検討した。試補の多数を占める法科出身者の任用は各省中で最少であり、他方で文科出身者の試補全員を任用するという点で、文部省は独自の任用を行っていた。文部省の任用は、教育に関する素養を持つとされた文科出身者を多く任用したという点で、結果的に教育行政における教育的側面と行政的側面のうちの前者に比重を置くものであったと言える。文科哲学科出身という学歴によって、文科出身者は文部官僚の適性を批判されることはなかった。当時、多数を占めていた省直轄学校長経験者や兼任者とともに、彼らは文部行政を担うことができる人材と見なされたのである。

しかし、法科出身者は異なっていた。井上文相期の省幹部に見られたように、学歴から文部官僚に不適格であると批判を受ける可能性が多分にあった。その根底には教育とは「一科の専門」であり、法学的な領域における能力とは別次元のものであるという見解があった。くわえて文部省には文科出身の試補の採用の他に、省直轄学校長などを本省へ登用する独自の人事ルートが存在し、法科出身者を採用する動機は試補制度下でそれほど高くなかった。もっとも、法科出身者の側も、文部省に入省する積極的な動機はなかったと考えられ、それは法科出身者が省内に定着しなかったことからも分かる。ゆえに現実的に文部省が、幹部候補の官僚として法科出身者を任用することは難しい状況があった。

「法律的頭脳」の一人として批判された木場に見られるように、「行政」を主として教育行政を考える人物は「一種の異分子」であった。この認識通り、木場と文部本省を取り巻く、省直轄学校長との関係は良好なものとは言い難かった。また、木場には文部本省以外の学校現場における経歴が無く、それが木場は「学校の実情」に無理解であるという評価につながり、諸学校長との連携が機能しなかった一因となったと見なされた。

(2) 過渡期としての試補規則

しかし、木場の異端的な側面はやがて異端ではなく、むしろ文部省においても正統と言える状況になっていく。次章以降の接続を見据えて、ここでは二点を述べたい。第一に、第7章で詳述するが、木場が文相を行政的手腕のみで評価するべきであると述べたまさにその時期にすでに『教育報知』(以下、『報知』と記す)が木場と同様の意見を述べている。また、『報知』よりもやや後になるが、『時論』も、文相や文部省幹部には行政的、政治的な能力が不可欠であるとする趣旨の記事を掲載し始める。第二に、次章で見るように、一八九三年一〇月の文官任用令制定と、翌年に高文試験が開始されたことにより、文部省でも徐々に法学の素養を持つ官僚が省内のポストを占めていった。高文試験を経た彼らは学校長の経験はなく、木場と同じく官界を中心にキャリアを蓄積していった。

以上を踏まえると、近代日本官僚制を論じる際に一般的に高文試験の前段階とされる試補規則期であるが、試験を経た文科出身者を、直接任用することができた時期であるという点で文部省にとって重要な意味を持っていたことが分かる[21]。そこに文官任用令・高文試験以降の文部省と決定的な違いがあった。教育史学者の石川謙は、文相期の井上毅が「ありとあらゆる国民文化・文明というものを、持続させ、発達させるもの」と意気込んでいたと嘉納治五郎から聞いたとする(「座談会　九〇年間の日本の教育を語る」(『文部時報』一〇二一、一九六二年一〇月)二六頁。海後宗臣・河原春作・村上俊亮・有光次郎・関口隆克・石川謙が参加、天城勲が司会)。しかし、「その後になって、文部省がだんだん、ただの行政府になってしまった」と述べている(同右)[22]。ここから、良くも悪くも「ただの行政府」には未だになりきれていなかったのが、この時期の文部省であったと言える。

本章で見たように、井上文相期は試補規則から高文試験へと移る官僚任用の過渡期であると同時に、実業教育機関に関する制度の整備に見られるように学制を新たに作り出したという点で画期的な時期でもあった。この井上文相期の実業教育の整備によって、フォーク型の日本の学制が不完全ながらも整備されることになった。第6章で見るように、その後の文部省は既存の学制を基礎として、各教育段階の質と量を向上させる作業に移行していく。それに従事したのが、本章で取り上げた試補規則で任用された官僚と、次章で取り上げる高文試験を経た官僚であった。

また、本章第1節で取り上げた佐藤秀夫による「本来の意味の文部官僚」という沢柳の評価も、沢柳が単に「初めから行政官として、文部省に入っ」（佐藤 一九七七：三）たということだけにとどまらない意味を持つことが本章から分かった。すなわちこの評価の背景には、沢柳が教育と親和的な文科大学出身者であったことが無意識に投影されていたのである。[23]『実際的教育学』や『教育学批判』などの沢柳の著作は、当時において教育界の一線で活躍していた谷本富や小西重直などの教育学者と教育内容に踏み込んで議論したものであった。木場の著書『教育行政』が行政的、法学的知見をもって著されたのとは異なり、[24]沢柳は教育学の土俵で議論をすることが可能な文部官僚であった。さらに退官後における成城学園での学校運営や教育活動から教育の専門知識を遺憾なく発揮したことが、沢柳を「本来の文部官僚」と感じさせる要因となったのである。

注

（1）佐藤秀夫「文部官僚としての沢柳政太郎」（『沢柳政太郎研究』三六、成城学園沢柳研究会、一九七七年）三頁。なおこの論文は沢柳研究会における佐藤の発表をもとにしているため、口述筆記形式となっている。

（2）たとえば試補採用が開始された一八八八年における各省本省の在籍の高等官は次のようになる（括弧内はポスト数に含まなかった箇所）。農商務省七二名（各大林区署とその他を除く）、内務省六三名（集治監・仮留監を除く）、大蔵省七七名（各税関の税関長の六ポストと各鉱山局を除く）、逓信省四一名（各逓信管理局と各郵便電信局、その他を除く）、司法省二九名（大審院以下の裁判所を除く）、文部省二〇名（各学校を除く）となる（内閣統計局編『日本帝国第八統計年鑑』

一八八九年、九三七〜九三九頁を参照）。なお、文部省を除く各省は地方に奏任官ポストを有しており、そこに奏任官を配置した。

（3）文部省官制で試補の定員は九〇年で四人、九一年で三人と定められていた。

（4）試補規則下の一八八七年から九三年までの帝国大学編『帝国大学一覧』を参照。

（5）哲学科出身で、その後に文科大学内の特約生教育学科で学んだ谷本富は、「沢柳氏は自分より二つほど年長で、東京帝大文科の哲学科では一級上であったが、私も彼も共に同じく教育学に志し《ママ》があった」と回想している（谷本富「わが自叙伝の一齣　東大鹹《ママ》首の始末」『教育週報』六〇二、一九三六年一一月、五頁）。なお、これはいわゆる一九一三年の京大沢柳事件についての谷本の回想である。京都大学総長となった沢柳は教育学的な見地から谷本の研究能力を批判し、辞表の提出を求めるに至った（詳細は、稲葉　一九九二）。

（6）内閣官報局編『職員録』甲（一八九七年一一月一日時点）を参照。なお一八九六年の『職員録』甲（一一月一日時点）においても文科出身の高等官は岡田と渡部の二名である。

（7）『時論』上では試補の官僚に対する評価は見つけ出せなかったが、当該期における『教育報知』では渡部や沢柳に対する肯定的な記述が散見される（たとえば第二七八号「渡辺《ママ》董之介氏」、一八九一年八月、一七頁や、第三四三号「沢柳文部図書課長の免官に就き」、一八九二年一一月、一八〜一九頁）。

（8）勅任官の自由任用は一八九九年三月の文官任用令改正の第一条によって資格任用になる（第3章を参照）。

（9）同じく試補採用の沢柳の場合、前述したように書記官として報告課長や図書課長を歴任したが、いわゆる教科書機密漏洩事件で一八九二年一一月に文部省を去っている。

（10）参事官の多くが学校長などの職務と兼官するなかで、青木保は森文相期以来、書記官・文書課長を長期間勤めるなど一貫して本省官房の事務方を担っており、当該期の参事官では珍しい存在であった。

（11）たとえば翌一八九五年の参事官は一〇名であるが、前年に引続き嘉納、岡田に加え秋月新太郎（女子高等師範学校長）、小山健三（高等商業学校長）の四名が学校長兼任であり、兼任ではないが、学校長経験者として前出の由布と川上彦次（造士館長）の二名を数える。さらに、第一高等中学校教授であった寺田を加えると、参事官の一〇名中八名が学校長兼任・経験者である（『職員録』を参照）。

（12）『時論』第三一一号の「文部省の参事官満員す」で、「文部省参事官は、試補より属となりし牧瀬五一郎氏が一躍之を充たせり。文部省の官吏候補談も、暫らく其跡を絶たん」（一八九三年一二月五日、二三頁）という記述からも、試補任用から参事官ポストに任官するというルートが通常であったことが窺える。

(13) 一九〇二年三月から〇五年二月まで専門学務局長を務めた松井直吉は、東京帝大農科大学教授から登用された。また、一九〇一年六月から一三年五月まで実業学務局長を務めた真野文二は東京帝大工科教授からの登用である。

(14) なお、一九一三年七月に改正された文官任用令では、二年以上奏任教官の地位にいる者は文部本省の奏任文官に登用できるようになった（第五条）。本章の一八九〇年代半ばの文部官僚の経歴を踏まえれば、先祖返り的な改正と言えよう。

(15) 山田昇「教員養成および教員」（海後編 一九六八：七八二〜七八九）。いわゆる「箝口訓令」とは一八九三年一〇月の文部省訓令第一一号であり、政論を行う教育会への教員の入会・参加を禁じたものであった。

(16) 内訳は一八九二年が勅任四名、奏任一三名（試補二名）、判任八二名（見習二名）、雇三九名の計一三八名に対し、翌九三年は勅任四名、奏任九名、判任七四名、雇二一名の計一〇八名である（両年の『文部省年報』を参照）。

(17) なお、井上は高等師範学校の学則の改革をめぐって、校長であった高嶺秀夫と意見の相違が少なからずあったとされる。九三年九月には高嶺が高等師範学校長を辞任し、その後任として井上の腹心とされた嘉納治五郎が校長に就任した（船寄一九九六）。

(18) これに関しては後に述べるように、『読売新聞』は井上と牧野の文部省入省によって、「旧来の空気殆んど一掃したるの観あり」（一八九三年三月一四日朝刊、「文部省の新空気」）と記している。

(19) 牧野伸顕は「実業教育―そういう言葉は当時まだなかった」（牧野『回顧録』上、中央公論新社、二〇一八年、底本は文藝春秋新社、一九四八年、二〇五頁）と述べているが、宮澤康人はそれが誤解であると指摘している（宮澤 一九六八：八九）。これについては、本書第6章でも、一八八六年の諸学校令制定以降から、文部省で実業・実業補習教育への関心が高かったことを述べている。

(20) 浜尾新は一八九八年一月一二日に更迭された。次に西園寺公望が任じられたが、西園寺は四月三〇日で辞任し、後任に外山正一が任じられる。

(21) これに関係して、当該期以降の主に日露戦争以降から大正期までの文科出身者と法科出身者（や官僚制全体）との緊張関係については、長尾（二〇二〇：二〇〜四四）を参照。

(22) この記述から分かるように、石川においても教育と行政の区分が意識されており、他の箇所でも石川が井上を敬服している理由として、「能吏というだけじゃなく、「教育」というものに熱意を持っておられた点」（『文部時報』一〇二二、二五七頁）と述べている。

(23)　佐藤に限らず、「本来の文部官僚」論の根底には教育への造詣が深い「教育家」的な官僚が想定されることが多く、そのような官僚として沢柳が想定されることが多い。たとえば「教育理論、教育哲学を持った文部官僚」である沢柳は現代の文部科学官僚からも肯定的に捉えられている（寺脇 二〇一三：二〇～二二）。このように考えると、当該期の文部省の試補は沢柳に限らず「教育家」と見なされ得る人物であった。試補で文部省に入省したわけではないが、試補世代（試補世代の定義については第6章を参照）の岡田良平も「官吏即教育家、教育家即官吏」と大正・昭和期の文部官僚である関屋竜吉に評価されている（関屋「岡田良平先生」『教育』二―六、岩波書店、一九三四年六月、九四四頁）。

(24)　序章に記したように、戦後に宗像誠也が、戦前日本における教育行政（学）を、「『行政』から出発するので『教育』から出発するのではない」と否定的に評価したが、戦前期に刊行された教育行政に関する多くの著作とともに、木場の『教育行政』もこの傾向にあると批判した（宗像 一九五四：二八～三七）。戦後教育学・教育行政学が、教育行政は教育を主とし、行政を従とする強い意識のもとに展開していったことを考えれば、この木場への評価は至極当然であった。

第3章　官僚任用制度確立期における文部省

1　文官高等試験実施以降の官僚像

本章では、文官任用令の制定と文官高等試験（以下、高文試験と記す）の実施による官僚任用制度の確立に伴い、文部省や文部官僚がどのように変化したのかということを、内務省から文部省へ異動してきた官僚（以下、転籍者と記す）を主に取り上げることで明らかにする。

高文試験以降の文部官僚のイメージは決して良いものではない。教育行政研究では、終戦直後に宗像誠也が文部官僚松浦鎮次郎などの著作を取り上げて、彼らの教育行政の志向は「「行政」から出発」し、「「教育」から出発」していないと批判し、後の平原春好の研究もこの宗像の主張をベースに深められた（宗像 一九五四：二八、平原 一九七〇：主に第一章）。教育史研究では、内務省から文部省へ異動してきた官僚について、「内務官僚からの出向者というのは、治安的な発想をする」（佐藤 一九七七：一六）や「内務官僚の教育支配」（久保 一九九五：一一三）と否定的な評価を下してきた。しかし、その後の教育行政・教育史研究がこれらの指摘以上に戦前の文部省・文部官僚についての研究を深めることはなかった。その原因として、教育行政研究の関心が地方教育委員会や文部省と日教組の関係に移っていったこと（村上 二〇一一：二六、村松 二〇〇〇：六二）[1]、教育史研究では政策に付随する理念や実態についての研究は深まっていったが、政策立案者の性格については特に経時的な分析が行われてこなかったことが指摘できる[2]。

一方、官僚制に関する研究では高文試験を経た官僚について、法律的な素養をもとに様々な職務に適応でき、多岐にわたる事務を統轄できるジェネラリスト的な人材であったと評価される（升味 一九六八：二〇八〜二〇九）。このような官僚像自体が当時官僚であった人物の談話をもとに形成されてきたのであるが、官僚の談話資料が蓄積されている反面、序章で述べたように、実は中央各省自体の研究は決して多くないという現状がある。たとえば内務省に関しても、それ自体が研究対象として論じられることは依然として多くない（黒澤 二〇一三：一四〜一五）。また、談話の内容は主に大正期以降のものが圧倒的に多く、文部省に異動してきた転籍者に対するイメージも大正期以降の談話や回想などからの影響を強く受けている。[3] したがって、大正期以降の文部官僚のイメージが、「戦前の文部官僚」像を規定している側面が強いのである。官僚任用制度確立初期の官僚の実態については文部省に限らず、中央各省にわたって未だに十分に明らかにされていない。[4]

以上を踏まえて本章では、高文試験以降の文部官僚はどのような性格を有し、官界における法科の優位性を固めた文官任用令の制定と高文試験の実施以降、文部省や文部官僚を取り巻く状況はいかなるものであったかを考察する。具体的には文官任用令制定から、第一陣として内務省・府県から文部省へ官僚が異動してくるまでの時期（一八九三年から一九〇〇年前後）を扱う。[5] 内務省人事の周縁的な機関と見なされてきた文部省がなぜ転籍者を必要としたのか、そして、転籍者が内務官僚としての経歴を持つというだけではなく、どのような人材であり、いかに文部行政に適応していったのかについて明らかにする。これにより、教育行政・教育史研究によって否定的に評価されてきた転籍者がなぜ文部省にいるのか、それが官僚の人事という点でどのような意味を持つのかという問いに答えることができよう。

2　文官任用令の制定と文部省の官僚任用

一八八七年（明治二〇）七月に制定された文官試験試補及見習規則（以下、試補規則と記す）は、三年間という長期にわたる試用期間の問題や、帝国大学（以下、帝大と記す）出身者の無試験特権に対する根強い批判もあり、新たな任用制度が必要となった（清水 二〇〇七：四二～四三、若月 二〇一四：一九）。そのため九三年一〇月には文官任用令が制定され、試補規則は廃止された。これにより無試験特権は廃止され、特別任用を除いて奏任文官となるには試験の合格が必要とされた。

同時に制定された文官試験規則により、九四年から高文試験が開始された。試験は予備試験と本試験に分けられ、予備試験は自宅起案論文、口述試験、迅速作文、本試験は筆記試験（論述）、口述試験で、憲法や行政法など法学を中心とした科目構成であった。本試験は予備試験合格者のみに受験資格が与えられたが、帝大法科大学、旧東京大学法学部・文学部、司法省法学校正則部を卒業した者は予備試験が免除された。

ここで注目したいのは、帝大文科大学出身者（以下、文科出身者と記す）が予備試験の免除から漏れたことである。その原因としては二点が挙げられる。一点目は、前章でも述べたようにもともと試補規則で文科出身者に無試験の特権が付与されたのは、文科内の旧東京大学文学部理財学科・政治学科の学生を想定しての免除であった（東京大学百年史編集委員会 一九八四：一〇六三）。したがって、旧文学部の学生が存在しなくなった高文試験下では、文科出身者に予備試験の免除をする必要性が認められなかったのである。旧文学部出身者には、高文試験の予備試験が免除されたのはそのためである。もう一点は、実際に試補採用を実施したところ、帝大法科大学出身者（以下、法科出身者と記す）がその大半を占め、文科出身者の試補が少なかったためである。そのため文科出身者は高文試験の受験対象者として考慮されなかった（若月 二〇一四：四二）。前章で見たように文部省の試補採用者の半数を占めたのは文科出身者であり、また文科出身者の試補全員が文部省に入省した。しかし、文科出身者に予備試験の免除規定が付与されなかったことで、彼らが高文試験を経て奏任官となるのはきわめて限定的となった。[6]ゆえに文科出身者を多く任用していた文部省は任用方法を変える必要があったのである。

まず高文試験下の各省における任用の実態を踏まえておく。一九〇〇年までの試験合格者の入省先は内務・大蔵の両省が多くを占め、逓信・農商務・司法などの各省が続く（表3-1）。[7]文部省に目を移すと、実に試験実施六回目の九九年まで各省で唯一試験合格者を採用していない。各省と異なり、文部省は本省以外に府県にポストを持たなかったことが理由であろう[8]。その根拠として、文部省が試験合格者の採用を始めた九九年は六月に文部省が人事権を持つ府県視学官が設置された年であった。各省と同様に文部省が府県に高等官ポストを持つことになったのである。事実、表3-2を見ると、九九年と〇〇年に任用した官僚が地方視学官に任命されており、文部省の出先として機能していたことが分かる。しかし、出先としての府県視学官は短命で、〇一年九月に財源と任命権が文部省から内務省の手に移り、〇五年四月には視学官自体が廃止された[9]。そのため文部省は再び出先機関を持たない組織となる。

文部省の採用者を具体的に見てみると、入省人数の少なさの割に私学（中央・日本・法政・明治・専修）出身者が多く、採用者の実に六二・五％が私学出身者である。これは文部省が採用を行った四年間（一八九九・一九〇〇・〇二・〇三年）における試験合格者中の私学合格者の割合からすると、文部省がきわめて多くの私学出身者を任用したことが分かる[10]。この文部省入省の私学出身者についていくつかの特徴を指摘しておきたい。まず、私学出身者は中央各省の次官・局長といった要職に就任することが、相対的に難しかったことが指摘されている（たとえば水谷 一九九九：一二九）。事実、当該期の文部省の採用者でも湯地幸平以外は、最終官歴が地方官庁の部局長クラスとなっている。次に学校の卒業年と高文試験合格年の関係である。彼らのなかには卒業年と合格年が同年であることも少なくないが、卒業年と合格年に大きな開きがある採用者も多い（豊島愿・柿沼竹雄・古川徳・伊藤鏢三郎）。この年数の開きが、官僚のキャリアに影響を与えることは想像に難くない。そして、試験順位を見ると、採用者の順位は柿沼と豊島を除き

表3-1　試験合格者の各省入省者数（1894～1903年）

年代	内務	大蔵	司法	文部	農商務	逓信
1894	0	3	1	0	0	0
1895	14	12	0	0	1	2
1896	20	14	1	0	3	6
1897	18	11	8	0	6	4
1898	14	7	4	0	4	5
1899	11	8	1	1	3	5
1900	14	16	6	2	9	4
1901	12	11	3	0	0	6
1902	9	10	4	4	5	7
1903	10	15	3	1	3	9
計	122	107	31	8	34	48

出所：『日本官僚制総合事典』をもとに作成。

表3－2　文部省入省者一覧

人　名	出身大学	卒年	試験合格年	試験順位	入省年・入省先	経　歴	最終官歴
豊島　愿	中法	1891	1899	29/31	1900・実業学務局属	青森県視学官、福島県事務官、福井県事務官、岐阜県内務部長	長岡市長
柿沼竹雄	東法	1898	1900	13/58	1899or00・普通学務局属	福島県視学官、宮崎県事務官、山梨県事務官	岩手県知事
古川　徳	日法	1898	1900	34/58	1899or00・普通学務局属	大分県視学官、富山県視学官、税務監督局事務官、台湾総督府税務官、台湾総督府専売局事務官	台湾専売局神戸支局長
伊藤哲英	法法	1902	1902	20/41	1903・普通学務局属	佐賀県立佐賀工業学校長、福岡県事務官、福岡県参事官	福岡県二部長
工藤重義	東法	1902	1902	22/41	1902・不詳	衆議院試補、衆議院書記官、大蔵書記官、会計検査院検査官補、会計検査院副検査官兼書記官	会計検査院副検査官
湯地幸平	明法	1902	1902	23/41	1901・普通学務局属	三重県事務官、警視庁官房主事、愛知県内務部長、台湾総督府警視総長	警保局長
伊藤鏢三郎	専法	1894	1902	32/41	1900・普通学務局属	煙草製造準備員煙草専売局事務官補、専売局主事、朝鮮総督府事務官、朝鮮総督府道事務官	咸北道内務部長
夏秋十郎	東法	1903	1903	20/53	1903or04・普通学務局属	三重県事務官、千葉県事務官、広島県内務部長	青島民政部総務部長

注：出身大学の略記については東が東大、中が中央、日が日本、明が明治、法が法政、専が専修。

入省年については前掲奏書と『職員録』を参照した。奏書に記載がなく、『職員録』で確認した際は、『職員録』が毎年1回のみの刊行であり、正確な入省年が困難なため、orで入省可能性のある年を複数記載した（たとえば古川の場合、1899年2月1日に刊行された『職員録』には名前がないが、1900年4月1日の『職員録』には名前が記載されている。この場合、入省年を可能性のある1899年と1900年の両方を記した）。

入省先で前掲奏書にて「文部属」と記されている場合も、『職員録』で所属の局が判明した場合はそちらを優先して記載した。

工藤の入省先が不詳なのは、1902年の『職員録』刊行前（5月）に事実上衆議院事務局に試補として異動（5月8日）したためと思われるが、02年や03年の『職員録』の「衆議院事務局」内にも名前の記載がない
出所：『日本官僚制総合事典』と『職員録』、『官報』、「任免裁可書」、『朝日』、『読売』をもとに作成。

受験者全体の中位と言える[11]。

後に詳述するように、文部省は九五年から九八年の試験合格者を、九九年の上半期を中心に府県から登用している。すなわち、文部省が初めて試験合格者を直接採用する九九年の秋以前に、省幹部候補者を府県から選抜する府県依存型の人事慣行が確立していたのである。その後、九九年からは府県視学官を基盤とした文部省による人事展開される可能性もあったが、前述の〇一年の府県視学官の内務省への管轄移譲、〇五年の府県視学官廃止で文部省の府県における人材育成の場は失われたのである。九九年から見られなかった内務省から文部省への高等官の異動が〇六年から再開されたのも、府県視学官の廃止が影響している。

ここで補足するべきなのは、表3－1と表3－2（後掲の表3－6の採用者の人数も同様）を作成の際に主に参照した『日本官僚制総合事典』（秦郁彦編）に記載の官僚の入省先は受験時、合格時、あるいは合格直後の所属という点である。そのため、次に述べる理由により文部省が採用した試験合格者数は必ずしも表の通りであると言えず、実際の採用人数は表よりも少なくなると考えられる。次に具体的に述べたい。

明治年間における試験合格者の文部省への所属形態は三種類に分けられる。(1)まず、試験受験者のなかには属（判任官）として各省に所属しながら試験準備をし、合格後に高等官（奏任官）のキャリアを開始する場合があった。そのため、属の定員の関係から大学卒業後に文部省へ属として配置され、試験合格後に文部省から各省・府県へ移り、キャリアを開始した官僚が多く見受けられる[12]。特に一九〇二年以降の卒年と試験合格年が同一（あるいは近く）で、帝大法科出身の試験合格者の多くはそれに当たる。(2)次に、試験に合格したものの、奏任官における空きポストの問題から、自身の配属を待たなければならず、その間文部属として過ごした官僚も見られる。彼らの多くはその後に高等官として他省・府県に異動していった。一八九九年以降、非東京帝大出身の官僚がこのような処遇を受けることが多かった[13]。最後に(3)元来は文部属として業務を担っていたが、高文試験を受験して、奏任官となった官僚がいる。非東京帝大出身者が多く、文部省では師範系統の者も後には見られる[14]。

したがって、一九〇〇年までに文部省管轄の府県視学官に就任した官僚を除き、それ以降の官僚の多くは、高等官としての所属が文部省であることを必ずしも意味するわけではない。特に〇一年九月の府県視学官の財源と任命権が文部省から内務省に移って以降の表3－1、3－2、3－6の採用者の実態は、試験受験前に文部省に属（判任官）として所属し、試験に合格した後に他省へ任官した官僚であったと考えられる。ゆえに入省はあくまで各省で高等官キャリアの前段階とする官僚がほとんどであり、試験合格から本省で一貫して官歴を積み、局長となるのは一九一一年に入省した関屋竜吉まで見られない。属の採用と異なり、高等官の養成が文部省にとっては大きなハードルだったことが窺える。文部本省に高等官ポストが多くないこともあり、結果として、〇一年に府県視学官の財源・任命権を失い、さらに〇五年の視学官の廃止以降は府県に官僚養成を依存せざるを得なくなった。(15)

3　「内務官僚」の文部省への異動

(1)　福原鐐二郎の入省

試補規則期の文部省内は文科出身者の存在感が大きく、高文試験実施以降の数年は法科出身者の採用者は皆無であった。しかし、時代が下るにつれて、省内でも徐々に法科出身者の比率が高くなっていく。表3－3は一八九五年から一九〇四年までの一〇年間の銓衡・特別任用ポスト（技師・視学官・図書審査官・学校衛生主事）を除いた文部省高等官の変遷である。表を見ると、〇〇年には次官・局長の勅任官ポストを除き、法科出身者が奏任ポストの半数以上を占めていることが分かる。一方で、局長ポストの上田・沢柳・岡田はいずれも文科出身であった。(16)したがって、文科・法科を問わなければ、この時期は大半の高等官が帝大出身者で占められており、樺山資紀《すけのり》文相との関係で秘書課長に登用された樺山資英を除けば、帝大出身でない奏任官は寺田勇吉のみであった。

その寺田も「特別任用の視学官を除くの外、殆ど皆帝国大学出身の学士なり」と省内の状況を踏まえ、「久しく奏任官一級俸の地位に居るは、後進の進路を妨ぐる虞《おそれ》」があるため、「余の退職の機乎《かな》」と述べ（寺田勇吉『寺田勇吉経歴談』内篇〔精華学校、一九一九年〕一二八頁）、「会計課長を辞し、新任の秀才をして来年度の予算編製上に其手腕を振はしめんと欲し」（同右）て、〇一年八月に会計課長を書記官であった福原鐐二郎に譲っている。寺田は翌〇二年二月には東京高等商業学校長に任命され、文部本省から離れた。以降の奏任官を見ると、渡部や牧瀬といった文科大学から試補規則期に入省した官僚以外は、すべてのポストが法科出身者によって占められることとなる。

以上のように、法科出身者が文部省に定着していくが、政治評論家の前田又吉（蓮山）は福原鐐二郎を、「文部省に於ける法学士派の開祖」と評した（前田又吉「文部次官福原鐐二郎君」『教育学術界』二四-三、一九一一年一一月一〇日）七七〜七八頁）。福原は、九二年に法科大学卒業後、逓信省に試補として採用され、その後内務省へ異動となり、奈良県参事官などの府県の勤務を経て、九七年三月文部省に参事官として入省した人物である。福原の入省した当時について前田は、

従来、文部省の高等官と言へば、純教育家と文学士とに限られて居た有様で、法学士などは重用されなかったので、内務行政官から突然飛込んで来た彼〔福原―引用者注〕は、頗る省内の注目を引いたものであった

（同右、七五頁）

と記している。従来の文部省は「行政的手腕と智識を有するものは少」なく、「内務行政に経験ある」福原が省務を大いに切り盛りし、結果として「文部省より外を見た事の無い連中許《ばか》り」であった省幹部も、「大いに目が覚めて来て、ドーしても地方行政の経験がある手腕家を文部省に入れる必要がある」と痛感し、内務省から田所美治《よしはる》をはじめとする法科出身者の入省を積極的に進めた、と前田は記す（同右、七六〜七七頁）。そして、続々と法学士が文部省へ入省してくるなかで、福原は「法学士派」の「盟主」であると評価された（同右、七七〜七八頁）[17]。

前田による評論は、福原が文部次官になった直後の一九一一年一一月に記されたものである。福原以降に文部省へ入省した「法学士派」の官僚は日露戦後に局長へ、そして大正期に次官へと就任していく（表3-4）。福原の異動は当時文部次官の都筑馨六の意向だったとされ、単発的な登用であったが[18]、次に記す転籍者の入省時期は集中した。

表3－3　文部省内における法科出身者の人員推移（1895～1904年）

1895（明治28）年	
役　職	人　名
次官	牧野伸顕
秘書官	木場貞長（事務取扱）
	中川小十郎
文書課長	寺田勇吉
会計課長	永井久一郎
図書課長	秋月新太郎
参事官	秋月新太郎
	嘉納治五郎
	由布武三郎
	川上彦次
	寺田勇吉
	小山健三
	渡部董之介
	秋月左都夫
	岡田良平
	佐脇安文
書記官	永井久一郎
専門学務局長	木下広次
普通学務局長	木場貞長

1896（明治29）年	
役　職	人　名
次官	牧野伸顕
秘書官	木場貞長（事務取扱）
	中川小十郎
文書課長	寺田勇吉
会計課長	永井久一郎
図書課長	秋月新太郎
参事官	秋月新太郎
	嘉納治五郎
	由布武三郎
	川上彦次
	寺田勇吉
	小山健三
	岡田良平
	渡部董之介
書記官	永井久一郎
	白仁　武
専門学務局長	木下広次
普通学務局長	木場貞長

1897（明治30）年	
役　職	人　名
次官	菊池大麓
秘書官	服部宇之吉
文書課長	河内信朝
会計課長	寺田勇吉
参事官	寺田勇吉
	小山健三
	岡田良平
	渡部董之介
	服部宇之吉
	福原鐐二郎
	山崎哲蔵
	桑原八司
書記官	寺田勇吉
	河内信朝
	白仁　武
高等学務局長	菊池大麓（事務取扱）
普通学務局長	手島精一
実業学務局長	松井直吉
図書局長	渡部董之介（長心得）

1899（明治32）年	
役　職	人　名
次官	柏田盛文
参与官	上田万年
秘書官	樺山資英
同	正木直彦
文書課長	正木直彦
会計課長	寺田勇吉
図書課長	渡部董之介
参事官	寺田勇吉
	岡田良平
	渡部董之介
	福原鐐二郎
	赤司鷹一郎
書記官	寺田勇吉
	渡部董之介
	桑原八司
専門学務局長	上田万年
普通学務局長	沢柳政太郎

1900（明治33）年	
役　職	人　名
次官	奥田義人
参与官	岡田良平
秘書官	樺山資英
同	松村茂助
文書課長	持地六三郎
会計課長	寺田勇吉
図書課長	岡田良平（事務取扱）
参事官	寺田勇吉
	渡部董之介
	持地六三郎
	田所美治
	松村茂助
	松本順吉
	赤司鷹一郎
書記官	寺田勇吉
	渡部董之介
	田所美治
専門学務局長	上田万年
普通学務局長	沢柳政太郎
実業学務局長	欠

1901（明治34）年	
役　職	人　名
総務長官	梅謙次郎
官房長	重岡薫五郎
秘書官	松村茂助
	原田十衛
人事課長	松村茂助
文書課長	松村茂助
会計課長	寺田勇吉
図書課長	小谷　重（心得）
参事官	岡田良平
	寺田勇吉
	渡部董之介
	田所美治
	松村茂助
	松本順吉
	赤司鷹一郎
書記官	寺田勇吉
	渡部董之介
	田所美治
	松本順吉
専門学務局長	上田万年
普通学務局長	沢柳政太郎
実業学務局長	岡田良平

1902（明治35）年	
役　職	人　名
総務長官	岡田良平
秘書官	田所美治
	松村茂助
人事課長	田所美治
文書課長	松村茂助
会計課長	福原鐐二郎
図書課長	渡部董之介
参事官	渡部董之介
	福原鐐二郎
	田所美治
	中山成太郎
	松村茂助
	牧瀬五一郎
	松本順吉
	松浦鎮次郎
書記官	渡部董之介
	福原鐐二郎
	松本順吉
専門学務局長	松井直吉
普通学務局長	沢柳政太郎
実業学務局長	真野文二

1903（明治36）年	
役　職	人　名
総務長官	岡田良平
秘書官	田所美治
	松村茂助
人事課長	田所美治
文書課長	松村茂助
会計課長	福原鐐二郎
図書課長	渡部董之介
参事官	渡部董之介
	田所美治
	福原鐐二郎
	中山成太郎
	松村茂助
	牧瀬五一郎
	松本順吉
	松浦鎮次郎
書記官	渡部董之介
	福原鐐二郎
	松本順吉
専門学務局長	松井直吉
普通学務局長	沢柳政太郎
実業学務局長	真野文二

1904（明治37）年	
役　職	人　名
次官	木場貞長
秘書官	松浦鎮次郎
秘書課長	松浦鎮次郎
文書課長	赤司鷹一郎
会計課長	福原鐐二郎
図書課長	渡部董之介
参事官	松村茂助
	牧瀬五一郎
	松本順吉
	赤司鷹一郎
	松浦鎮次郎
書記官	渡部董之介
	福原鐐二郎
専門学務局長	松井直吉
普通学務局長	沢柳政太郎
実業学務局長	真野文二

注：網掛けしている人物が法科出身者。
出所：各年の内閣官報局編『職員録』をもとに作成。1898年の『職員録』は欠本。

表3－4　大正期の文部次官

人　名	任	免
福原鐐二郎	1911.9.1	1916.10.13
田所美治	1916.10.13	1918.10.1
南　弘	1918.10.1	1922.6.14
赤司鷹一郎	1922.6.14	1924.1.9
松浦鎮次郎	1924.1.9	1927.4.26

注：網掛けが転籍者。南弘の次官就任は政友会内閣との関係による。
出所：『文部省歴代職員録』（1998年）をもとに作成。

(2) 異動の背景

表3－5を見ると、文部省でキャリアを積まなかった持地六三郎を含めると、転籍者中で一八九九年に入省した官僚が四人であると分かる。九八年一二月の赤司鷹一郎の入省を加えれば、一年のうちに五人が入省している。九九年の高文試験以後まで採用者が皆無だった文部省の状況を考えれば、高文試験合格者四人を含む五人の転籍者が集中的に異動しているのは特筆に値する。

では、どのような背景から転籍者が文部省へ集中的に異動してきたのか。まず、文部省内の状況から検討すると、九九年五月の福原の留学により、福原の専門学務局の奏任官ポストの後任に異動直後の田所が据えられたことから、田所は福原の後任として文部省に異動してきたことが分かる。第6章で詳述することになるが、九九年から〇〇年の文部省は多くの官僚を欧米諸国に派遣しており、その欠員を補う必要があった。しかし、より重要なのは転籍者の相次ぐ入省によって省内の官僚の年次の問題が結果的に解消されたということである。すなわち法科出身者が受験した最初の高文試験の合格者の一人であった田所を文部省が獲得したことは、福原の後任の確保以上に福原以降の幹部候補者の年次の開きを小さくできたという点で、省内の人事に与えた影響は小さくなかった[19]。その後、田所に続いて松本順吉・持地（六月）・松村茂助（八月）が入省する。結果として、福原（九二年）以降の大学卒業年次は持地（九三年）・松村（九四年）・田所（九五年）・赤司・松本（九七年）と、九六年を除いてすべての年次の転籍者が文部省へ入省したことになる[20]。

ここで文部省にとって前節の試験合格後の直接採用者と本節の転籍者がどのような存在であったのかということを再度確認しておきたい。表3－6は一〇年間（一八九四年から一九〇三年）の直接採用者と転籍者の試験合格年である。これを見ると、文部省は試験合格者を採用していない九九年秋（合格発表・任官は一〇～一二月）までに、試験合格の年次で言えば三年次にわたる五名の転籍者を採用している。次に述べるように、文官任用令改正によって

表3－5　転籍者の地方経歴

人　名	文部省入省年	大学卒業年	任用元	文部省入省前の経歴	備　考
福原鐐二郎	1905.3	1892	逓信省（試補）	逓信省試補官房兼郵務局（1892.7）内務属（93.7）、内務省社寺局神社課長（93.11）、内務省参事官（93.11）、奈良県参事官（94.5）、兼帝国博物館理事（95.3）、奈良県警部長（96.12）、鳥取県警部長（97.3）	奈良県参事官＝文官普通試験委員、**小学校教員甲種検定委員長、小学校教員銓衡委員**、神職試験委員長、社司社掌試験委員長、**尋常師範学校教授嘱託**、内務**第三課長を兼務**
赤司鷹一郎	1898.12	1897	内務省	内務属（1897.7）	――
田所美治	1899.5	1895	内務省	内務属・土木局勤務（1895.7）、愛媛県参事官（96.4）、宮城県参事官（97.7）、東京府参事官（98.7）	愛媛県参事官＝文官普通委員、**小学校教員検定委員長**、官国幣社神職試験委員長、第一・**第三課長** 宮城県参事官＝県参事会員、官報報告主任、文官普通試験委員、**小学校教員検定委員**、官国幣社神職試験委員、**第三課長** 東京府＝第一・二課長、**小学校教員検定委員長**、文官普通試験委員、社司社掌試験委員
松本順吉	1899.6	1897	内務省	内務属・警保局勤務（1897.7）、新潟県参事官（98.7）	新潟県参事官＝**小学校教員検定委員長、小学校教員恩給審査委員長**、第一・**第三課長**兼務
持地六三郎	1899.6	1893	大蔵省（試補）	山口高等中学校教授（1894.4）、石川県参事官（97.4）	石川県参事官＝県参事会員、官報報告主任、文官普通試験委員長、官国幣社神職試験委員、**第三課長**
松村茂助	1899.8	1894	内務省	内務属・北海道庁勤務（1895.7）、岩手県参事官（96.11）、長崎県参事官（98.7）	岩手県参事官＝文官普通普通試験委員、**第三**・第六課長。長崎県参事官＝県参事会員、文官普通試験委員、市町村立**小学校教員恩給審査委員長**、神職試験委員長、社司社掌試験委員長、第一・**第三**課長
松浦鎮次郎	1902.2	1898	内務省	内務属（1898.7）、東京府参事官（00.2）	東京府参事官＝府参事会員、文官普通試験委員、神職尋常試験委員、社司社掌試験委員長、文官普通懲戒委員、第一課長

注：経歴内のカッコ内の数字は赴任年月。
　　表中で唯一大学卒業年と試験合格年が異なるのが松村茂助で、松村は95年の高文試験を経て、任官する。
出所：『職員録』乙（各年）、『官報』、『日本官僚制総合事典』、『日本近現代人物履歴事典』をもとに作成。

表3－6　直接採用者と転籍者の試験合格年

年	採用者	転籍者
1894	0	0
1895	0	2
1896	0	0
1897	0	2
1898	0	1
1899	1	0
1900	2	0
1901	0	0
1902	4	0
1903	1	0
計	8	5

出所：『日本官僚制総合事典』、各年の『職員録』（甲）をもとに作成。

奏任官から勅任官への階梯が保障され、法科出身の官僚の昇進が一層強化されたことを考えれば、九九年の試験合格者の採用前から、文部省は将来的に転籍者が次官・局長へ就任することを既定路線と考えていた可能性が高い。

省外の状況に目を移すと、転籍者の入省には政治的思惑も作用した。すなわち、第二次山県有朋内閣が九八年一一月に発足したことが文部省人事に大きな影響を与えた。首相の山県を筆頭に政権内部の平田東助（法制局長官）などは、第一次大隈重信内閣下でみられた政党による猟官運動が再度繰り返されることを恐れており、それが九九年三月の文官任用令改正に繋がっていく(21)。この改正によって自由任用であった勅任文官は奏任文官（及びその在職経験者）からの任用に限定されたが、文部省勅任官は「満二年以上帝国大学及直轄諸学校ノ勅任文官ノ職ニ在者及在リタル者ハ文部省部内ノ勅任文官ニ任用(22)」できる例外規定が付された。そのため、文部省ではこれ以降も帝大や省直轄学校関係者が専門学務局長や実業学務局長に登用されるケースが散見される。しかし、それも後には転籍者に取って代わられる(23)。最初に異動した福原と最後の松浦鎮次郎を除き、転籍者はすべてこの山県内閣期に文部省へ入っている。これについては『樺山資英伝』に次のような記述がある。

> 樺山秘書官はいつも高所大局から着眼して、人事問題をピシピシ片付け、大に新進抜擢に力を入れた。当時帝大出の秀才と称された福原鐐〔ママ〕次郎（後の次官、帝国美術院長）、田所美治（貴族院議員）、赤司鷹一郎、松浦鎮次郎（後の顧問官）氏等は現に文相から抜擢せられた人材であった。
>
> （樺山資英伝刊行会編『樺山資英伝』〔樺山資英伝刊行会、一九四二年〕三一三頁）

この指摘によれば、この時期の異動は、山県内閣の文相樺山資紀の秘書課長であった樺山資英によるところが大きかったと言える。福原・松浦の実際の入省は樺山文相期と異なる時期なので、この史料叙述の正確性にやや難があるものの、省内の人事権を持つ秘書課長の樺山資英が転籍者の入省になんらかの影響を持っていた可能性は高い(24)。そして、このような人事は政権の意向を少なからず受けていた。というのも、山県内閣の組閣の際に、平田や松平正直は各省の大臣・次官や知事の候補者について、山県と詳細に打ち合わせている。それと同時に、各省の人員、政党出身官僚などを綿密に調査している(25)。したがって官僚の選考、特に省をまたぐ人事は文部大臣官房を通すことを大前提としながらも、政権の意向も少なからずあったと考えられる。

この一連の異動について久保義三は次のように説明する。

彼〔樺山資紀―引用者注〕は、従来の文部官僚が文科出身であることを不満とし、文部行政の重要ポストに内務省からの官僚を簡抜した。赤司鷹一《ママ》、田所美治、松本順吉、松村茂助がそれであり、かれらは、政策の企画を担当し、従来の文部官僚は教育の実際面を担当するという一大転換がもたらされた。（久保 一九九五：一一三）

ここで久保は、法学士である内務官僚の大量入省が樺山資紀の文科出身者への不満に基づくと記している。久保はこの記述を裏付ける史料を示していないが、樺山愛輔の『文部時報』の記述に依拠していると推測される（前掲樺山愛輔「樺山文部大臣を語る」『文部時報』七三〇、一九四一年七月一一日、一三四頁）。しかし、樺山愛輔の記述では、文相が文科出身者へ不満を抱いていたとは記されていない。ただ「行政の部面はその道のものでなければならぬ」との意識で、「人事の交流」が行われたと記されているのみである。また、樺山愛輔も、転籍者が「行政の企画を担当し」、文科出身者が「教育の実際の方面を担当する」と述べている。しかし、久保と樺山の両者の記述はともに省内の具体的な政策過程の事例が提示されていない。くわえて、樺山愛輔の当箇所の記述は、『文部時報』の同号に執筆している田所からの又聞きで大部分が占められており、情報源が偏っていることに注意が必要である。

図3－1　転籍者の経歴
出所：筆者作成。

政策と人事の関係については、転籍者がいかなる特長を持ち、それが当時の文部行政にどのように活かされようとしたのかということを、文部行政の変質や官僚の評価を絡める形で明らかにした方が、省内史料の乏しい文部省の理解に資するのではなかろうか。ここで再度転籍者について確認しておく。本章で取り上げる転籍者の経歴を示したのが図3－1である。図を見ると、転籍者の全員が帝大法科出身者ということで共通している。また、高文試験前に内務属として内務省に属し、試験合格直後に文部省へ異動となった赤司を除けば転籍者の全員が府県庁への出向の経歴を持つ。くわえて、福原と持地は試補として官界に入り、残りの転籍者は高文試験を経ている。

以上に留意して、前述の前田の福原に対する記述を見ると、大きく二点の評価が混在して記されていることが分かる。一点目は内務・地方行政の評価、二点目は法学士の評価である。福原以降の文部官僚に共通して見られるこれらの特徴が、当該期の文部省の人事や文部行政とどのように関連したのだろうか。

4　転籍者の府県勤務の経歴とその評価

内務省は府県庁を出先機関とし、そこに入省間もない若手官僚を出向させるという人事を行っており、文部省へ異動してきた官僚も例外ではなかった（大霞会 一九八〇：六二二）。前田は、文部省が「ドーしても地方行政の経験がある手腕家」を欲したとして、福原の入省が内務官僚を文部省へ入れる誘因となったと記した。では、転籍者の「地方行政の経験」とはいかなるものであろうか。結論から言えば、転籍者の多くは府県でも教育行政に関わる業務に従事していた。このことは鄭賢珠も指摘しているが（鄭 二〇〇六a：第四章）、本節ではさらに府県で経験した教育行政が文部行政内のいかなる業務に直結するのかということを指摘し、その経験が転籍者にいかなる評価を与えたのかということを述べたい。

前出の表3‐5には、文部省へ入省する以前の各人の府県庁での経歴を記している。これを見ると、赤司を除き転籍者の全員が府県庁の参事官を経験していることが分かる。ここで重要なのは、参事官は内務部各課の課長を勤めることができた点である（一八九三年一〇月の「地方官官制」第一三条）。そして、その多くが府県庁で内務部第三課長を務めていることが指摘できる（福原・田所・松村・松本）[26]。これは彼らに限らず、内務省から府県に赴任した官僚の多くが第一課や第三課の課長を務めている。第三課は、「学務、農工商務、兵事、社寺及戸口民籍に関する事項」（前掲一八九三年一〇月の「地方官官制」第一七条）を扱っており、彼らは小学校教員検定委員（または委員長）、市町村立小学校教員恩給審査委員長など府県管轄の教育行政の任に当たっていた。

したがって、転籍者たちにとって文部省の業務は、第三課長時代の業務の延長という側面が小さくなかった。文部省へ異動してきて、参事官・書記官に任じられた彼らは、省内の各種委員会の委員に就任する。たとえば、福原や田所が入省直後に参事官として関わったのが、公立学校恩給審査委員会の委員であった（委員長は会計課長）[27]。また、教員検定委員会の主事は文部奏任官が任命されることになっており、松村や松本、松浦が任じられている。どちらも第三課長時代の業務に直結し、入省直後の転籍者が務めるのには最適であった。そのため、田所の「教育に関する課長は各地で三、四年間やって居たが、文部省へ行って教育専門の行政をやるだけの素質もなし」（前掲樺山愛輔「樺山文部大臣を語る」一三四頁）との自己評価は謙遜が過ぎる。

また、転籍者の入省時期は日清戦後のいわゆる「戦後経営」期であり、教育需要の増加によって、初等教育の拡大・振興が盛んに唱えられ、市町村の財源だけでは初等教育の維持は困難になっていた時期であった。結果として、一九〇〇年四月の市町村立小学校国庫補助法や同年九月の小学校令の改正で文部省は初等教育の拡張に対応した。両政策ともに内務省と大蔵省との折衝が必要であった。たとえば小学校令改正の過程において、交渉の過程は非公表であったが、文部省と内務・大蔵両省との交渉は注視され、「内務、大蔵両省の反対甚しく」（「改正小学校令の成行」〔『教育時論』五四五、一九〇〇年六月五日、以下『時論』と記す〕一六頁）、「内務省に潰され、更に地方長官に小言を言はれ」（「改正小学校令」〔『教育学術界』一－二、一九〇〇年一〇月三日〕一頁）などと報じられた。文部省の政策による地方自治体の事務・財政負担を嫌う内務・大蔵両省が、文部省の政策過程の大きな障壁となっていたことが分かる。時代は下るが、昭和期の文部官僚であった有光次郎は内務省・府県の官僚が文部省へ流入してくることに関して、府県や市町村が小・中学校に関する事務を行っているので、「実際の教育行政というものは、地方が直接担当しておるし、地方官の経験者なら、地方のそういう方面との連絡もいいだろうし、またそういうところの情勢もよくわかっておる」と述べている（内政史研究会編『有光次郎氏談話速記録』一一頁）。高文試験合格以来、一貫して文部本省で官歴を積んだ有光をしても、文部官僚の府県の経験は歓迎されるものと認識されていた。この有光の指摘からも、府県庁で学務の経験を持つ転籍者を「ドーしても地方行政の経験がある手腕家を」と文部省が欲したのは自然であろう。

くわえて、行政機関内の人材養成では府県など他官庁への出向経験それ自体を重視してきたことも指摘できる。これは、試補規則下で、試補の練習期間三年のうち最低半分は地方官庁で「事務を練習すべし」とされたことからも明らかである（「文官試験試補及見習規則」〔一八九四年七月二三日勅令三七号〕の第二四条）。また、現代でも官僚の他官庁・自治体への出向と、そこでの業務経験は重視されている（「幹部候補育成課程の運用基準」〔二〇一四年八月二九日の内閣官房告示第一号〕の第五条第三項）。行政機関内、特に実務に近い現場への異動は官僚制人事において普遍的な価値を持っている。このことは、府県に出先を持たない文部省が自省で官僚を養成するのが困難であったことと表裏一体であった。すなわち、中央各省においても自省の人材養成のために地方ポストを意識する必要があり、この点で文部省は不利であった。結果として転籍者を入省させることで、文部省は政策実施の現場を経験した官僚を得ることができたのである。第1章で見たように、官僚任用制度の確立までは地方の学務課出身者を登用するのが可能だったことを考えると、官僚任用制度の整備によって文部省は地方からの独自の登用リソースを失ったのである。

では、このような背景を持つ転籍者は実際にどのような評価を受けたのであろうか。結果的に第三課長の経歴は彼らに有利に働いた。たとえば、福原は「二十七年五月奈良県の参事官に転じ、第三課長となりて教育事務に精勤せらるること三ヶ年、頗る令名あり」と評された（「文部省参事官福原鐐二郎君小伝」『日本之小学教師』四-二七、一九〇二年一月一二日）六〇頁）。また田所は、

府県参事官の三課長として学部を執りし事も数年なれば、君は教育行政上には全くの素人ではないと云ふことは明かである。君がさきに文部参事官に撰抜せられ、今亦秘書官に任ぜられし所より察すれば、君は亦教育上に趣味を有する人であると云ふことは疑いないのである、

（文部大臣秘書官法学士田所美治君」『日本之小学教師』三-三三、一九〇一年九月一二日）四六頁）

と評価されている。両者とも第三課長を務めたことで、結果的に肯定的な評価を得た。

5　法学士の文部官僚

次に、法学士である転籍者は文部行政に対してどのように貢献したのであろうか。これについては、前田蓮山による田所美治・松本順吉への評価は示唆に富む。樺山資紀文相期の一九〇〇年九月に施行された第三次小学校令の策定過程を前田は次のように記す。

当時沢柳君が普通学務局長で、小学校令改正の企《くわだて》を起して居たが、此の調査に参加し、法文を遺漏なからしめたのは、田所君と松本君の両人である、是に至って法学士の効能が大に著《あら》はれた訳だ〔中略―引用者〕沢柳君をして大なる過ちなく、改正の事業を成就せしめたのは、実に田所君と松本君の功である。
（前田又吉「普通学務局長田所美治君」〔『教育学術界』二四-四、一九一一年一二月一〇日〕七六～七七頁）

翌〇一年に、松本は『小学校令並小学校令施行規則註釈』を著し、同令を解説していることからも、松本が小学校令の制定に関与していた可能性は高い。

一九〇〇年には転籍者が参事官や書記官といった奏任官ポストをほぼ占めることになるが、これに関して「文部省でもやはり法令や規則の事が大分複雑になってきたので、事務の衝に当る人は直接教育其者の事は措いて問はず、先づ法律の頭が無くては差支へる」ということで「遂には局長や何か迄法学士となる如き形勢」となったとする一九〇九年当時の分析がある（栗原古城「文部省普通学務局長松村茂助君」〔『教育界』八-八、一九〇九年六月三日〕三五頁）。たしかに九七年にはすでに「文部の今日は方に規則改正時代」で「如今法文雨下窮る所」がないという状況であった（「文部の近事」〔『東京朝日新聞』一八九七年一〇月一四日朝刊〕）。さらに九九年は九七年よりも法令件数等が激増している(28)。一方で、同時期には教育界から「法制局などにありてこそ、法令のみにても治まるべけれ、文部の事務は、人心を支配し、徳化を布くにあれば、其本務は、よき教育家を文部の配下に容れ」なければならないという反発もあった（「法令雨の如し」〔『時論』四五一、一八九七年一〇月二五日〕五頁）。

前述の松本順吉は自己の専門とするところが法学であることを、転籍者の中で最も意識した官僚であり、教育雑誌上で積極的に自己の知見を発信した。一九〇〇年七月に掲載された『教育報知』の記事では、松本は県・郡視学に対して次のように言う（以下、松本順吉「視学事務者と行政」〔『教育報知』六三八、一九〇〇年七月二八日〕四～五頁）。

まず、「小学教育と云はず、中学教育と云はず、実地其教授に従事するの人は、其教授の方法、或は管理に精通せるを以て、此等の人より郡視学若《も》しくは県視学を任用するに於ては、此実地教育の点に於ては、大いに発達せるものなるべし」としながら、「行政法に至っては比較的精通せりといふべからず」と視学に任命される人物の行政法に対する理解不足を指摘する。そのうえで、「行政法なるものは小学教育に関しては地方制度に密着の関係を有するものなり」としたうえで、行政法の修得の意義を述べる。くわえて、松本は「教育家の一般に法律上の知識に乏しく、或は経済上の知識に浅き所以のものは、従来師範学校教科目中に法律経済の学課其設なきの所」によると、批判の矛先を師範学校の教育内容に向けている。

以上から、松本の立ち位置が法学にあることは明らかであり、ここでは自らの専門領域の知見を教育者に要求するという構図が浮かび上がる。この松本の姿勢は試補規則下に文部省へ入省した官僚と比較すると、より一層の違いが浮き彫りになる。たとえば、『東京教育雑誌』に掲載された松本と牧瀬の講演筆記である（「明治十四年文部省達第十九号に就いて」〔『東京教育雑誌』一八九と一九〇、一九〇五年九月二〇日、一〇月二〇日〕と「教育上の雑感」〔同雑誌一九四、一九〇六年二月二〇日〕）。まず、松本の「明治十四年文部省達第十九号に就いて」はタイトルからも分かるように文部省達第一九号がいかなる規則であり、一九号中の「一、二ヶ条に付いて私の思ひ及んだ所」を述べ、さらにイギリスやドイツの事例を交えながら日露戦後における地方から都市への青年の移動を警戒し、地方の教師の奮起を促すという内容である。教師への講演にもかかわらず、法解釈と、青年や都市という一般的な世情の紹介にとどまる。これについて松本は、最後に「諸君と違ひまして重《ママ》に法律に関した仕事を取扱って居るので、諸君に適切な御話をすることが出来ませぬ」と弁解を述べて、講演を終える。

対照的なのが、文科出身で試補規則期に入省した牧瀬五一郎の講演である。松本から四号後に同誌に掲載された講演筆記「教育上の雑感」は、小学教育の「読書算の教授法に就て色々と諸君と御相談をしたいと思ふ」と冒頭に延べ、教育学の歴史など自身の知見を披露し、読書・習字・算術について牧瀬が小学教育で感じた問題点を整理して述べる。そして、「教授法、或は管理法其外の方法に就ては今極つたやうで極つて居りませぬ」とし、教員にさらなる研究を求めた。牧瀬の講演は板書方法など教授法にまで踏み込んだものであった。ここで取り上げた松本と牧瀬以外にも転籍者と試補世代の文科出身者の差異、いわば専門的志向の差異はこのような講演でしばしば表面化した。[29]同じ文部官僚といえども両者の依拠する専門性が異なっていたのである。

6　転籍者に向けられる批判可能性とその克服

では、それまでの文部官僚とは異なる福原鐐二郎以降の転籍者は、同時代でいかに評価されたのであろうか。これは文部官僚とは本来いかなる知識を持ち、どのようにあるべきかという専門性の議論や規範論と関わる。転籍者は、(1)文部行政と高文試験との関係、(2)「大学派」というレッテル、(3)内務省との関係、の三点において批判される可能性があった。

(1)　教育系雑誌からの批判可能性――高文試験合格者・大学派・内務省出身者

第一に文部行政と高文試験との関係について、『時論』の論調を見ていきたい。『時論』は、『教育報知』と並び戦前日本を代表する教育雑誌であり、一八八五年から一九三四年までの長期にわたって発刊され、教育関係者を中心に購読された。[30]『時論』は教育行政官の専門性について絶えず問題提起をし続けた。その主張の根底には、教育行政が一つの専門性を持つ領域であり、それを持つ官僚が担うべきであるという考えがあった。

したがって、『時論』は、法学系の科目を中心として構成されている高文試験は「教育」的な知見が問われておらず、文部省の官僚任用に不要、少なくとも改良を要すると誌面でたびたび主張した。二回目の高文試験を控えた九五年八月の「文部の高等官試験に就て」では次のように述べる（『時論』三七四、一八九五年九月五日、九頁）。「高等官試験も国法行政法などの課目に重きを置きたるを以て、従ひて文部省の高等官などにも、法律には通暁せるも、教育の思想は皆無なる人多きなり」と述べ、憂慮を示している。このような状況を解消するために、文部官僚の試験には「教育学、教育史などを加ふべしと云ふものあり」と紹介し、『時論』も「一考すべき問題なるべし」と記している。高文試験のみでは文部官僚の適性を計ることはできないという『時論』の志向が窺えよう。

後の九七年四月二五日の紙上では、「文部官吏登庸法」と題された記事が掲載される。この記事は前章でも取り上げたが、論争的な記事であるので再度確認しておきたい。記事は「今後の同省〔文部省―引用者注〕官吏たらむとする者を考ふれば、吾輩は寒心」せざるを得ないと述べ、まずその原因が高文試験にあるとした（山田輝一「文部官吏登庸法」〔『時論』四三二、一八九七年四月二五日〕一五～一六頁）。

其〔高文試験―引用者注〕試験科目なる者は専ら公私の法律に関し、教育の事とは少しも相関せず。（一）之に及第したりとて固より教育の事務に明なるべきの理なく、（二）而《しか》して教育の事務に通暁する者も亦固より之に及第すべきの理なし。全然教育と別物たり。別物の智識を有する者を別物の智識を要する処に入れ、而して別物の事物を扱はしむ、教育の事果して挙るべきか。

奏任官となるには高文試験の受験が必要であるが、その科目は「公私の法律」が中心で、「全然」教育とは関係の無いものであると論じている。そして、高文試験合格者について、

彼等は体罰に司法が関すべしや否やの問題については明答を与ふるを得む、国家の定義については容易に独逸学者の説を引照するを得む、教育命令に違背する者あらば之に対する制裁を定むるを得む、

と彼らの能力を列挙したうえで、「肝腎の教育事務については終《つい》に何事をもなし得ざらむ」と断じている（同右、一六頁）。法科出身者が教育事務を掌るのは畑違いであるとして、法学中心の高文試験は「文部官には少しも用なき試験」と主張した（同右、一七頁）。そのうえで、「特種の技能を要する文部官吏に、他の官吏と同様の試験を経せしむ、亦理に通ぜず」と文部官僚の「特種」性を強調し、高文試験の対案として次のように提示する。

五年以上尋常中学校長、尋常師範学校長、又は高等なる学校の校長教授、若しくは同等なる学校の校長たりし者

にして適当なる者あらば之を抜いて文部高等官試補となし、考試三年にして適ならば乃ち之を本官に進む。

（同右、一七頁）

学校現場における経歴を重視して官僚を登用するべきだと主張し、本記事は最後に「文部の官吏皆教育の実務に通じ、言設《〔ママ〕》する所、教育界の要求と背馳するが如きことなくば、文部の信用教育家の中に増して、文部は活きたる声援を教育社会に得、教育社会は合して牢たる一団体とならむ」と締め括られている。「教育界」の支持を得るために「教育の実務に通じ」た官僚を登用するべきであると記す。この後も、『時論』上では高文試験の廃止を唱える記事が散見される（たとえば、「文官高等試験廃すべし」〔『時論』四五八、一八九八年一月五日、六頁〕）。

以上に見られる意見は『時論』に限らず、教育家の中にも抱かれていたものであったと考えられる。たとえば、一八九九年六月の『憲政党党報』上での成富正義の主張は、文部官僚がどのような学問に精通すべきかということについて論じたものである。成富は、九五年に『へるばると主義教育学』を訳述した教育者であり、当時は憲政党内で、後には立憲政友会内で教育制度などの調査を行っていた（「政界雑俎憲政党教育制度調査会」〔『読売新聞』一八九九年一二月一九日朝刊〕、『東京朝日新聞』の記事〔「ゆきき」一九〇〇年三月一八日朝刊〕や「政友会彙報」一九〇〇年九月一八日朝刊〕）。成富も高文試験に批判的であり、「文部省内に教育てふ事を解する役人の乏しきは、決して本人等の罪にあらず、現行文官試験法の不完全に由来するものなり」（成富正義「教育上の改革（数字以外）問題」〔『憲政党党報』一－一三、一八九九年六月五日〕七三〇頁）と教育を理解しない官僚が文部省にいる原因を高文試験に求めた。そして、「文部の官吏に詐欺取財、局外中立、物価の高低、損害賠償、乃至は欠席裁判の理屈を学んだるものは無用なり」として、心理学・生理学・倫理学・教育学・教育制度・教育行政・社会学・宗教学・国家学などの諸学問が文部官僚に必要だとした（同右、七三〇頁）。心理学や倫理学をはじめ多くの学問的な知見を動員しているところに、成富がヘルバルト派教育学に影響を受けていることが分かる。成富の主張からも、文部官僚は法学的な専門性を持つ官僚とは異なる知識を持つべきであるとされ、それが高文試験合格者や法科出身者とは親和的ではないと考えられていた。『時論』の山田の主張からは第1章の学校運営の経歴を持つ文部官僚を想起させ、成富が指す官僚は第2章の文科出身者が当てはまることが指摘できる。

第二に、転籍者は「大学派」としてラベリングされ、文部官僚として適当な見識を持ち得ないのではないかという批判が存在した。『日本之小学教師』は一九〇三年四月時点の文部省について次のように言う。

今日全国の中、師範学校長は主に茗渓出身者より選任せらるる状態なるにあらずや。然り余輩は此時に当りて、文部省は世の要求に満足せしむるだけの査定選任をなし能ふか否やを疑ふものなり。何となれば文部省の現状は何れも大学出身者を以て充たされつつあればなり。故に大学出身者は縁故の遠き高等師範出身者を甄別する眼光は果して能く遺憾なく徹底するを得べきか

（「更に茗渓出身の優良なるものを選抜して文部省に入れよ」〔『日本之小学教師』五二、一九〇三年四月一二日〕四七頁）

高等師範学校出身者を「茗渓派」、帝大出身者を「大学派」と区分すること自体にこの雑誌の性格が表れているが[31]、「大学出身者」で充たされた文部省による中学校長や師範学校長の選定の能力に対して懐疑的であった。記事が掲載された時期は、前述したように文部省内では特別任用を除く多くの高等官が帝大出身者で占められ、局長以外はほぼ法科出身者であった[32]。もちろん茗渓派によって、従来、競合の対象とされてきた「大学派」は帝大の文学士であった。しかし、新たに法学士である転籍者が文部省内で優勢になってきており、文学士と同じく「大学派」として厳しい視線が向けられていた。

第三に、内務省との関連である。それが端的に現れたのが蜂須賀茂韶文相期における次官・普通学務局長の人事で、文部省内外を巻き込んだ紛擾となった。これについてはすでに研究があり（鄭 二〇〇六b、藤野 二〇〇九）、ここでは概略を記すのみにとどめる。一八九六年九月に第二次松方正義内閣の文相に就任した蜂須賀は、九七年四月に安広伴一郎を普通学務局長に、五月に都筑馨六を次官に登用する。この人事には、教育の専門知識よりも行政の

経験に富む人物が望ましいという蜂須賀の意図があったが、それに対して省直轄学校を含む文部省内で反対運動が起きた。九七年一一月の蜂須賀の辞任とともに、都筑と安広も文部省から去ることになった。

この人事に対する反発は、結局のところ都筑や安広の経歴によるところが大きかった。すなわち、両者は「教育上些《すこ》しの理想もなく、経歴もなく、剰《あまつ》さへ、党派の関係上より、情実的に任用せる次官と局長」（「吁文部省の近事」『時論』四三三、一八九七年四月二五日）九頁）というように、教育上の経歴が無いために省幹部を担うのには不適切と見なされたのである。都筑の官歴は内務省に限定されず多岐にわたるが、内務省では局長（土木）を務めており、局長就任以前の安広は主に内務省で官歴を積んでいる。両者はともに山県有朋と密接な関係を持ついわゆる「山県系官僚」と見なされ、米田俊彦は両者の文部省への入省を、「教育行政のなかに内務行政の論理が大きく入ってきた」（米田　一九九二：三三）と評価する。内務本省から文部省へ異動し、勅任官である次官・局長に一足飛びに就任したことが、両者の批判に直結したのである。

以上の三点を踏まえれば、全員が「大学派」の法学士で、多くは高文試験を経て、内務省に入省し、「都筑馨六男一門」（前掲前田「普通学務局長田所美治君」七六頁）と目された福原や田所をはじめとする転籍者は、文部官僚の適性という点で批判を受ける可能性があった。

（2）転籍者のキャリア形成——批判可能性の克服と法学士文部官僚の既成事実化

しかし、『時論』など教育雑誌が経歴から文部官僚の適性を判断していたのであれば、転籍者を批判することは難しかった。前に見たように彼らは府県で教育行政に携わり、文部省へ異動してきたからである。これにより転籍者が肯定的な評価を引き出していたのは前述した通りである。

くわえて、文部省は大卒五年以内に入省させた転籍者に本省内の多くの奏任官ポストを歴任させ、徐々に幹部に引き上げる人事を行った(33)。官歴の途中で民間企業（住友）に移った松本を除き、転籍者の省内で歴任した主なポストを記したのが表3-7である。まず、府県から文部省へ入省した転籍者は必ず参事官に任命された。場合に

表3－7　入省後の転籍者のキャリア

人名	入省当初	参事官以降の主な経歴	局長就任直前のポスト	局長就任
福原鐐二郎	参事官	専門学務局員、留学、書記官	会計課長	専門学務局長（1905.2）
松村茂助	参事官	留学、書記官、人事課長、文書課長	会計課長	普通学務局長（1908.5）
田所美治	参事官	専門学務局員、書記官、美術課長、人事課長、秘書官、留学、文書課長	参事官兼書記官	普通学務局長（1911.5）
松浦鎮次郎	参事官	留学、普通学務局員、専門学務局員、秘書課長	会計課長	専門学務局長（1912.4）
赤司鷹一郎	参事官	実業学務局員、留学、書記官、人事課長、秘書課長	文書課長	維新史料編纂事務局長（1911.5）

注：局長就任欄のカッコ内の数字は就任年と月を示す。
出所：『日本近現代人物履歴事典』や各年の『職員録』、『文部省歴代職員録』をもとに作成。

よっては、書記官や原局の奏任官ポスト（局員）を兼務させた。総務局に属した参事官は原則として原局間の利害から離れて、省全体の状況を見渡して教育政策を立案する必要があった。文部省は、広い視野から教育政策に携わることを入省直後の転籍者に期待したのである。

そして、第6章で詳述するように、参事官をある程度勤め上げた後（約五年後）に多くの転籍者に留学の機会が与えられた。また、その前後に転籍者は官房・総務局の各課長に就任する。(34) 特に重要なのは会計課長・秘書課長・人事課長の官房三課長への就任であろう。財務と人事は省内の重要機密情報であり、文部省に限らず実質的に各省の核となる課であった。両ポストのいずれか（あるいはいずれも）の業務を経験し、その後に転籍者は局長へと昇進していくのである。従来、官房の課長ポストは局長ポストへの昇進に必ずしも直結するものではなかった。たとえば、福原に会計課長の座を譲った寺田勇吉は局長にはなっていない。また、秘書課長は秘書官を兼ねるため、政治任用が多かった。(35) しかし、一八九九年三月に文官任用令が改正され、奏任官から勅任官への昇進がより確実なものになり、法科出身のジェネラリスト型官僚たる転籍者が文部省に流入することで状況が徐々に変化していった。すなわち、幹部候補の法学士の官僚にいかなる仕事を任せ、どのような順序でポストに着任させ、次官・局長という幹部クラスへ養成していくのが適切かということが、文部省でも意識され始めた。本省内の奏任官ポストは、良くも悪くも幹部官僚養成としての性質を強め、一つのポストに対して転籍者が入れ代わり立ち代わりに任命されることになる。そこに「彼らに必要だったのは、一つの実務を終生担当して精通することではなかった」、「いかなる事務にもたちまち適応し処理しうる能力、多岐にわたる実務の諸部門を統轄する能力が、彼らに要求されていたのである」（升味 一九六八：二〇九）というジェネラリスト型法学士の官僚の特徴が奏任官時代の転籍者にも見られるのである。この点で図書課長・図書局長ポストを長く務めた試補世代の文学士官僚の渡部董之介とは対照的であろう。

また、すでに前に述べ、第6章で詳述することになるが、松村と松本を除く転籍者が参事官の時に、欧州・米国への留学・調査の機会を与えられた。そして、欧米における研究・調査の成果は、教育雑誌への寄稿や各種教育会の講演など転籍者自身によって教育界・教育関係者に共有・還元された[36]。このような欧米への留学・調査について、たとえば福原は「彼れが三年間の独逸留学は、彼れを教育行政学のオーソリテイとなすべき十分の知識を与えた」と評された（石川半山「新任専門学務局長福原鐐二郎君」〔『教育界』四-七、一九〇五年五月三日〕八〇頁）。入省後の留学は、「彼〔田所―引用者注〕が文部省に這入る条件であった」（前掲前田又吉「普通学務局長田所美治君」七八頁）という記述が示唆するように、留学は転籍者を文部省へ入省させるインセンティブとなっていた可能性がある[37]。

以上のように転籍者の経歴を見ると、就官間もない府県庁勤務の時から教育行政に関連した職務を行い、文部省に入ると、参事官・官房内のポストを歴任し、教育行政研究のために海外へ留学・調査の機会が与えられた。その成果は省内の政策策定への寄与だけではなく、教育雑誌への寄稿や講演によって教育界に還元されることになる。

以上を踏まえると、前述の外部から省幹部（勅任官）になった都筑や安広と、奏任官として文部省へ入省した転籍者とでは、やはり「文部官僚」としての蓄積が異なっていた。また、転籍者の上位には文科出身の沢柳政太郎や岡田良平が長期間にわたって局長や次官として省内を統べており、転籍者は彼らから文部官僚として必要な職務知識を得ていったと考えられる。特に岡田は、転籍者などに「銘々別個の調査事項を課して研究せしめ、今日のメンタル・テストにも等し」いものを行っていたという[38]。このような養成過程を経た彼らに対し、文部官僚の適性という点で批判することは難しかった。

本章の後の時期である大正初期においては、転籍者が徐々に局長レベルの省幹部の地位に就任していく。このような状況で、『時論』の論調が変化する。たとえば、発刊以来一貫して視学体制の強化を主張し続けていた『時論』は、一九一三年一月の記事で文部省内に視学局の設置を要求する（「文部当局者の偏見」〔『時論』九九九、一九一三年一月一五日〕四五頁）。しかし、文官任用令下で局長に就任できるのは高文試験を経た転籍者であったため、特別任用枠である視学官が局長になることは難しかった(39)。そこで『時論』は「局長必ずしも、現文部省視学官中より選任するを要せず」とし、「見よ現在の普通学務局長といひ専門学務局長といひ、皆法科出身の勅任有資格者にして、然も学務局長として、必ずしも不適任者にあらず」と記す（同右、四五頁）。そのうえで、視学局長は視学官から選任されるべきであり、そのために文官任用令改正が必要であると主張する「文部当局者の偏見」を『時論』は批判したのである。前述のように高文試験を批判し、教育を「一科の専門」としてきた『時論』の性格を考慮すれば、批判がトーンダウンしており、この記事では法科出身者を容認する姿勢を見せている。この時期にはすでに普通学務局長（田所）や専門学務局長（松浦）といった要職がすでに転籍者で占められているという現実を踏まえて論じる必要があったのである。

7　文部省における転籍者の必要性

本章では、文部省による高文試験合格者の任用と、福原鐐二郎を始点とする転籍者の入省の状況、転籍者の経歴とバックグラウンド、それに対する評価を見てきた。文部省は高文試験実施以降、しばらくは試験合格者の採用が皆無であり、一八九九年の春から夏にかけて集中的に転籍者が入省した。これにより、試験合格者の入省より前に転籍者が将来的に省内の幹部に就任することが決定的となっていた。府県視学官の設置により、それまで地方に出先を持っていなかった文部省を取り巻く状況は一時的に変わるが、視学官廃止とともに任用直後の官僚の養成機会が無くなった。

転籍者の入省には、省内の幹部候補人材の補充の必要性と省外の政治的動向とが少なからず影響していた。彼らの入省により文科出身者が省内の局長級を、法科出身者が課長級をそれぞれ占めることになり、結果として省内は帝大出身者で占められることになった。府県勤務の経歴があり、法学士という点で転籍者はそれまでの文部官僚と異なっていた。その違いは試補規則下に文部省へ入省した文科出身の官僚と比べるとより鮮明になった。一般的に高文試験を経た法科出身の官僚は専門を有しないジェネラリスト型官僚と言われ、特に内務官僚はそのように養成された。しかし、教育について無知だという批判が、転籍者個人に向けられることはなかった。たしかに諸々の批判の可能性はあったが、転籍者は文部省に入省する以前は府県の教育行政の経験を持ち、文部省内での多様な実務経験とそれに伴う省内の試補世代の局長クラスの官僚からの指導を受け、海外での教育政策に関する留学・調査等によって省外からの評価に耐え得る専門性を獲得していった。

以上を踏まえて、第1節で述べた問題に絡めて転籍者の特質について改めてまとめると、まず教育行政研究や教育史研究で否定的なイメージで捉えられる転籍者の内実は、(1)法科出身で高文試験を経ていることから、法学的素養があり、(2)府県で教育行政の経験を持つ官僚であった。法科であるという経歴は教育と関係が薄いだけでなく、批判要素となり得たが、後者の府県の経歴は教育と直接関わり、同時代においては肯定的な評価に繋がった。このようなバックグラウンドを持つ転籍者は、当時の文部行政と親和的であった。というのも、制度の制定や改正などで法体系が複雑化した時期において、省内の業務を行うには法学的素養が不可欠だったからである。また、府県の教育行政を経験したことは、後の文部省での業務に活かされた。

くわえて、本章以降の時期である日露戦後以降の都市における通俗教育（社会教育）の推進には転籍者の古巣である内務省の同世代の官僚との協力が不可欠であり、地方改良運動でも文部省は内務省から協力を要請された。また、地方改良講演会で、転籍者は開口一番に「教育のことは私も地方に居りまして経験がございます」と述べることができた（田所美治「普通教育及通俗教育に関する注意」〔内務省地方局編『地方改良講演集』七、芳文閣、一九八七年、底本は一九一四年〕）。これは、同講演会で「地方の事業に余り関係を致さない」と述べてしまう従来の文部官僚（手島精一）とは対照的であった（手島「地方改良事業に関する教育上の雑感」〔内務省地方局編『地方改良事業講演集』下、芳文閣、一九八七年、底本は一九〇九年）。高等官の年次という省内人事の観点からも、文部省にとっては転籍者の入省が不可欠であった。文部省が、宗像の批判した「「行政」から出発する」ような（少なくともそのように見える）官僚を入省させたのは、当該期の文部省に存在した課題に対処するためのものだったのである。[40]

注

（1）また、戦後以降の文部省、文部科学省に関する研究も立ち遅れているとの認識がある（青木 二〇一九：二〇）。

（2）この点で米田俊彦による松浦鎮次郎の分析は、元文部官僚としての松浦の性格を具体的に浮かび上がらせた数少ない研究と言える（米田 一九九八）。

（3）高文試験以降の文部省内部の回想として、有光次郎（内政史研究会編『有光次郎氏談話速記録』内政史研究資料第六四・六五集、一九六八年）や関屋竜吉（一九六五年）による回想があるが、いずれも大正・昭和期のものである。また、佐藤秀夫「文部官僚としての沢柳政太郎」は大達茂雄の「文部官僚というものは本来存在しない」という発言を取り上げているが、大達も大正期以降の内務官僚である（佐藤 一九七七：二）。

（4）川手摂は諸制度の制定・改定や政治・社会状況を考慮して、官僚の人事慣行の「過程を緻密かつ包括的に追いかけた研究は、管見の限りにおいては存在しない」（二〇五頁）という前提のもと、高文試験以降の農商務省の人事の実態を明らかにした（川手 二〇一三）。

（5）本章では、一八九七年三月に文部省に入省した福原鐐二郎から、一九〇二年二月に入省した松浦鎮次郎までの官僚を取り扱う。松浦以後は一九〇七年八月の黒沢次久まで転籍者の入省はない。本書では、福原から松浦までを転籍者の第一陣のグループとみなす。

（6）明治期では高文試験から各省に入省した文科出身者はいない（秦 二〇〇一を参照）。

（7）全体における内務・大蔵合計の任用数は一八九五年から一九〇〇年まで七〇％（二六／三七）、六八％（三四／五〇）、五三％（二九／五四）、五一％（二一／四一）、六一％（一九／三一）、五一％（三〇／五八）と両省で常時半数以上の試験合格者を任用している。

（8）府県における各省の奏任官ポストについては、内務省は府県の事務官、大蔵省は府県収税長や税務管理官、農商務省は林務官や鉱山監督官、逓信省は電信・郵便局長などがあったが、文部省は皆無であった。

(9)　府県視学官の変遷については、平田宗史『明治地方視学制度史の研究』(風間書房、一九七九年)の第四章。

(10)　一八九九年の高文試験合格者は全体で三一名、うち私学出身は八名で、その割合は二六%。〇〇年は全体で五八名、うち私学出身は一六名で割合は二八%。〇二年は全体で四一名、うち私学出身者一三名で割合は三二%。〇三年は全体で五三名、うち私学出身者が一四名で割合二六%で、以上四年の合格者の総計と私学出身者の総計(五一／一八三)をもとに私学出身者の割合は二八%となる(秦 二〇〇一を参照、小数点以下は四捨五入)。

(11)　なお後述するが、内務省から文部省へ異動してくる松村・田所・松本・赤司・松浦の五者の学歴は全員が帝大法科卒であり、松村以外は、大学の卒業年が試験の合格年と同年である(松村は卒業年一八九四年、合格年は九五年)。順位は松村(三七人中九位)、田所(三七人中一四位)、松本(五四人中二〇位)、赤司(五四人中二一位)、松浦(四一人中二位)となっている(秦 二〇〇一を参照)。

(12)　表3－2を見ても分かるように、多くの試験合格者の配属先が地方教育を管轄する普通学務局であったことは、同局の属の定員が大臣官房会計課に次いで多かったことの他に(なお局課ごとの定員は官制などの規程には明記されていない)、同局は地方を管轄しており、文部官僚に限らない官僚の養成の場としては、文部省で適当な局であったことが考えられる。

(13)　表3－2中では豊島・伊藤が試験合格後に、属として文部本省の業務に携わった後に、地方に任官している。後には一九〇八年に試験に通った二名(長延連と三沢寛一、いずれも京都帝国大学出身)は外部への異動までに時間を要しており、長は普通学務局、三沢は専門学務局の属として業務に当たっている。なお大正中期以降に官界に入った官僚は、試験合格から一年半から二年ほどは属(判任官)として経験を積み、奏任官に任官した。属での練習期間は厳密ではなく、時期や各省によって異なっていた。たとえば内政史研究会編『古井喜実氏談話速記録』(内政史研究資料第三七集、一九六六年)の九頁にこれについて言及がある。

(14)　表3－2では湯地や伊藤鏢三郎が、後には本間則忠(一八九八年に東京高等師範卒、一九〇五年試験合格)や大山幸太郎(一八九五年に秋田師範卒、一九〇五年試験合格)がこれに当たる。

(15)　府県などに高等官ポストを持たない文部省は、創設以来直轄諸学校の校長や事務員などを本省の官僚として登用する方法を採ってきた。一九一一年に直接入省した西山政猪の場合も、長崎高等商業学校教授に赴任し、留学後に東京帝大の書記官を経て、文部書記官として文部本省に戻った。その後は専門学務局長、宗教局長を歴任している(人事興信所編『人事興信録』第八版、一九二八年、ニの五五頁と各年の『職員録』を参照)。しかし、官立学校や省直轄学校が自前で人材を養成し始めるようになると、文部本省からの出向は限定的になっていく。たとえば時代は下り昭和期の話になるが、有光次郎は「行政官のポストとしては東北大学の事務官は一つの貴重なルートとして活用されましてそこの事務官に出て、そこから文部省の課長に帰って来るというような、非常に狭い範囲で伸びて行かなければならない」と述べている（内政史研究会談話速記録『有光次郎氏談話速記録』内政史研究資料第六四集、一九六八年一月二九日、九頁）。なお戦後においても文部省と国立大学が事務官の人材養成において密接な関係を有し、それが双方の組織における人材の能力の向上に有益であったと指摘されている（渡辺 二〇一八）。

(16) 三者の局長就任については、樺山資紀文相が元帝大総長・文相の外山正一に局長ポストの適任者の紹介を依頼したところ、三者を推薦したという（松浦鎮次郎編『岡田良平先生小伝』非売品、一九三五年、五四〜五六頁）。

(17) 以上の前田の認識と同様のものは教育雑誌の記事に散見され、『教育時論』第一〇九六号（一九一五年九月二五日）上に掲載された「文部の人々」（上）でも、「福原が文部の様な処に這ったものだから、皆んな〔高文官僚―引用者注〕ゾロゾロ連れられる様になったのだよ」（三二頁）と記されている。

(18) 正木直彦『回顧七十年』（学校美術協会出版部、一九三七年）一八六頁。また、馨光会編『都筑馨六伝』には「君〔都筑―引用者注〕の職に就くや、専ら少壮有為の人才を登用するに努め、大に行政的能力を発揮せんことを期したり」と記されている（馨光会 一九二六：一四一）。

(19) 田所以前に赤司が既に入省していたが、赤司の大学卒業年は九七年であり、九二年に卒業した福原とは五年の年次の差があった。

(20) なお一九一三年六月に新設された宗教局の局長として、内務省参事官から文部省へ異動してきた柴田駒三郎の年次は九六年卒（同年に試験合格）であった。

(21) 文官任用令の改正を主導したのは平田であったとされる（加藤房蔵『伯爵平田東助伝』平田伯伝記編纂事務所、一九二七年、八六頁）が、『東京朝日新聞』の報道では内務次官であった松平正直が文官任用令の改正を一人で担ったと述べたとされている（「松平次官の気焔」一八九九年四月七日朝刊）。

(22) 「文官任用令」第一条『法令全書』（明治三二年三月二十七日、六八〜六九頁）、なお文部省の特例は三月二〇日の御下附案には記されておらず、同月二五日の枢密院会議ではすでに追記され、二七日内閣通報では朱字で記されている（国立公文書館蔵の①「枢密院関係文書御下附案枢密院御下附案」（明治三二年・巻上）、請求番号：枢A00014100、件名番号：005、②「枢密院会議筆記」、請求番号：枢D00107100、件名番号：001、③『公文類聚』第二十三編・明治三十二年・第十五巻・官職八・任免一、請求番号：類00848100、件名番号：001、の三点を参照）。

(23) 一九〇二年三月から〇五年二月まで専門学務局長を務めた松井直吉は東京帝大農科大学教授からの登用、〇一年六月から一三年五月まで実業学務局長を務めた真野文二は東京帝大工科大学教授からの登用である。しかし、専門学務局長は福原に、実業学務局長は松浦に取って代わられる。実業学務局は松浦の局長就任直後に廃止されており、松浦の局長就任は一時的な措置であったと考えられる。なお実業学務局は一九年四月に再置されるが、本章の後の時代の転籍者である山崎達之輔が局長に就任している（『文部省歴代職員録』一九九八）。

(24) 田所の文部省入省の経緯を田所自身から聞いた樺山愛輔は以下のように記す。田所が東京府庁内で執務中に、文部省を刷新したいから来てほしいと樺山資英が来訪した。これは樺山資紀文相の意思であったという（樺山愛輔「樺山文部大臣を語る」『文部時報』七三〇、一九四一年七月一一日、一三四頁）。この史料の性質は後に詳述。

(25) 国立国会図書館憲政資料室所蔵「憲政史編纂会収集文書」中の「平田東助関係文書」に含まれる「山県有朋内閣組織関係書翰」七一二（一）―六。

(26) 一九〇〇年二月に東京府に出向した松浦の場合、一八九九年六月の地方官官制の改正によって、第三課長に地方視学官が任命されることになっていたため（第二三条）、第三課長に就任する機会を得なかった（「地方官官制中改正追加の件」『法令全書』一八九九年、三七七頁）。

(27) 福原は一八九七年四月五日に恩給審査委員に任命され（『官報』四一二四）、田所の場合も遅くとも一九〇〇年四月には同委員に任命されている（『職員録』一九〇〇年四月）。

(28) 実際に一八九七年は勅令・省令をはじめ教育法令や往復文書などが従来よりも激増しているが、それを上回ったのが九九年である。その後は日露戦後まで教育法令の件数は落ち着く（各年の『文部省年報』を参照）。

(29) たとえば松本市教育会が開催した夏期講習会に沢柳政太郎と松村茂助がそれぞれ一八九五年と一九〇二年に招かれているが、沢柳が教育学の講師として招請されているのに対して、松村は法制経済の講師として招請されている（松本市教育百年史刊行委員会 一九七八：三三〇～三三三を参照）。

(30) 一八九〇年当時において、『時論』は「全国の大中小学校、師範学校、各種学校より、多少教育の事に留意する局外者に至るまで、殆ど之を熟読せざる人なきの盛大を致し、其一筆一論も、往々教育社会の輿論を左右せんとするの勢なきにあらず」（『時論』第二〇〇号の社説、一八九〇年一一月五日、六頁）と自誌の影響力を認識している。

(31) 『日本之小学教師』は、主に小学教育・小学教師に関する諸問題について取り上げた（教育ジャーナリズム史研究会編一九八九：八五～八六）。同誌はたびたび（高等）師範学校出身者への奮起を促しており、「茗渓派」「大学派」という二項対立図式自体、帝国大学出身者に対する高等師範学校出身者の対抗意識という側面が大きい。事実、「大学派」の沢柳政太郎は「そんな党派や派閥はないと思ふ」と述べており、派閥間対立に無自覚である（沢柳政太郎「大学派と茗渓派」、成城学園沢柳政太郎全集刊行会編『沢柳政太郎全集』第一〇巻、国土社、一九八〇年、一〇一～一〇二頁。初出は『退耕録』丙午出版社、一九〇九年）。

(32)『東京朝日新聞』一九〇三年一二月九日朝刊には、各局の業務は参事官・書記官の転籍者が担い、「文学士又は茗渓派出身の視学官を加え、表面上稍公平を見るに至れり」と記されている。一九〇三年時点ですでに茗渓出身者（と新たに入省する文科出身者）の奏任官ポストは、視学官に限定されていると見なされていた。

(33) もちろん養成という観点だけでなく、予算と定員から官僚のポストの兼任が多くなってしまう文部省のリソースの少なさの問題にも留意しておくべきであろう。

(34) 一九〇〇年五月の官制通則の改正によって大臣官房にあった各課は総務局に移されることになるが、一九〇三年一二月には当該各課は再度大臣官房に戻される（特に一九〇〇年五月の官制の改正の詳細については、清水 二〇〇七：第三章）。

(35) 本章の時期で言えば、樺山資英がまさにそれに当たる。秘書課長・秘書官である樺山が転籍者の大量入省を主導したのは前に見た通りである。

(36) 特に福原鐐二郎の「独逸実業教育の一斑」は、長期にわたって『教育界』（一-四～二-一、一九〇二年）に連載された。他に赤司鷹一郎「伯林に於ける実業教育」（『東京教育雑誌』一七八・一七九、一九〇四年一〇～一一月）、田所美治「日本と欧米との学制比較」（一九〇六年八月二〇日の東京高等商業学校における講演、同年八月一七日『東京朝日新聞』朝刊を参照）など。

(37) 留学の他に安定した人事が文部省への異動のインセンティブとして挙げられる。たとえば、福原と同年の大学卒に内務本省でキャリアを積んだ水野錬太郎がいるが、水野が内務次官となったのは一九一三年二月であり、福原の次官就任の一九一一年九月よりも遅い。福原が「順達、君の如きは蓋し稀れ」と言われる所以である（「パック画伝文部次官福原鐐二郎君」『東京パック』八-二八、一九一二年一一月一〇日、七頁）。これについては後年の昭和戦前期についてであるものの、副田義也が内務省に任官した官僚は内務省にとどまっていた官僚よりも、他省に転出した官僚の方が勅任官に昇進しやすかったというデータを示している（副田 二〇〇七：五一一～五一三）。これを踏まえれば、昇進のスピードも内務省よりも他省に転籍した方が早かった可能性があり、明治後期の文部省においてはそのような状況がすでにあった。

(38) 前掲松浦『岡田良平先生小伝』五二～五三頁。転籍者の一人である松浦が編者であることが、岡田から転籍者への指導があったとされる本史料の信憑性を高めている。この他にも岡田と転籍者との関係を記した史料は散見され、たとえば田所は岡田に「入省以来十数年間懇篤なる指導を受けておった」と回想している（田所美治「教育七十年を回顧して」『文部時報』七三〇、一九四一年七月一一日、三四頁）。また、岡田が一九〇八年七月に京都帝大総長から文部次官に就任するに際して、「次官は嘗つて他年の旧顔のことゝて、省内の高等官多くは其の誘掖指導を経し人々」で、「省内の折合も妙なる」と記されている（「文部省大官」『時論』八三八、一九〇八年七月二五日、三六頁）。当然この時期の省内の高等官は本章で取り上げた転籍者が占めていた。転籍者中で松村は岡田と同郷で、岡田の父良一郎が設立した冀北学舎出身のため、「先輩岡田良平君の推薦によって文部省参事官に抜擢され」たとされる（栗原古城「文部省普通学務局長松村茂助君」『教育界』八-八、一九〇九年六月三日、三五頁）。また、岡田の実弟である一木喜徳郎は一八九九年当時内務参与官であり、平田東助とも関係が深かった。転籍者の入省には文部参与官であった岡田や一木もなんらかの形で関与したと考えられる。

(39)　視学官は、文官任用令（一八九九年三月）の第一条一項の勅任規程「奏任文官の職に在る者及在りたる者にして高等官三等の文官の職に在る者及在りたる者」を満たすことができなかった（「特別の規程に依り任用せられたる者及教官、技術官を除く」と特別任用の視学官は勅任規程の除外対象となっている）。

(40)　一九〇三年における一連の文部省廃省問題・文部省の内務省一局化構想は、一般的に教科書疑獄とその後の行政整理が直接の原因とされる。しかし、筆者はまさに宗像の指摘の通り、同時代でも文部官僚が「「行政」から出発」しているように見え、その時期の文部官僚において内務官僚との差異が明示できなくなったのも一因となったのではないかと考えている。

「当代の教育大家」（『日本之小学教師』 9 -97〔1907年〕）

第4章　内閣制度導入前後の文部省編輯局

1　内閣制度導入による文部省内部の変化

第1章では、内閣制度導入前後の文部省を考察した。そこでは、内閣制度導入以前からの局長級の官僚は二回の非職人事を切り抜けて、それ以降も留任しており、ある程度の人的な連続性が保たれたと述べた。一方で文部省内において内閣制度導入の前後で大きく変化したのが、本章で取り上げる編輯局である。編輯局は内閣制度導入前後に局長が代わっただけでなく、二回の非職でも官僚が大きく入れ替わっている。くわえて、編輯局は漢学者や国学者を多く抱えており、文部省内で特異な組織であった。彼らが官庁や教育機関内でいかなる役割を果たしてきたかについては、研究が蓄積されてきた(1)。しかし、文部省内の彼らの動向に関しては、『古事類苑』などの業務に参画したことに焦点が当てられるにとどまる(2)。そこで本章では、非職をはじめとした内閣制度導入前後の文部省全体の変化を踏まえて、編輯局とそこに属する人々の変化を論じることで、第1章とは異なる角度から当該期の文部省内の状況を考察していきたい。

2　編輯局の設置と国学者・漢学者の入局

(1) 編輯局の業務と陣容

第1章で見たように明治一四年政変後の文部省は、一八八五年（明治一八）一二月の内閣制度の導入まで大学や省直轄学校の学校運営の経歴を持つ教育畑の官僚が多数を占めた。そのなかで、明治一四年政変後に編輯局長に再任された西村茂樹は、八五年の内閣制度導入の直前には文部省最古参の官僚となっていた[3]。ただし、西村は官立・省直轄学校長などの経験がなく、経歴だけみれば文部官僚の中で少数派であった。後に述べるように、西村だけではなく、奏任官の中には教育畑とは言い難い官僚も含まれていた。そこで本節では、西村が統べた一八八〇年から八五年の非職人事断行までの編輯局を見ていきたい。

一八八〇年三月に文部省は局課改正を行った。学務課・報告課が廃止され、官立学務局・地方学務局・編輯局・会計局が新たに設置された。編輯局長には西村が就任し（文部省大臣官房人事課 一九九八：八）、編輯局の事務は「学務上所要の図書編輯印行等に関する一切の事務を掌る」と定められた（『法規分類大全』一六、官職門一四、一一一頁）。西村は、(1)「教科書の文法と仮名遣」の統一、(2)「学術の言葉と外国の地名・人名」の統一、(3)「日本の歴史」叙述の修正、(4)「字引」の編纂、(5)エンサイクロペディアの作成、(6)「大学校の教授を日本語」でするための教材の作成、と細かく六点を編輯局が取り組むべき課題であると考えていた（山田・鈴木 一九九四：一一～一二）[4]。

これらの課題を解決するために、西村は国学者と漢学者を編輯局に入局させていった。八〇年六月には国学者の榊原芳野・小中村清矩・佐藤誠実と、漢学者の大槻文彦と南摩綱紀が、八一年二月には中村秋香と小杉榲邨が、それぞれ入局した。彼らは主に御用掛や判任官として局内の業務を支えた。国学者に関して言えば、彼らは考証派国学者であった[5]。前述の六点の課題を遂行するためには、国語・国文学・国史、すなわち国学に精通する考証派国学者の入局が望まれたのである。

このことをよく示しているのが、(5)エンサイクロペディア、すなわち『古事類苑』の編纂についての西村の建議である。そこで西村は「引用の書は、六国史以下、総て正確の者《ママ》を選ぶべし」、「考証となるべきことあれば、罕《まれ》れには物語類、又は詩歌を引用するも妨なし」、「書中には、惟《ただ》古事古語を引用するのみにて、編輯者の自己の説を附することを要せず」、「図書の考証となるべき者あらば、之を加ふべし」と述べる（神宮司庁編『古事類苑』五一〔総目録・索引、吉川弘文館、一九六九年、底本は一九一四年刊〕中の「古事類苑編纂事歴」の三頁）。自己主張の抑制、資料の選定や引用の正確さなどは考証派国学者の得意としたところであった。

くわえて「字引」、すなわち『言海』の編纂は大槻文彦が従事したが、大槻は「編輯中の質疑にいたりては、黒川真頼、横山由清、小中村清矩、榊原芳野、佐藤誠実等諸君〔ママ〕教、謝しおもふところなり」とし、言海と命名したのは「佐藤誠実君の考選にいでたり」と述べている（大槻文彦「ことばのうみのおくがき」〔『言海』筑摩書房、二〇〇四年、底本は一八八九年〕一二五九頁）。文中の黒川以下の人物はいずれも考証派国学者であり、『言海』の編纂においても彼らの貢献があった。

また、考証派国学者が局内の漢学者とも協働していたことは、編輯局員の依田学海の日記からも分かる。依田は編輯局の業務として『小学漢文読本』の編纂を行っていたが、そのために「上野公園の借覧所に至りて、五山僧徒等の詩文集を閲す。黒川真頼に面謁して、いかなる書を用ふべきや」と相談をもちかけている（学海日録研究会編『学海日録』五（岩波書店、一九九二年）二三六頁、一八八三年一月一一日条）。

このような局員間の交流は官庁という公的空間にとどまらず、私的空間にまで及んだ。たとえば、依田の日記には「退出後、小中村清矩きたる。蒙古軍記弁二巻・燃犀逸史一巻・蜘蛛の糸巻一巻を借されたり」（前掲学海日録研究会編『学海日録』六（一九九二年）八五～八六頁、一八八四年一一月六日条）とあり、退勤後に小中村が依田を訪ね、依田に書籍を貸したと書かれている。

（2）西村局長下の雰囲気と局員の職務意識

では、西村を局長に戴く編輯局の雰囲気はいかなるものであったのだろうか。大槻によると『言海』編纂において、西村から大槻は「いかにと問はれし事もなく、うながされし事もな」かったという（前掲大槻「ことばのうみのおくがき」一二五八頁）[6]。すなわち大槻は放任に近い状況で編纂にあたっていたのだが、このような西村の姿勢を大槻は「意中推しはかりかねて」いたと述べる。しかし、西村が「かねて一大事業をまかせてより、今ははや十年に近きに、なほ倦まずして打ちかかりてあり、強情なる士」と大槻を評価していることを人づてに伝え聞くと、「さては、と感激」した。そして、『言海』の完成記念式典で、大槻は西村を「実にこの辞書成功の保護者（Patron.）」と持ち上げた。この大槻の回想から、西村が大槻を信頼し、『言海』の編纂を一任していたことが分かる。また、西村自身も大槻をはじめとする編輯局員を「学士も済々」（同右）と高く評価していた。

さらに大槻のように編輯局の上位層ではないが、局員であった山県悌三郎の回想も見ていきたい。山県は一八七九年に東京師範学校卒業後、埼玉県立中学師範学校教諭、宮城中学校教諭、愛媛県師範学校長を歴任し、編輯局には八四年四月に准判任御用掛として入った(7)。山県の入局には、局長西村の推薦と同局副長の伊沢修二の後押しがあったと山県は認識している（山県『児孫の為めに余の生涯を語る』九九頁(8)）。山県は編輯局内の様子を、

皆、西村局長の人格に心服し、又局長は常に大局を統べて、適材を適所に用ひ、毫《ごう》も小事に干渉されなかった。故に局内和気靄々、退庁の時刻来るも、帰宅を急ぐやうな心が起らなかった、（同右、一〇〇頁）

と述べる。適材適所とは前述の考証派国学者の登用もその一例であり、また「小事に干渉」しないという記述は大槻の回想と重なる。このような西村の姿勢は、「帰宅を急ぐやうな心が起こらな」いという局内の雰囲気を醸成した。さらに山県は南摩綱紀らとともに局内の修文館（本省構内の別館）詰めとなったが、その業務について、「実際公務を執りたるは、毎週二、三時間文部卿来館の時のみにて、他の日は、各々自己の編著若くは勤学の為めに之を用ひた」と言う（同右、一〇四頁）。この記述から修文館をはじめ編輯局における業務は公私の区別が曖昧であったことが窺えよう。翻って考えれば「自己の編著」や「勤学」なくしては、『古事類苑』や『言海』をはじめとする編纂業務は成り立ちえないものでもあった。それゆえに勤務時間への意識も希薄だったのである。くわえて、小中村などの御用掛にとっては、本属である大学の研究と編輯局の局務が密接に関わっていたことは想像に難くない。事実、「文部へ出。沿革略史之内成功《じょうごう》・重任《ちょうにん》之事取調。コレ大学ノ事業也と雖も、古事類苑参考の為め参省」（大沼宜規編『小中村清矩日記』〔汲古書院、二〇一〇年〕八五頁、一八八三年三月一五日条）と小中村は自身の日記に記してい

る。

それでは、実際に局務は順調であったのだろうか。これについては西村の反省の弁がある。前述のように西村は六点の業務を編輯局の重要課題として掲げ、それに取り組んだ。しかし西村は、六点中五点ができなかったとして、形となったのは『言海』だけであったと言う（鈴木編『『言海』完成祝宴の全記録』一二三頁。完成祝宴は一八九一年六月二三日に開催された）。編輯局の設置から西村が文部省を去る六年弱では多くの業務が途上であったことは否めない(9)。内閣制度導入以降に比べると、西村局長下の編輯局はあまりに広範で、かつ時間を要する仕事を抱えていたとも言える。

表4－1　1884年2月の編輯局人員一覧

役職・官等	人　名	役職・官等	人　名
編集局長	西村茂樹	七等属	植原経徳
編輯局副長	伊沢修二		横須賀安枝
編輯局員	依田百川		飯沢耿介
御用掛（准奏任）	小中村清矩		北爪有卿
	南摩綱紀		狩野良信
	木村一歩	八等属	黒川　龍
	中根　淑		西阪成一
一等属	大槻文彦		石井小太郎
	中村秋香	九等属	波多野公忠
	佐藤誠実		野瀬胤正
二等属	大井鎌吉	十等属	高橋磯八郎
	里見　義		水島慎次郎
三等属	内田嘉一		八太義郎
四等属	片山淳吉	御用掛（判任）	大沢清臣
	野口貞一	御用掛（准判任）	石橋好一
	阿部弘蔵		井上　勤
	宮崎蘇庵		松岡明義
五等属	小杉榲邨		佐野卓

注：掲載者の中には、編輯局以外の部署に兼務している者もあるが、兼務先については省略した。
出所：『文部省職員録』（1884年2月）をもとに作成。

以上、本節は一八八〇年三月に設置された編輯局の業務と、それに伴って国学者や漢学者が文部省に入省した経緯を述べてきた。また、大槻と山県の回想によって局内の雰囲気を浮かび上がらせた。これによって浮かび上がった問題は、編輯局員、特に考証派国学者や大槻、依田などの漢学者は果たして「官僚」と言えるのかということである。編輯局は彼らの他に翻訳家（大井鎌吉・石橋好一）、書家（内田嘉一）、有職家（松岡明義）、書画家・画家（北爪有卿、狩野良信）などがいた（表4－1）。たしかに彼らは省や局に所属するという意味で広義の官僚であったと言えるが、いわゆる一般的な官僚に求められる専門性、すなわち法律学・行政学・経営学の能力を有した官僚（ウェーバー 一九八七：一〇）とは明らかに異なっていた。

むしろ、彼らはアカデミアに基盤を持つ「プロフェッショナル（Professional）」に該当し、多くの編輯局員は「官僚制の原理にもとづいて行動する」意識が希薄であった（佐藤 一九九一：二五七）。前述した依田や小中村に見られる編輯局員の公私混同した職務形態や職務時間中に他所の業務や自己の編著に勤しむ、あるいは「勤学」するという行為は、彼らの職業倫理に照らせばなんら問題はなかった。学者としての側面が強かった局長の西村自身もプロフェッショナルとしての彼らを尊重し、干渉せずに放任した。それは「学者の淵叢」（前掲山県『児孫の為めに余の生涯を語る』一〇九頁）であった編輯局で共に学問を追究する「同輩者中の一番」である局長の取るべき態度の一つであった。[10]

このような編輯局員の特徴は、行政機関の変化とそれに伴う局長の交代によって表面化していく。次節以降では依田と山県に焦点を当て、両者の認識と言動から変化していく文部省を見ていく。

3　一八八五・八六年における文部省の非職人事（一）——依田学海を中心に

(1)　依田学海の入省

第1章で見てきたように、一八八五年と八六年の年始は文部省内部の局課の改正に伴って人員整理が断行された時期であった。八五年二月九日に文部省は局課掛の改正を行い、「編輯局、会計局、報告局を除き従前の局課掛を廃し、更に内記局、学務一局、学務二局を置」くことになった。[11] 続いて一二日には「事務規程通則」を制定し、省内を再編した。これに伴い依田学海・岩崎維慊・菱田重禧の三名の奏任官が非職を命じられた（表1－6）。三者の共通点は、⑴非職当時五〇代であったこと、⑵漢学者・儒学者であること、⑶相対的に文部官僚としての経験が浅かったことの三点が挙げられる。

この非職をより具体的に考察するために、依田の言動に焦点を当てたい。依田を取り上げる理由は二点ある。(1)まず、局課掛の改正当時の依田は報告局副長と編輯局員という肩書であったが、岩崎の内記課、菱田の庶務局と異なり、自身の属する局課が廃止となっていない。(2)次に依田のポストについてである。依田は報告局副長という幹部クラスにあり、かつ編輯局員であった。すなわち漢学者として編輯局の局務に携わる一方で、報告局の事務にも携わっていた。[12] このような状況にあった依田を検討することは、前節で述べた編輯局員の特殊性をより明らかにできる。

依田は、一八七五年から太政官修史局（のち修史館）に出仕し、史料の編輯に従事していた。しかし、八一年一二月五日に西村から書翰で唐突に文部省への入省を勧められる（前掲学海日録研究会編『学海日録』五、八六頁、一八八一年一二月五日条）。これは、この後に断行される修史館の機構改革を西村が事前に察知し、修史館内で人員整理の候補に挙がっていた依田を救済しようとしたものだった。しかし、事情を知らずにいた依田はこの勧誘について次のように記す。

余はすでに史館に久しく奉仕しぬるがゆへに、史編の事につきては大かたは力を得たりと覚ゆ。今新に外事を及ぶとも、させる効あるべうもあらず、ましてかのまね、かかる事は本官にあらずして雇役に類せり。その降免、長官の進退によりてたちまちに行わるべし。

（同右、八七頁、一八八一年一二月七日条）

この発言から、依田は自身の能力について史料の編纂には自信があるが、それ以外に手を広げるつもりはなかったことが窺える。また、長官の進退に人事が左右される官僚に抵抗感を抱いており、「文部の招を辞するべし」（同右）と考えていた。結局、西村が修史館の改革を伝えたことにより、依田は権少書記官として文部省に入り、音楽取調掛兼編輯局への勤務を命じられた（同右、八七～八八頁、一八八一年一二月九日条）。[13] しかし、その際も依田は「文部の職は余が得意とする所ならざれども、編纂の事ならんには史局に居るに異ならず」（同右、八八頁、一八八一年一二月九日条）と認識していたことに注意したい。

（2）依田と文部省の間隙

こうして当初は音楽取調掛兼編輯局に勤務していた依田であるが、八二年六月に報告局副長、八三年一二月には少書記官に昇進する。しかし、昇進すれば、省内の広範な事務を任されるのは想像に難くなく、編纂事務だけに関わっているわけにはいかなくなる。このことが端的に見られたのが、八四年五月三〇日付で依田に学事巡視が命じられた時である。やや長くなるが依田の日記を次に引用する。

余に群馬・栃木の両県に学事巡視すべきの命あり。余、今書記官の任ありて、且報告局の副長たれば、もとより当職に於て辞すべき所にあらず。されどもはじめ本省に転任せし時、文部少輔九鬼隆一が専ら編輯の事つかさどるべきよしの事を伝られ、後〔九鬼が―引用者注〕報告局長たりし時、又局務は専ら長の任たり、和殿はその位置と定められたるのみ、編輯の事専らにすべしといはれたれば、すべて事務にはあづからざりき。されば省務に熟せず、学事に関することは今に於て整理せし事なし。学事巡視の事は殊に省務に関する大事なり。その務に熟せざるものの為し得べきものにあらず。余をして初めより事務を委任せらるべきならんに於ては、今に至り辞すべきにあらず。しかれども編輯の事のみを専任せられたる身が、にはかにこの命ありては、つとめてこれに応ずるとも、その任を果さんこと覚束なし。（前掲学海日録研究会編『学海日録』六、一八～一九頁、一八八四年五月三〇日条）

報告局副長として学事巡視を断るべきではないが、依田によると当時報告局長であった九鬼隆一が依田を報告局副長に任命した時に、九鬼は依田の副長就任は名目上のことであり、従来通り編纂事務に専念してよいと伝えたという。そのため依田は一貫して編纂に従事しており、学事巡視を勤めるのは「覚束な」いとしている。この記述の直後には、「本省の事務、多くは洋法によりてまふけられたるものにして、洋事に詳ならざればかなひがたき事」とさらに不安を吐露する（同右、一九頁）。報告局副長として巡視を命じた文部省と、依田の志向との間には大きな乖離があった。

依田に「編輯の事専らにすべし」と言った九鬼は、この直前の五月一四日に文部省を去っており、結局依田は西村に学事巡視を十分に行うことができるか不安であると言い、西村が文部卿であった大木喬任にその旨を伝え、依田は巡視の任を解かれた（同右、五月三一日条）。その後の六月六日に依田は次のように記している。

巡視の命をうけし時、拝任の初より事務にはあづからざるべきよし、長官の内命ありしよしを申て辞せしが事、ゆへなくゆるされたれども、つらつら思ふに、身、事務局の副官として今はさせる編集の書もなくて、かくあればこそ人も疑ふなれ。（同右、二〇頁、一八八四年六月六日条）

依田は「事務局の副官」として学事巡視を行わず、当時編纂している書もなかったため省内における自身の存在意義を悲観的に記す。そこで依田は報告局副長ではなく、『古事類苑』の編纂事業に参加したい旨を大木に伝えてほしいと西村に依頼する。西村からその旨を聞いた大木は依田に「国史創体編輯の事」を任せたいとし、巡視を断ったことは気にすることはないと伝えた。これを聞いた依田は「かかる業こそ某がのぞむ所に侍れ、俗事に奔走して少年と伍を為さむより遥にまさる所也」と喜んだ（同右、二〇～二一頁）。

ここで重要なのは、「俗事に奔走して少年と伍を為さむ」という依田の記述である。「俗事」とは事務であり、「少年と伍を為さむ」とは教育・教育現場での仕事を指していると考えられる。ここで依田は、文部省における省務よりも編纂に関わる方が「遥にまさる」と考えており、入省の際の「文部の職は余が得意と」しないという志向に変化がなかったことが窺える。

依田の非職の決め手が巡視の拒否だけではないにせよ、巡視を行わなかったことにより省内の依田の評価が否定的なものになることがあっても、肯定的になることはない。なによりも依田が認識していたように報告局副長の務めを果たすことができていなかった。結局、依田は八五年二月九日に非職の内命を受けることになる。注目すべきは、非職を伝えに依田宅に来訪した辻新次が「改革の事につきては、編輯の事務を広くせらるべき用意あれば、遠らずその事をもて委托せらるる事もあるべし」と、依田に再登用を匂わせた発言をしていることである（同右、一一〇頁、一八八五年二月九日条）。結果として依田が文部省に再登用されることはなかったが、依田には「編輯の事務」を任せるべきであるという認識が省幹部の辻にはあったことが分かる。翻って、この時期の文部省はすでに依田を事務官としては認めていなかったとも言える。

第1章でも記したように、依田は一八八五年の大晦日に書かれた自身の日記に「蓋《けだし》森有礼氏文部の事を摂せらるに、この人儒学をいみきらひし」ために非職となったと記している（同右、二九八頁、一八八五年一二月三一日条）。依田は、当時文部省御用掛で、後に文部大臣となる森有礼の志向が三者の非職に繋がったと認識していた。彼らが著名な漢学者や儒学者であったことは前述の通りであり、このことが森の文部官僚観と相容れなかった可能性は高い。最終的な人事権は当時文部卿であった大木にあったが、「文部少輔もあれば文部卿も居ったが、御用掛〔森―引用者注〕が独り省の内外に重きをなして、他を圧して居った」（木場貞長「森文部大臣の改革」〔国民教育奨励会編『教育五十年史』民友社、一九二二年〕九二頁）という省内の状況を踏まえれば、非職人事においても森の影響は小さくなかったと考えられる。

4　一八八五・八六年における文部省の非職人事（二）――八五年一二月・八六年一月の非職

一八八五年一二月の文部省における非職の概要については第1章ですでに論じたが、本章との関係で一つ注目すべきは、各省が原則として御用掛を廃止したことである。これが人員削減という問題以上に編輯局に大きな影響を与えた。すなわち、編輯局を支え、『古事類苑』の編輯を担ってきた小中村・中村・小杉らが文部本省から去ることになったのである。また非職にはならなかったが、准奏任御用掛であった大槻や木村一歩は一等属（判任官）へ、一等属であった佐藤は二等属へ降格となった。さらに宮内省出仕で文部省御用掛兼勤となっていた西村は御用掛を免じられたことで、編輯局長を一月四日付で辞職することになった。

依田は一二月の非職について「文部省に改革を行はれて、奏任官多く廃せらる」とし、「かくて薩人のみ多く挙られたり。森有礼が大臣たれば也。私多しといふべし」と森を批判している（前掲学海日録研究会編『学海日録』六、二九四頁、一八八五年一二月二九日条）。また御用掛については、「此日きく、大槻文彦・木村一歩、奏任より一等属に下されたるをもて並に職を辞すと。左もありぬべき事也」と記す（同右、三〇七頁、一八八六年一月一一日条）。その後、辞職は誤報であると判明するが、両者の辞職が不思議ではないと周囲から考えられていたことが分かる。八五年三月と一二月・一月の計二回の非職をまとめると、三月は漢学者・儒学者が、一二月・一月には御用掛（准奏任）の地位にあった考証派国学者がそれぞれ本省から去った。第1章で見たように一連の非職人事には、三月に御用掛で、一二月時点では文相となっていた森有礼の影響があったと考えられる。

5　内閣制度導入以降の文部省——森有礼文相と伊沢修二編輯局長の志向

（1）森の学問観と人物評価

では、内閣制度導入以後の編輯局はどのように変化したのであろうか。本節では、森の教育観や学問観と、森と森文相下で編輯局長を担った伊沢修二が編輯局をどのように変えようとしたのかを見ていきたい。まず森の学問観を確認しておきたい。これが森の官僚に対する評価に繋がってくるからである。森は「学政要領」中で、学問を「純正学」と「応用学」に分けて、純正学を、

深く事物の真理を攻究するにあり、而して人世幷に国家永遠の福利を開発すべき碩学たる者の如き、及び大博士

と称せらるべき高等の教官たるべき者の如きは多く此門に属して専修せしむること、

と記している。それに対して応用学を、

専ら実際の職務に従事すべき人士を養成するにあり、而て其学問を実際に応用し、国を富まし民を益すべき実業者の如き、及び官吏たるの資格を得るに足るべき者の如きも亦此門に属して専修せしむること、

と述べる（大久保・上沼・犬塚 一九九八a：一六七〜一六八）。この森の学問観から分かることは、官僚に必要な素養は「応用学」であり、「純正学」ではないということである。「純正学」は「高等の教官」が修得するべきものであった。

このことは、森がいかなる基準で文部官僚を評価するかとも関わってくる。第1章でも述べたように、森は人材登用への関心が高かったとされる。森は、

徒《いたずら》に事物の理を説き、又は徳行を重んずるも世事に疎く、又は書を読み文を作るも実用に立たざるものの如きは、余の所謂《いわゆる》人物才能にあらず、蓋《けだし》今日外国と競争するに方て斯の如き迂闊なる人物才能は国家の急用に充つるに足らざればなり、

と述べている（木村匡『森先生伝』（大空社、一九八七年、底本は一八九九年）一八九頁）。森は「国家の急用に充つる」には「書を読み文を作るも実用に立たざるものの如き」は「迂闊」と見なした(14)。この森の人物論と対照的な文部省観、文部官僚観を持っていたのが依田であった。次に取り上げるのは、森が文相に就任した直後の八五年の年末に依田が森に送った意見書である。

文部森大臣閣下。側聞す、閣下文部大臣に擢任せられ、海内の文柄を掌り、大いに省中の事務紀綱を革め、賢能の抜茹を拡張せりと。僕独り恠しむ、官は文を以て名と為す。宜しく一、二の能文の士の抜擢を蒙るべし。而して其の挙ぐる所は皆弁給の俗士にして其の人あるを聞かざるは何ぞや。従来告示文、檄の拙劣、文部より甚しきはなし。文字達意を謂ふは可なり。文章の工拙《（ママ）》の関係すること甚だ大なるを知らず。況や西土の所謂美術は文辞を以て先と為す。文部の省、文章を知らずして何物を可と為すや。

（前掲学海日録研究会編『学海日録』六、二九五頁、一八八五年一二月三〇日条）

依田はこの意見書で、現在の官僚は「皆弁給の俗士」であり、「能文の士」の抜擢の必要性を説く。特に文が拙劣なのが文部省であるとし、「僕素より文章を以て自負す」と自らを登用するように森に求めた（同右）。しかし、このような依田の主張が、前述の森の人物論とは相容れないのは明白であり、実際に依田が再登用されることはなかった。

また、「皆弁給の俗士」という依田の認識は示唆に富む。官僚制度が徐々に整えられていくなかで、依田は当該期の官僚を評価できず、口達者を意味する「弁給」と表現したのである。同様に、同時期に昇進・登用されてくる官僚に不満を持っていたのが西村であった。西村も「登庸する所の官吏は多く伶俐《れいり》便佞《べんねい》の人にして質樸剛毅の者は常に排斥せらる」（西村茂樹「往事録」四七二頁）と当該期以降の官僚に批判的であった。両者の官僚批判がどこまで同質であるかは明確でない。しかし、両者は少なくとも内閣制度導入以後の官僚に否定的なイメージを持ち、当該期に官僚としてのキャリアを終えることになった。また、西村は退省直後の八六年二月九日に、森から帝国大学の総理の就任を打診されるが、それを断り、森の挙げた候補者の一人を推していた。しかし、結局西村が推した候補は用いられず、「頗る文部の為に遺憾に思へり」と記している（同右）。

内閣制度導入以後の省内の次官・局長級の幹部官僚を森が信頼していたことは、第1章で述べた。それは文相在職中に幹部の更迭がなかったことに表れている。特に森が信頼したのが、西村に代わって編輯局長に就任した伊沢修二であった。森文相・伊沢編輯局長体制で編輯局の書物編纂の方針が一新される。すなわち一八八〇年の編輯局設置の当初は「学務上所要」と規定された書籍編纂の範囲は、八〇年四月に「教育に須要なる図書」、八五年二月に「教育に関する図書」と変化していったが、遂に内閣制度導入後は原則として教科書の編集・検定だけが局務とされた（前掲『法規分類大全』一六-官職門一四の各時期の編輯局の規定を参照〔一一一、一二二、一四五、一六一、二二三の各頁〕）。

（2）伊沢局長下の業務と局内の雰囲気

伊沢は、これまでの編輯局の業務について、「従来の事業はいはば臨機的であって、珍らしい外国書を翻訳するとか、其他教育上の参考書を編纂するとかで余程茫漠のものであった」と述べ、「従来の如き事業では一定の方針を立て様も無いのである」と断じた（伊沢修二君還暦祝賀会編『楽石自伝教界周遊前記』〔『楽石自伝教界周遊前記／楽石伊沢修二先生』大空社、一九八八年、底本は一九一二年〕一一四頁）。ここから伊沢は従来の編輯局に不満や違和感を少なからず抱いていたことが窺える。だからこそ伊沢は「余の素志たる、教科書編纂の事を決行しようといふ方針」（同右、一一四～一一五頁）を打ち出して、西村局長下の体制からの脱却を図ったのである。

御用掛准判任から判任官になっていた山県も、伊沢局長下では「教科書以外の編輯事業は、尽く之れを中止」されたと述べる（前掲山県『児孫の為めに余の生涯を語る』一〇七頁）。そして、山県は「西村の自由放任主義なるに比ぶれば、猶ほ窮屈であり、恰も局長に駆使せらるるが如き感なき能はなかった」と局長の交代による局内の変化を感じていた（同右、一〇九～一一〇頁）。山県は西村よりも伊沢の方と親しかったが、その山県をしてこのような感想を抱かせた[15]。内閣制度導入後に編輯局に出入りしていた三宅雪嶺も伊沢を「やかましや」と評し、伊沢が「毎々課長を呼んでどなりつけ」、大槻文彦が「茶を入れてゆるゆると飲ん」でいたことに対しても、「何といふざまか、元来根性が腐っている」とどなっ」ていたと記している（三宅雪嶺『大学今昔譚』〔大空社、一九九一年、底本は我観社、一九四六年〕一三四頁)[16]。

結局、山県は八六年末か、八七年初頭に文部省を去ることになった。山県の退省の原因は一つにとどまらないが[17]、その一つとして、山県は次のように述べる。

編輯局内部の組織改造せられて専ら力を教科書の編輯に集注〔ママ〕せらるるや、伊沢局長鋭意自ら率先して監修の任に膺《あた》り、功程を急ぎて局員を鞭撻せらるるので、仕事の繁劇なること、毫も普通事務員の執務状態に異なる所なきに至った。是れ固より当然の事であって、身官吏たる以上は、一意専心上官の命に従うて職務に服するの他は無い。然れど初め余の西村前局長の招きに応じて本省に入りたるは、唯官吏として俸給生活に甘んずるが為めではなかった。主たる目的は、当時学者の淵叢たる編輯局に入り、公務の旁ら自己の志す所に精進して、他日の大成を期するに在った。（前掲山県『児孫の為めに余の生涯を語る』一〇九頁）

注目すべきは、「仕事の繁劇」となり、「普通事務員」と同様の職務状況となってしまったことに、山県が不満を感じていたことである。山県は「官吏として俸給生活に甘んずる」ためではなく、「自己の志す所に精進して、他日の大成を期す」ために編輯局に入ったのである。また、山県の中では「事務員」や「官吏」と自らの立ち位置とを明確に区分していた。このような山県の意識が前述の依田と多く重なることは言を俟たない。両者ともに「上官の命に従う」ことや「俸給生活」といった官僚制の根幹よりも、優先される志向や目的を有していたのである。

6　内閣制度導入以降の編輯局と分散する国学者・漢学者

内閣制度導入以降、文部省では教育畑の経歴を持つ官僚が多数を占めた。そして、このことは「学者の淵叢」である編輯局も例外ではなかった。内閣制度導入後の編輯局の幹部を見ると、国学者や漢学者に代わり、師範学校関

表 4－2　1886年の編輯局員

3月	
役職・官等	人　名
次　長	伊沢修二
一等属	木村一歩
	大槻文彦
三等属	佐藤誠実
四等属	大井鎌吉
	今泉雄作
	山県悌三郎
五等属	湯本武比古
六等属	辻橋秀雄
	井上驥太郎

12月	
役職・官等	人　名
局　長	伊沢修二
判任官一等	木村一歩
	磯野徳三郎
判任官二等	佐藤誠実
判任官四等	大井鎌吉
	今泉雄作
	山県悌三郎
	田中登作
判任官五等	井上驥太郎
判任官六等	辻橋秀雄
	遠藤秀三郎
	飯沢耿介

注：師範学校出身者や勤務経験を有する関係者に網掛けした。
辻橋秀雄と井上驥太郎の経歴は不詳。
出所：『改正官員録』（1886年3月）、『職員録』（1886年12月）をもとに作成。

係者が多くなった（表4－2）。このような編輯局の状況を『教育時論』は次のように記す。

山県悌三郎、湯本武比古の両君は文部省の改革前より編輯局に在勤せられ、田中登作君は此程埼玉より同局へ転任せられ、蘇我秀三郎君は学習院より同局へ転任せられたり。四君は何《いず》れも東京師範学校の卒業生にして素より教育上の学術にも経験にも富まれば、此度編輯局にて小学校の教科書を編輯せらるるには至極適当なるべしと思はる（「編輯局の茗渓会員」〈『時論』二九、一八八六年二月五日〉一二三頁）。

『時論』は、師範学校関係者の入局を小学校の教科書の編集を行うのに適当な配置だと評価した。前局長の西村が漢学者や国学者の入局を促したように、元師範学校長であった伊沢の局長就任は、師範学校関係者を入局させる強い誘因となった。象徴的なのは大槻が編輯局を去り、後任の判任官一等に高等師範で教鞭を執っていた磯野徳三郎が就いたことであろう(18)。

では、元の編輯局員は内閣制度導入以降にどのようなキャリアを歩んだのか。端的に言えば、彼らは行政機関における官歴ではなく、自己の専門や関心に沿ったキャリアを展開していく。具体的には、(1)帝国大学などの官立大学や文部省直轄学校、(2)東京学士会院、(3)日本弘道会、の主に三点に分かれていった（表4－3）。(1)と(2)に関して、彼らは文部本省から本省周辺へと分散していったと言えよう。御用掛の場合は、本省の業務に割かれていたリソースを本属の職務へ回帰させたとも言える。

また、(2)に関連して、編輯局で編集されていた『古事類苑』は、八六年一二月に小中村を編集委員長にし、九〇年三月に皇典講究所に委託されるまで東京学士会院の下で編纂が引き続き行われた。しかし、実際の作業は本省内で行われ、編纂費用も編輯局から支給されるという特殊な形態であった（熊田 二〇〇九：九一～九二）。森文相が「本書編纂の益々必要なることを認め、汎《ひろ》く博識の士に諮詢して之が再興を計」るために、東京学士会院に『古事類苑』の編纂の管轄を移したとされる（前掲神宮司庁編『古事類苑』五一の「古事類苑編纂事歴」六頁）[19]。

(3)に関して言えば、西村茂樹が会長を務め、南摩綱紀が副会長、木村一歩は編輯局に留まりつつも弘道会に幹部として所属したことから、当会と編輯局の関係の深さが窺えよう。

以上の内閣制度導入以降の旧編輯局員の進路を見ると、彼らは官庁を主戦場とする狭義の官僚にとどまらず、またそれにとどまることを欲しなかったと言える。そのため官吏生活から離れたとしても、それは彼らが活動の一線から退くことを意味するわけではなかった。文部省や編輯局は、彼らの専門的な知見を活かす場の一つにすぎなかったのである。

表4－3　主な元編輯局員の所属

所属先	人　名
大学＆直轄学校	小中村清矩、大槻文彦、中村秋香、南摩綱紀、佐藤誠実
東京学士会院	小中村清矩　古事類苑関係：大槻文彦、佐藤誠実（非会員）
弘道会	西村茂樹、南摩綱紀、木村一歩、横須賀安枝、大井鎌吉、埴原経徳、山県悌三郎、湯本武比古

出所：『国史大辞典』、『日本人名大辞典』、『日本学士院八十年史』一、『日本弘道会百十年史』をもとに作成。

7　文部本省における学術業務のアウトソーシング

本章では、編輯局に焦点を当てることで、第1章とは異なる内閣制度導入前後の文部省の側面を浮かび上がらせた。内閣制度導入以前の文部省は、教育畑の文部官僚を基本としながらも、奏任官以下のポストで国学者や漢学者の入る余地があった。すなわち文部省は、学校運営や師範学校における教育方法とは異なる学術領域に関する人材を内包していた。特に編輯局はこうした性格を持つ「官僚」が多かった。彼らは、公私の区別や職務時間の認識が曖昧であるという点で近代官僚たりえずプロフェッショナルと言うべき人材であったが、編輯局長の西村茂樹はそのような志向も含めて局員を尊重した。このような編輯局内の雰囲気は二回の非職人事を経て、伊沢局長の下で変化していった。

内閣制度導入以降の編輯局において、局の業務であった辞事典類の編纂・執筆作業は文部本省内で行うものではなくなり、それは帝国大学、省直轄学校や東京学士会院などの学術機関の仕事となっていった。文部本省はこれらの業務を本省外へ委任し、本省のスリム化を行っていった。多くの時間を要する書物や辞事典類の編纂は、本省で取り組む業務としては適さなくなっていった。編輯局をはじめとする本省は俸給を貰って「随意に内外の書物を」「自由に読書」（前掲三宅『大学今昔譚』一三六頁）できる場ではなくなり、そのような場は大学などの研究機関に移っていったのである。結果として、文部本省は学校長などを歴任し、本省の事務にも精通する学校運営の経験者で奏任官僚が占められるようになった。

以上の内閣制度導入前後における編輯局の変化は、文部本省において学校運営や教育方法以外のアカデミックな側面が限定的になったことを象徴的に表していた。学術関連の業務を一定程度アウトソーシングしたことで、文部本省が学術機関における学術活動にどの程度関与し、両者の距離をいかに計っていくかは、この時期に限らない普遍的な問いとなっていく[20]。その端緒として、一八八六年二月の文部省官制が制定された直後である三月の帝国大学令の制定によって、文部本省と帝国大学をはじめとする学術機関との関係性が制度的に明示された[21]。

注

（1）たとえば国学研究では、藤田（二〇〇七）や大沼（二〇二一）、秋元（二〇一二）が挙げられる。漢学者については、町田（一九九八）が代表的である。

（2）『古事類苑』については、熊田（二〇〇九：八一～一四六）を参照。

（3）一八八〇年三月の局課改正により編輯局が設置されると、西村は局長に任じられたが、文部卿の河野敏鎌をはじめとする「嚶鳴社系」官僚との折り合いが悪く、六月に編輯局長を辞し、病と称して療養していた。この間、西村は報告局長に転任させられていたが、当時の報告局長は小林小太郎が務めていたと西村は認識しており（実際には小林が報告局長であった史料はなく、文部省大臣官房人事課監修『文部省歴代職員録』〔文教協会、一九九八年〕にも小林が報告局長になるのは西村が編輯局長に再任される一八八一年一〇月である。したがって、西村の認識をベースに考えると、西村が報告局に異動した時に、小林は局長並みの存在感を放ち、実態として小林が報告局を統べていたと考えられる）、「屋上屋を架するがごとし」のような状況となり、自身は出省しなかったと述べている。しかし、明治一四年の政変直後に嚶鳴社系官僚が省内から一掃されると、西村は編輯局長に再任される（この経緯については、西村茂樹「往事録」日本弘道会編『西村茂樹全集』四、日本弘道会、二〇〇六年、四六二〜四六六頁。底本は一九〇五年）。なお西村に関しては研究が多くあるものの、文部官僚としての西村には注意が払われてこなかった。このことは、真辺将之が文部省時代の西村の思想を考察するに先立ち、「文部省出仕時代の履歴すら正確に掴めない状況で、西村が省内でいったいどのような位置にあったのかという点も、ほとんど明らかにしていない」と指摘し、真辺自身が西村の履歴の確認という基礎的事項の確認作業を行っていることからも分かる（真辺二〇〇九：七五〜七六）。

（4）なお「往事録」中では「小学及び中学校、師範学校の課業書の編纂」、「大学の課業書の翻訳」、「国家の文明に必要なるも、巻帙浩瀚にして一個人に及び難き書を編輯」、「本邦辞書の編述」の四点を「編輯の事業」と述べている（前掲西村「往事録」四六五頁）。

（5）考証派国学者に関しては、藤田（二〇〇七：一三〜二三）や大沼（二〇二一）を参照。藤田は考証派国学者を「「平田派」や「津和野派」の国学研究とは異なる、所謂「考証派」国学、即ち字義通り考証学的な、地味ではあるが堅実な学問を特徴とする」としている（一四頁）。

（6）以下、大槻の回想は同書に拠る。なお大槻の伝記的な小説と言える高田宏『言葉の海へ』（新潮社、一九八四年）は、『言海』の編纂過程がいかに国家的な大事業であったかを示す。

（7）山県の経歴は自伝『児孫の為めに余の生涯を語る』（弘隆社、一九八七年、底本は一九四〇年）と同書に収録されている荻野富士夫「山県悌三郎小論」に拠った。

（8）なお山県の学生時代の東京師範学校長が伊沢であり、卒業後の山県のキャリアは、伊沢の推挽によるところが大きい（たとえば埼玉県立師範学校教諭補の就任や、実現はしなかったが伊沢からの東京師範学校付属主学校主事への就任要請、文部省編輯局からの博物学の教科書執筆の依頼など、同右の八一、八六、九二頁)。
(9)『古事類苑』に関して言えば、初版の印刷・刊行が終了するのが一九一四年であり、完成に多くの時間を要した。
(10) 佐藤慶幸は「医師とか弁護士、あるいはさまざまな分野での学者や技術者」の「プロフェッショナルとしての職業専門家を一定の分野で権威者たらしめている専門技術的な知識は、官僚制における上から下へと委任される権威とは本質的に異なる性質のもの」で、「プロフェッショナルの権威は専門技術的知識そのものにもとづく」とし、彼らの「行動は職業倫理にもとづいてなされるが、官僚の行動はかれの組織の目的にそってなされる」と指摘する(佐藤 一九九一:二五八～二五九)。また、プロフェッショナルは上下関係というよりも、専門職業組織、すなわち同輩者集団内で勤務するという身分認識があり、仕事上の上位者においても「同輩者中の一番」と見なすとする(二五九頁)。
(11)「文部省各局課を改定して事務規程を定む」(国立公文書館蔵『公文類聚』九-二、明治一八年、請求番号:類00227100、件名番号:011)。
(12) 報告局は「学務上に関する報告及雑誌・日誌等を調製する一切の事務を掌る」と八〇年三月の局課改正で定められた。その後、八四年六月の「報告局処務規則」によって、事務の区分が明記される。これによると、局内を庶務係・編纂係・翻訳係・記録係の四係に分け、庶務係は「文部省事務報告、学事年報等の編纂幷学事表簿の質義、其他統計に係る一切の事務」、編纂係は「教育沿革史の編纂、官報資料等の調製及教育通信委員に係る事務」、翻訳係は「外国教育書類及外国人に関する文書書牘の翻訳等」、記録係は「記録、帳簿、器具、物品等の管理及浄書、受付、其他雑務」をそれぞれ掌った(『法規分類大全』一六、官職門一四、二〇七頁)。
(13) 依田の具体的な業務として、音楽取調掛では国歌の選定に関わる調査・監督、編輯局では漢文読方の教科書の選定が命じられた(『学海日録』五、九九～一〇〇頁、一八八一年一二月二三～二六日条)。
(14) 森を文相に任じた伊藤博文もまた、この森の主張にみられる実学的な教育を志向し、漢学を「虚学」として、教育に組み込むことを嫌がった(瀧井 二〇一〇:一四一～一四九)
(15) なお、依田は伊沢を「学才ありて人をもののかずともせず、長にほこるくせあり」(前掲『学海日録』五、二九二頁、一八八三年七月三〇日条)と評している。
(16) ただし、三宅は「それでも編輯局員は他の局と違ひ、各自分担するところに従事すればそれでよく、伊沢もがみがみいふものの、その辺のことが分かって」いたとも記しており、伊沢を必ずしも否定的にのみ評価していない。だが、その三宅も編纂中の「修辞書」の完成を急かされたため編輯局を去っている(三宅『大学今昔譚』一三四～一三六頁)。

(17)　山県の退省の原因は、(1)編輯局の繁劇を要因とし、それに加え(2)学習院奏任教授の就任や(3)米国留学を希望するが、両方ともに失敗したことによって官僚生活に幕を下ろした（前掲山県悌三郎『児孫の為めに余の生涯を語る』一〇九～一一一頁）。

(18)　磯野徳三郎については中林良雄の一連の論文（「もう一人の「西洋文学通」」『翻訳と歴史 文学・社会・書誌』中の二八、二九（いずれも二〇〇六年）、三三（二〇〇七年）と、「「磯野徳三郎履歴書」その他」同右雑誌の六〇（二〇一二年））に詳しい。

(19)　ただし、実質文部省の下で行われた『古事類苑』の編纂は、徐々に予算の不足に陥り、それに関連したトラブルも少なくなかった（大沼 二〇一二：三一〇）。

(20)　たとえば『教育時論』一五一（一八八九年六月二五日）の社説「学士会院につきての疑問」は、学士会院を文部省ではなく帝室に所属させるべきだと記す。その理由は、「今日の如く学士と教育家との区別判然たる以上は、学士会院を文部省に附属せしむること、殊に穏当ならざる者の如し」というものであった。「教育の事業」を狭義に考えていた『時論』は、『古事類苑』の編纂を「文部省の正当なる事業にあらず」と認識していた。

(21)　これについては、寺崎昌男「高等教育改革の施策と思想」（『東京大学教育学部紀要』八、一九六五年、「森有礼の思想と教育政策」中の九四～一〇八頁）。

第5章　官僚任用制度の展開と文部省視学官

1　一般的な文部官僚と特別な視学官

(1)　官僚制と視学官

第I部では官僚制度の展開における文部省の変化について論じてきた。その際に文部省の一般ポスト（次官・局長・参事官・書記官）を取り上げることによって、文部省の特徴を見てきた。序章で述べたように、各行政機関に共通して設置されるポストから文部省を捉え直すことによって、文部省の特徴がより鮮明に浮かび上がると考えるからである。一方で、本章で扱う視学官（時期によっては府県視学官が設置されているため、正確には「文部省視学官」であるが、適宜視学官と記す）は文部省固有のポストである。この視学官を考察することで、文部省のみが持つ特徴を論じるだけではなく、前章まで見てきた「一般的な」文部官僚と特別任用の視学官とにいかなる差異があるのか（あるいはないのか）、それは文部省官制の改正などに見られる文部省全体の動向とどのように関わってくるのかを経時的に検討していきたい。

第3章で述べたように、各省と同様に文部省も帝国大学（以下、帝大と記す）法科出身で試験を経た人材を徐々に登用し、一九〇〇年（明治三三）までには省内における高等官の大半がそうした官僚によって占められるようになった。これにより、文部行政の担い手の性格は従来と大きく異なっていった。一方で、法学士の官僚ではどうしても補いきれない部分が文部行政には存在すると考えられ、そのような領域をカバーしたのが文部省視学官であった。このことは、一八九三年（明治二六）一〇月に廃止された視学官が、九七年に試験を経ずに登用できる銓衡任用のポストとして省内に復活し、さらに九九年六月には特別任用となり、一般任用の官僚とは異なる経路で登用されていたことからも明らかである。視学官は官僚制の進展とともに、「特別な」任用が必要となっていったポストであり、文部省の特徴を考察するには重要であると考える。

（2）文部省視学官に関する研究状況

それにもかかわらず、文部省視学官を扱った研究は現在のところ多くない。このことは府県の視学・視学官に関する研究がある程度蓄積されてきた状況とは対照的である（神田 一九六四、平田 一九七九）。文部省視学官を取り上げた研究としては、鈴木博雄らのグループによってまとめられた『日本近代教育史の研究』中の鈴木や掛本勲夫・麻生千明の論稿がある。(1)これらの論稿の特徴は文部官僚で、視学官も務めた中川元の史料（主に日記史料）を発掘し、史料を通して、これまで「十分な解明がされているとはいえない」（掛本 一九九〇：三二）視学官の巡視実態をはじめ、文部省における自由民権運動への対応、府県教育を掌るアクターとの関係構築、学校現場の教員との連携、教育法令の策定・遵守と視学業務との関係性の諸点を明らかにしたことにある。また、諸学校における教育方法や設備などに関する視学官の視察の実態を明らかにしたことにくわえ、視学官が教育行政における中央・地方関係や文部省と学校とのパイプ役をいかに果たしたかということが各論稿で示されている。

本章の問題意識において特に重要なのは掛本の研究である。掛本論文の成果は視学官時の中川の史料を通して、中川の言動、特に府県教育会や府県連合学事会への積極的関与を明らかにしたことにある。しかし、中川が視学官を退いて（一八八八年五月）以降の検討は、視学官の制度的な変遷と雑誌上の論評への記述が中心となっている。このため、官僚任用制度の進展による文部官僚の変化が、視学官ポストにどのような影響を与えたのか、特に文官高等試験（以下、高文試験と記す）を経て、任用された官僚が文部省に入省することで、文部省全体がどのように変化し、視学官がどのように位置づけられたのか、という実態に関しては未解明のままである。しかし、特別任用である視学官の「特別」な側面を明らかにするためには、この問いに答えることは不可欠であろう。

そこで本章では、官僚任用制度の展開と一般任用による官僚の存在を念頭におき、文部省視学官を考察していく。まず、視学官の制度的な変遷と視学官の人員構成の変化を検討する。そのうえで、文部省を取り巻く行政の構造的な変化により「特別」となっていく視学官が、同時代でどのように捉えられたかを『教育時論』（以下、『時論』と記す）などの教育雑誌から示す。

2　視学制度と視学担当者の変遷——視学官の再設置以前

（1）視学の担い手の変遷と視学官の変転（一八七四～九三年）

本節では、一八八五年の視学官の設置以前から、廃止を経て一八九七年に視学官が再設置される以前までの視学制度と視学担当者の変遷を論じていく。

一八七二年の「学制」制定以降、全国の教育機関を巡る視学は文部省内の督学局（七四年四月以降は文部省外局）の局員が担っていたが、七七年一月の督学局の廃局以後は、高等官を含む文部本省の官僚が行うことになり、同年九月に「学区巡視条例」が制定された（『法規分類大全』一六、官職門一四、三〇〇～三〇一頁）。八六年二月の文部省官制までは、視学は卿・局長から属（判任官）まで省内のすべての官僚が行う（可能性のある）重要な省務の一つであった。[2] 視学官設置以前の状況を、八一年当時文部少書記官であった伊沢修二は、「これ（文部少書記官―引用者注）は今日の視学官の仕事をも務めた。今日は官制上に視学官といふものがあるけれ共、当時は書記官中から命ぜられて地方を巡視したもので、其時にはこれを巡視官と云った」と回想している。[3]

内閣制度導入直後にあたる八五年一二月二八日の「文部省達」中で視学部を置き、五地方に分けて各視学官を配置することが明記された（「視学部を置く」『法規分類大全』一六、官職門一四、二四六頁。各地方の区分に関しては「文部省沿革略記抄録」同、三〇二～三〇三頁）。次いで八六年二月の文部省官制によって、定員五名の視学官が設置され、「学事視察の事に従はしむ」とされた（第五条）。視学官の新設は、初代文部大臣の森有礼が学事視察を重視したことによる。[4] 当該期は諸学校令が制定されており、同令の趣旨を各地へ認知させ、徹底を促すことも、視学官の重要な任務であった。

この時期の視学官については、前述の掛本が九三年一〇月視学官の廃止まで詳細に論じているので、ここでは、(1)中川元の視学官就任についてと、(2)『時論』上で掲載された視学官について評論、の二点を取り上げておく。

まず、(1)について、第1章で述べたこととやや重複するが、視学官ポストの在職者について確認しておきたい。森文相は新設した視学官ポストに久保春景、後には桧垣直右を登用する。両者は視学官就任以前にそれぞれ兵庫県学務課長、石川県学務課長を務めていることから、森は地方学務に携わっていた人物を視学官に就任させたことが分かる。[5] ただし、本省勤務の長い中川元や野村綱も視学官に就任していることは注目に値する。中川は八二年に文部本省に二等属として出仕し、八五年四月に権少書記官に任命されている（塚原 一九一八：一〇〜一九）。野村は八二年四月に准判任御用掛として文部省に出仕し、八四年二月に権少書記官まで昇進していた。掛本は、中川が視学官に任命された理由として、「教育学の専門的知識は別としても、教育行政上の教養をもっていた」としている（掛本 一九九〇：六一）。たしかにそのような側面もあろうが、文部省全体のポストのなかに視学官を位置づけると、それとは異なる見方もできる。

森文相期における高等官ポストを、官等を基準に降順に記載すると、次官→局長→参事官→視学官＝書記官となる。奏任四等（上）であった中川は視学官か書記官相当となる。書記官は総務局の各課長を兼任する事務的性格の強い官僚（青木保・内藤素行・山田行元など）、あるいは山口半六（建築）・物集高見（国語）・能勢栄（倫理）・田中稲城（図書館）など自己の専門に沿って業務を担う人材で占められていた。そのため、海外の教育事情全般を知る中川の場合は、書記官よりも視学官が適当であると判断されたと考えられる。また、中川と野村は内閣制度導入前まで地方学務を取り扱う普通学務局・学務二局に勤務しており、このことも内閣制度導入後に全国を廻る視学官に任命された一因と考えられる。

中川は八八年五月に大臣秘書官に就任し、翌月に奏任三等に昇叙されており、九一年二月には参事官に就任していることからも、官等を上昇させることで、本省の要職を歴任していった文部官僚といえる。当該期は中川のようなキャリアの官僚が、官等の序列や内閣制度導入前に在職していたポストの関係から視学官をも務めることができたのである。

次に(2)については、視学官に対する省外からの評論である。『時論』は第一七二号に「視学官及其人物」を掲載し、それに反応した教育者の多田房之輔が同誌の第一八三号に視学官についての持論を提示した（「視学官及其人物」『時論』一七二、一八九〇年一月二五日）五～七頁と「視学官論に付教育時論記者足下に呈す」（同一八三、同年五月一五日）一二～一三頁）。掛本も指摘しているように、両記事は、視学官には教育に造詣の深い人物が適切であると主張している点において大差はない。結局のところ、多田も「視学適任者」について、「教育の学理に長じ、経験に富み、特に熱心勇為、果断、才幹等の諸徳を併有し、且一般の教育社会に於て、充分に信用を博し、他人の之を畏敬するの人」と述べており、この点は「視学官及其人物」で求められた視学官の理想的人物像とほぼ同様である。

この間、視学官の指揮系統はしばしば変化した。八六年二月の文部省官制下で官房内に配属された視学官は、八七年一〇月の官制の改正で学務局が専門学務局と普通学務局に分化したのを契機として、所属は官房のままでありながら普通学務局内の各課長との兼務となった。さらに九〇年六月の官制の改正の際には官房から離れ、普通学務局・専門学務局の両局に属することになった。九一年八月の「分課規程」では視学官と視学委員（主に帝大など高等教育機関の教員を臨時に任命）で構成される視学部が普通学務局の下に設置されている（米田 二〇〇九：八七）。いずれも五名の定員が確保されている。

視学官が大臣官房から離れ、普通・専門両学務局の所属になったことについて、『時論』は社説「文部省視学官」で批判する（「文部省視学官」『時論』二〇二、一八九〇年一一月二五日）六～七頁）。視学官が両局の事務に忙殺され、視察が粗雑になるという批判であった。この社説で重要なのは末尾の文である。そこでは、「今世間には文部省を廃して内務省中の一局と為すべしと論ずる者鮮《すくな》からず」とし、視学官を普通・専門の両学務局内の課長に任じるなど文部省の事務が緩慢であるから、そのように言われるのであると記す。文部省の廃止を唱える「妄論者」を

「消滅」させるためには、「視学の職務を拡張して、文部の事業を一層教育上に著大ならし」めなければならないと述べた。『時論』は文部省の廃省の動きが表面化するたびにそれに反対していたが、ここでは視学官の業務が文部省独自のものであり、それを活性化させることで文部省の意義が人々に認識されると主張した。

（2）参事官の視学担当期（一八九三～九七年）

しかし、九三年一〇月に文部省官制が改正されたことにより視学官は廃止される。これは第2章で述べたように、政府内の行政整理を受けての結果であるが、同年一月に「視学官規程」を定めていたことから、文部省としてもその廃止は想定外であったと考えられる。改正前の文部省内において、局はすでに専門学務局と普通学務局の二局があるのみであった。省の基幹原局である両局を廃止にすることは事実上不可能であるため、視学官廃止に踏み切ったと考えられる[6]。そして、官制の改正によって、「文部省参事官は通則に掲ぐる職務の外、学事の視察及学校検閲の事を掌る」とあるように、参事官が学事視察を行うことになった（第三条）（『法令全書』一八九三年、二五二頁）。参事官が視学を担う理由については、「当局者」が行ったとされる以下の説明は示唆に富む（「文部大臣としての井上毅氏　第十一其事業及施設」『報知』四六二一、一八九五年二月二三日　一二頁）。文部当局は、参事官の職務は「大臣又は次官の命を承けて審議立案を掌る」ため、「職務は純粋なる行政的にあらずして寧ろ立法的」であると述べる。そのうえで、「適切なる教育上の事務の審議立案」をするために「全国の教育を視察し以て其の実際の情況に通暁」する必要があり、それゆえに参事官が視学を行うことは「却て実際に適当」であると説明したとされる。

この参事官の職掌に視学が加わったことに伴い、専任参事官ポストが二人から五人に拡充され、第2章で見たようにその多くが省直轄学校長や教職の兼職者・経験者で占められることになった（表5-1）。このような状況に対して、「視学の事業を参事官の片手間となしたり」という批判がなされている（「今日は殆ど無監督の有様なり」『時論』三〇九、一八九三年一一月一五日　八～九頁）。くわえて、省内の参事官に教職兼職者や経験者が多いことを捉えて、文部省が「教員は教育制度を議する勿れと訓示」しているにもかかわらず、内部に多くの「教務者」（学校関係者）

が「政務者」（官吏）を兼ねているではないかという批判も見られた（「政務者は教務を兼ぬるを得るか」〔『報知』四三九、一八九四年九月一五日〕四頁）。

また、学校長や教員など学校現場の経験が視学を行ううえで重要で、それが参事官に求められるのであれば、そ

表5－1　視学兼任時代の参事官（1894～96年）

人　名	兼　職	前　職
1894年		
嘉納治五郎	高等師範学校長	
由布武三郎	高等商業学校長	
青木　保	本省書記官	
寺田勇吉	第一高等中学校教授・本省普通学務局員	
椿秦一郎	華族女学校幹事	
渡部董之介	本省普通学務局員	
岡田良平	山口高等中学校長	
牧瀬五一郎	本省秘書官	
1895年		
秋月新太郎	女子高等師範学校長	
嘉納治五郎	高等師範学校長	
由布武三郎		高等商業学校長
川上彦次		造士館長
寺田勇吉	本省文書課長・文官普通試験委員	
小山健三	高等商業学校長	
渡部董之介	本省図書課員・普通学務局員	
秋月左都夫		外務省二等領事
岡田良平	山口高等学校長	
佐脇安文	衆議院書記官	内閣
1896年		
秋月新太郎	女子高等師範学校長	
嘉納治五郎	高等師範学校長	
由布武三郎	文官普通試験委員	高等商業学校長
川上彦次		造士館長
寺田勇吉	本省文書課長・普通学務局員・文官普通試験委員	
小山健三	高等商業学校長	
岡田良平		山口高高等学校長
渡部董之介	本省図書課員・普通学務局員	

出所：1894年から96年の『職員録』（甲）を参照。新任の参事官の前職については「任免裁可書」や『朝日』、『読売』、各種人物事典をもとに作成。

れとは異なる経歴を持つ人物の参事官の就任はどのように受け止められたのであろうか。これについて、外交官として経歴を積んできた秋月左都夫が文部省参事官に就任した時の『報知』の記事を見ておきたい。まず、記事は秋月の参事官就任について、「杞憂することなき能《あた》はず」と懸念を示し、その理由を次のように記す。

文部省に参事官たる者は必ずや此の教育に関して大に智識と経験とを有する者たらざるべからず。豈只《あに》然るのみならん。文部参事官は殊に学事視察を為すへきの重任あり。此の重任たるや決して尋常一様の俗吏、若しくは学者に於て之れを全ふすべきにあらず。必ずや識あり見ある所の教育家ならざるべからず。

（月湍「新文部省参事官」〔『報知』四〇八、一八九四年一月一〇日〕四頁）

この『報知』の主張から、視学業務が組み込まれた参事官は、「尋常一様の俗吏」や「学者」では役職を全うできないと見なされ、見識ある「教育家」でなくてはならないと考えられていたことが分かる。

これまで検討してきたことをまとめると、まず視学官ポスト設置以前の視学業務は文部官僚の全員が担う可能性のあるものであった。設置以降は、視学官が視学を担ったが、視学官が廃止されてからは、その業務が参事官に組み込まれた。ここで注目するべきは、本節までの視学業務と視学官は決して特別な業務やポストではなく、文部官僚が通常の業務として担い得るものだったということである。このことは、視学官の設置前は言うまでもなく、設置後も前述の中川や野村綱が視学官の後に参事官へと昇進していったことからも分かる。また、試補で入省した渡部董之介や牧瀬五一郎も廃止直前に視学官を務めていた。後に文部本省幹部として長期にわたって省務を掌った試補世代の官僚が、入省間もなく視学官に就任していたのである。任官間もない官僚が教育現場に足を運び、教育内容面まで見聞する機会を与えられていたことが分かる。

3　視学官の再設置と揺らぐ文部官僚像

(1) 視学官の再設置

参事官が担っていた視学は、一八九七年一〇月九日公布の文部省官制の改正によって視学官が再設置されたことで、再び視学官が担うことになった。この過程は次のようになる。

まず同年八月一四日に、蜂須賀茂韶文相が松方正義首相に文部省官制の改正を要求した（「文部省官制を改正す」『公文類聚』二一（明治三〇年）-一〇（請求番号：類00780100、件名番号：009））。改正の要点は、(1)実業教育局・図書局・視学局の三局の新設と、(2)学校衛生主事を文部省の本官とすること（主事は文相が奏請後、内閣が任命する形式であり〔「文部省に学校衛生顧問及学校衛生主事を置く」国立公文書館蔵『公文類聚』二〇（明治二九年）七（請求番号：類00750100、件名番号：044）〕）、主事の三島通良の本官は高等師範学校教授であった）、(3)学校建築の拡張のための技師の増員、の三点であった。結果として、関連人員は要求よりも削減されたが、基本的には多くの要求が認可されている。[7] しかし、視学局の新設に関しては、「専門・普通及実業の諸局に於て学事の改良を企画するの資料を供する」ために、「別に一局を新設するの必要を認めず」とされ、却下された。また、「視学官の員数も呈案の如く多きを要せざるべし」という回答であった。文部省が要求した人数は不明であるが、結果として専任視学官七人の設置が認められ、官制改正の公布と同日の一〇月九日に図書審査官・図書審査官補とともに視学官の任用は銓衡によるものと定められた。

文部省は視学局・専任視学官の設置を求めた理由として、(1)地方視学（判任官）が小学校の視察を行っているが、それ以外の学校の視察ができていないこと、(2)全国を通して学政上の施設を監視する機関がないこと、という二点を挙げている（前掲「文部省官制を改正す」）。文部省としては地方の学事について道府県やそこに属する地方視学との連携だけではなく、地方教育に関する情報を内務省の監督下にある地方官庁から上がってくるのを待つだけでな

表5－2　特別任用令以前の視学官

人　名	兼　職	前　職
1897年		
寺田勇吉	参事官、文官普通試験委員、会計課長、書記官	本省
岡田良平	参事官、文官普通試験委員	本省
福原鐐二郎	参事官、高等学務局兼勤	鳥取県警部長→本省
岡　五郎		宮城尋常師範学校長
正木直彦	文官普通試験委員	帝国奈良博物館学芸委員→本省
武部直松		第四高等中学校幹事兼教諭（直前のものかは不明）
1899年		
寺田勇吉	参事官、普通学務局員、会計課長、書記官	前掲
岡田良平	参事官、専門学務局員、文官普通試験委員	前掲
野尻精一	普通学務局員	東京府尋常師範学校長→銓衡
谷本　富	高等師範学校教授、普通学務局員	高等師範学校教諭→銓衡
福原鐐二郎	参事官、文官普通試験委員	前掲
岡　五郎	普通学務局兼勤	前掲
正木直彦	秘書官、美術課長、文官普通試験委員	前掲
梶山延太郎	専門学務局第二課長	詳細不明。恐らく文部省属（明治30年の『職員録』から専門学務局属）
白坂栄彦	専門学務局第三課長	文部本省属（明治28年から『職員録』上で専門学務局属として名前が見られる）

注：前職については「任免裁可書」や『職員録』、『朝日』、『読売』を参照。
出所：内閣官報局編『職員録』（甲）をもとに作成。1899年『職員録』は同年2月1日調査のため、6月制定の視学官及視学特別任用令以前のものとなる。1898年の『職員録』（甲）は欠落。

く、自ら掌握しておきたかったという思惑が根底にあった（8）。

しかし、再設置にこぎつけた視学官は、「専任」という規定にもかかわらず、それ以前と同様に主に参事官との兼任によって担われることになる（表5－2）。これは本省の定員に対して省内のポスト数が多く、予算と人員編成のバランスを欠いていたのが理由であり、視学官に限らず多くのポストで兼任が生じた（9）。以前から専任視学官の設置を唱えていた『時論』は、このような状況を「新局長、新視学官とも、当分は現今の局長・参事官の兼任なりといふに於ては、何故小共〔ママ〕欺しのやうに、かくも急ぎて発布せしか」と述べ、批判している（「文部省

新官制発布」(『時論』四五〇、一八九七年一〇月一五日)四頁)。

この視学官の兼任・専任の問題については、文部省や文部官僚のアイデンティティに絡む、より大きな問題が内包されていた。たとえば「文部省其の者が、視学の省なれば、其の内殊に視学局を設くるが如きは、不道理なり。文部省官吏は、其の大臣を始めとし、出でては視学し、入りては省務を執るべきもの、其の他別に専任視学官を置くべき要あらんや」という意見があると『時論』は記している(「視学制度」(『時論』四九一、一八九八年一二月五日)三三頁)。文部省は「視学の省」であるから、あえて視学局や視学官の設置は必要ないというのである。後に『時論』は、当該期の文部当局者にもこのような認識があったと述べている。[10] もちろん、『時論』の場合は、そのような意見を紹介したうえで、それでも視学の質の向上のために専任視学官が必要だと主張していた。

『時論』の他に、『読売新聞』(以下、『読売』と記す)の記事にも、「従来の視学官は多くは兼任なるを以て、明年度は専任の視学官を増すべき計画ありて、既に予算も編製しある由なるが、尚ほ文部当局者は何《いず》れも視学監督の任にあるものなれば、入ては局長となり出でては視学を掌らしむることとし、局長にも視学官を兼任せしむべし」(「視学局設置に就て」(『読売』一八九八年八月二四日朝刊))と記されている。

これらの記事から、文部省＝視学の省、文部官僚＝視学を行う官僚、という認識があったことが分かる。両記事は九八年のものであるが、この時期においてもなお視学が文部官僚全体に関わるものと認識されていたのである。そして、実際に当該期も参事官が視学官を兼任していたのである。

また、専任・兼任の問題とは別に、同年一〇月の『東京朝日新聞』(以下、『朝日』と記す)には「将来自治制度円満に行はれ地方教育の事業発達するに従ひ、文部省の事業は設計よりは寧ろ監督にあり」として、そのためには視学制度の完備が不可欠と某教育家が主張する記事が掲載されている(「官制改革と文部省」(『朝日』一八九八年一〇月二五日朝刊))。そのうえで、某教育家は視学官の官等が参事官・書記官・秘書官などより低いことを問題とし、「能《よ》く視学の責任を尽し得るや」と疑義を抱いている。この『朝日』の記事で重要なのは、文部省の役割が教育事業の「設計」の時代から「監督」の時代へと変化したという時代認識である。では、この過渡期において、視学官だけではなく文部省や文部官僚を取り巻く環境は、いかなるものだったのであろうか。次項ではそのことを中心に見ていきたい。

(2) 文部省と法令――揺らぐ文部官僚像

視学官が再設置された一八九七年は、第3章でも触れたようにいわゆる日清戦後経営期にあたり、各省において事業拡充を伴う政策構想が企図されていた[11]。文部省も例外ではなく、実現はされなかったが、各教育段階の整備拡張を目指したいわゆる「八年計画」が九九年に策定されることになる[12]。

このような日清戦後の状況のなかで、当時の文部省について『朝日』は次のように報じている（「文部の近事」〔『朝日』一八九七年一〇月一四日朝刊〕）。まず、中学校令の改正作業に始まって、小学校から大学まで「文部の今日は方に規則改正時代なり」としたうえで、森文相期の「一旦精査の後大蔵省に廻附せる事業費は当時如何なる故障出るも断々乎として必ず遂行せざるなき」状況であったが、「今日の文部方針は全然右と反対」になったと評価する。すなわち、今日の文部省は、「事業費の削除せらるる啻に二三ならざるに拘らず、如今法文雨下窮る所」がないのが現状で、その法文の作成のために、「局課の配置属僚の増加、偖《さて》は高等官の遽然従来に倍加せる抔、沙汰の限り」としている。記事のように文部省内の判任官や高等官が「倍加」と言うほどに増加したわけではないが[13]、「規則改正」時代を印象づける記述であろう。あくまで規則の起案ではなく、「改正」と記すところに当該期の特徴が示されている。「規則改正」の最も大きなものの一つに、前述の文部省官制の改正とそれに伴う分課規程の改正による省内の拡張があった。そして、「事業費の削減せらるる啻に二三」ではないとの記述があるように、主に財政上の問題から文部省の主張が全面的に受け入れられたわけではないのも前項で見た通りである。また、当該期の教育法令の件数を見てみると、日清戦前期と比較して告示・官報事項・往復文書（収受・発送）が急増している[14]。

以上のように、日清戦後経営期は「規則改正」の時期であり、行政を取り巻く状況も変化していった。そのような状況で官僚に求められる能力も変化する。文部官僚に関して言えば、教育経歴を有し、「教育家」と見なされてきた旧来の文部官僚像が動揺することになった。以下では、第3章で取り上げた高文試験を経た転籍者が入省してくる一、二年前の文部省の状況を見ておきたい。

たとえば、『読売』は「某教育家の文部省談」として、古今の文部官僚について、「我邦は古来文部省といへば教育の府と仰められ、之が局に当るものは皆教育の志想《(マヽ)》深き者と見做され居るに、今や俄然其方針を改め単に敏腕の才子を挙げて、事務を掌らしめんとせば、其下に支配せらるる者は、感情上大に希望に反するものあるを以て教育者と当局者の間に衝突を来たし」ているとする（「某教育家の文部省談」『読売』一八九七年五月一日朝刊）。ここで、旧文部官僚＝「教育の志想深き者」とし、それに対して新しい文部官僚＝「敏腕の才子」という図式が記されている。そして、文部省の仕事は「単に従来の法令を墨守し、之を実行するのみに止らず、時に応じ機に臨みて漸次改善を要す」るので、「之が局に当る人は是非共教育に志ある者なるを要す」ると述べる（同右）。しかし、「現今の当局者を見るに名は監督の位置にあれども、毫も其実を顕したるを見ず」と現在の文部官僚を批判している（同右）。

また、『時論』に目を向けると、前の『朝日』の記事と同様に、「此頃文部省よりは、法令下ること雨の如し」と述べ、その原因を当時次官であった都筑馨六に求める（「法令雨の如し」『時論』四五一、一八九七年一〇月二五日）五頁）。そこでは「次官になりたる徴《しる》しに、其長所と誇り給ふ法令の才を揮り舞はして、此際一時に教育法令を完備にせんとの意趣より出でたり」と記したうえで、法令の完備が悪いことではないが、文部省の事務はそれにとどまらないとし、次のように述べる。

法制局などにありてこそ、法令のみにても治まるべけれ、文部の事務は、人心を支配し、徳化を布くにあれば、其本務はよき教育家を文部の配下に容れ、暖なる情誼を保ちて、教育界の全体が進行するやう為すにあるべし。文部省の現今の挙動は、それ本末を誤れるにあらざるなきを得んや。（同右、五頁）

この記述から、文部省の事務は「徳化」が本であり、そのために「よき教育家を配下に容れ」なければならないとし、「法令」は末であると説く。そして、現在の文部省は本末を誤っていると述べるのである。

ここで文部省事務における本末転倒の一因とされる都筑は、「文部省紛擾」のキーパーソンであり、第二次松方内閣の蜂須賀文相によって、「教育専門の事に幾分か智識を欠くも行政練達の士を挙ぐるの可なるを信じて」（「文部省紛擾の成行」『中央新聞』一八九七年四月二七日）登用されたのは第3章で述べた通りである。

『時論』や『報知』による蜂須賀・都筑・安広伴一郎の三者の評価については第7章で詳述するが、ここでは『時論』の評価を見てみたい。肯否を問わず都筑・安広に対する評価は、そのまま新旧の文部官僚像の二項対立的な記述へ直結する。まず、「文部省応《まさ》に激すべし」という記事では、従来の文部官僚は「教育の知識技能」はあったが、「行政的才幹」を持つ人物はおらず、新たに文部省に入った都筑や安広はそれを有していると記す（「文部省応に激すべし」『時論』四四〇、一八九七年七月五日）一頁）。また、「文部省の遣り方全く一変す」という記事では、従来の文部省事務が緩慢であったということを、省内で緩々と喫煙する参事官を登場させることでシンボリックに表し、そこに両者が入省し、「法律なり、数理なりにて頭をねり上げ」ることで、文部省事務は「法律づくめ」になり、省内が活性化したと記す（「文部省の遣り方全く一変す」『時論』四四六、一八九七年九月五日）三頁）。

都筑・安広両者の入省は従来の文部省・文部官僚の共通認識やイメージに動揺をもたらすものであった。だからこそ、従来の文部本省の官僚や官立・省直轄学校長等は両者に反発し、いわゆる文部省紛擾に発展していくことになった。(15) しかし、そのような批判を内包しながらも、「行政的才幹」や「法律なり、数理なり」という専門性を持つ官僚に対して、文部官僚に教育経歴を重視してきた『時論』も一定の評価をせざるを得なくなっていたことが前の記事からも分かる。

本節の議論をまとめると、九七年一〇月に視学官が再設置されるが、兼任が多くを占め、不完全という批判があった。その反面、文部省・文部官僚には「視学の省」や「何れも視学・監督の任にあるもの」というイメージがあり、視学局や専任視学官の新設に否定的な見解もあった。前節でも見てきたように、元来視学業務は視学官設置以前には文部官僚すべてが担い得る業務であり、視学官廃止後には参事官の業務に組み込まれた。つまり、この時期に見られる文部官僚の視学官兼任は、従来の文部省からすれば不自然なことではなかった。

視学官が再設置される時期はいわゆる戦後経営期であり、当該期は制度「設計」の時代から制度が適切に運用されているかを「監督」する時代へと変わり、必要に応じて既存の制度を改正していく「規則改正時代」と記される時代状況であった。そのなかで文部官僚に求められる役割も漸次変化していった。そのような状況のなかで「敏腕なる行政家」である都筑・安広の入省が、文部官僚における新旧のイメージの変化を印象づけた。

実はこの新旧文部官僚イメージの問題は、両者の入省時の一時的なものではなく、その後の文部省内の官僚登用やポストのあり方、文部省の組織文化とも関わっていくものであった。すなわち法学士で高文試験を経た「行政的才幹」を保証されている官僚と、学校運営や各教科教育を専門とする「教育の知識技能」を持つ官僚との関係性は、省内における両者に対する人事や専門性の問題に直結する。次節ではその過程と結果を見ていく。

4　視学官制度の確立と官僚制度の展開

(1)　視学官及視学特別任用令の制定と二つの専門性――「一般」と「特別」の生起

銓衡任用であった文部省視学官は、一八九九年六月に視学官及視学特別任用令によって、任用の規定が明文化された。また、文部省視学官に加え府県にも視学官が設置された。この特別任用令の制定に関して従来の研究で注意が向けられてきたのは文部省視学官ではなく、府県視学官であった（神田 一九六四、平田 一九七九）[16]。そこでは、特別任用令によって府県に初めて高等官の視学官（従来設置されていた視学は判任官）が設置され、教育家が視学業務に従事する体制が整えられたと評価される。一方で、一時の視学官の廃止を挟んで徐々に地方視学官の視学業務が一般行政に組み込まれ、一九一三年の府県視学官の再置の際には、視学業務も一般任用の行政官によって行われるようになっていく過程が論じられてきた。府県視学官を取り上げることで、府県教育行政が一般行政に従属していく過程を浮かび上がらせたのである（平田 一九七九：三一三〜三五四）。

しかし筆者は、特別任用令が府県の視学体制だけではなく、文部省の組織文化の形成過程を考察するうえでも重要な意味を持つと考えている。後述するように、とりわけ文部省視学官は地方の視学官とは異なり、「教育家」が担っていくことは後年まで変わらない。注目すべきは各視学官が専門とする教科教育や教育段階が分化していき、「教育」という大枠では視学官ポストを捉えることが難しくなっていくということである。

特別任用令が制定されたのは九九年六月一四日であるが、その約二カ月前の四月八日にはすでに樺山資紀文相から首相の山県有朋へ、特別任用令の請議を行っている。[17]その理由は、「視学官及視学は、特に教育上経歴ある者に就き選任するの必要有之候」というものであった。六月六日の閣議で「視学官及視学は教育上経験ある者より任用するの必要あるに付、本案の制定を要するものにして相当の儀と思考す」とされ、異議なく閣議を通過した。特別任用令の条文を見ても明らかであるが、視学官の任用は教育上の経歴が最重要とされた。[18]

一方で、この時期は官僚一般の専門性も強化されていく。具体的には、特別任用令請議の約一週間前にあたる三月二八日の文官任用令の改正が挙げられる。この改正の要点は勅任ポストの自由任用枠が大きく制限され、奏任官僚（参事官・書記官）における勅任ポスト（次官・局長）への昇進ルートが堅固になったことにある。改正の理由書の一部を引用する。

> 今や我国は尚ほ立憲制度創設の時代に属し、国の理想未だ発達せず。従て未だ法治行政の実を挙ぐるの機運に達せずと雖も、法令既に頗る詳密にして官吏に自由専断の余地少く、行政は漸く一の専門技術たらんとするの期に達せり。是を以て行政官たる者は唯天賦の才能のみに憑りて其任務を全くし得可きに非ず。必ずや行政に須要なる専門の学識を有せざる可からず。故に行政官の任用は其忠実なる資質を要するの外、又専門の学識を具ふる者を選まざる可からず。
>
> （「文官任用令を改正し○文官分限令○文官懲戒令を定む」『公文類聚』二三〔明治三二年〕〔請求番号：類00848100、件名番号：001〕）

もちろん文官任用令の改正については、政党の官界への進出を阻止するという政治的意図があったことに留意すべきであるが、ここで重要なのは理由書中の「行政は漸く一の専門技術たらんとするの期に達せり」という記述である。法令が「頗る詳密」になり、「専門の学識」を有している官僚が「法治行政」を担うべきであると述べる。ここでいう「専門の学識を具ふる者」とは法学的な専門性をもった官僚を指し、具体的には法学士で、主に高文試験を経た官僚が念頭に置かれていた。この文官任用令改正の頃には、行政の運用にはその専門知識が必要であると認識されていたことが分かる。

以上を踏まえて、視学官及視学特別任用令を見れば、「行政に須要なる専門の学識」を基軸とした官僚とは別の専門性、すなわち文部省は「教育上の経歴」を前提とする官僚を確保する必要があり、それを視学官に担わせたことが分かる。第3章で述べたように九九年以降は、文部省でも奏任官ポストはほぼ帝大法科出身者で占められており、文官任用令改正によって近い将来に勅任官ポストまでも彼らによって占められることが予想された。そして、このような省内の状況と、前節の都筑・安広入省時に『時論』が述べた「教育の知識技能を有するものは、多少是れありしも、行政的敏腕家の、嘗て省内にあらざりし」（前掲「文部省応に激すべし」）という状況とでは、わずか二年の間に文部官僚の性格が劇的に変化していったことが分かる。

『日本之小学教師』が、大学出身者で充たされている文部省が師範学校長や中学校長を選任することに対して、「縁故の遠き高等師範出身者を甄別する眼光は果して能く遺憾なく徹底するを得べきか」と疑念を記したのは第3章で見た（「更に茗渓出身の優良なる者を選抜して文部省に入れよ」〔『日本之小学教師』五-五二、一九〇三年四月一一日〕四七頁）。参事官として嘉納治五郎や椿蓁一郎などの師範学校関係者や学校長経験者・兼任者が在職した当時には「縁故の遠き」と言われることがあり得なかっただけに、五年強で文部官僚の構成が大きく変化していることが、ここからも分かる。

そして、文官任用令とその改正によって法学士の官僚で占められることになった省内ポストのなかで、法学士以外に開かれていたのが視学官であった。次の〇三年一二月の『朝日』の記事はそのことを端的に表している。

文部省にては今回省内高等官の配置方法を改正したり。即ち従来は各局勤務の高等官は、法学士の肩書を有する参事官又は書記官をして兼任せしめたるも、今回は文学士又は茗溪派出身の視学官を加へ、表面上稍公平を見るに至れり。但し此配置にして永続するや否やは疑はしと某教育家は語り居れり。

（「文部高等官配置の改正」『朝日』一九〇三年一二月九日朝刊）

この記事の一年ほど前の〇二年二月に、書記官と視学官を兼任していた寺田勇吉が高等商業学校長に就任し、本省を去った。以降、視学官ポストは「特別」な任用が開始され、参事官や書記官による視学官の兼任は行われることがなくなった。そして、この記事の通り、中川謙二郎や野尻精一など高等師範学校や帝大文科の出身者が徐々に視学官ポストを占めていった。表５－３は特別任用令制定の翌年一九〇〇年から一〇年までの五年ごとの視学官を記したものである。また、後述するように時期が下るにつれて、視学官に理科や農科などを専門とする人物が就任し、対照的に法科出身者の視学官への就任は見られなくなっていく。「永続するや否や疑はし」（同右）とされたが、以降、視学官ポストは一般任用のポストと明確に分けられていく。一九〇六年、視学官に就任した幣原坦は、「当時の文部省視学官連中は、皆教育界の元老揃い」であったと述べている（幣原 一九五三：六五）[19]。

（２）視学官における専門性の分化

視学官が特別任用になる前の一八九八年三月に元文部次官の久保田譲は、七名の専任視学官が設置されたことに対しては評価しつつ、久保田は視学官の「組織及監督の方法定らず」と批判する（久保田「教育行政を如何にすべきか」（『太陽』四－五、一八九八年三月五日）二頁。以下、同資料から引用）。すなわち、「各視学官は、初等、中等、高等の三階級に属する」のか、「全国各種の学校を如何に監督」するかが不分明であり、また「大学に就て言ふも、法、医、工、文、理、農の六大学科、三十余の専門科に分《わか》たれ、百二十余の講座あり、高等学校にも法工医等の専門科あり、更に商工業を初とし、音楽美術等の専門学校あり、其他中学師範の各校と、高等・尋常の各小学」等の学校

表5－3　視学官変遷表

人　名	生年	出身学校	兼　職	前　職
1900年				
寺田勇吉	1853	大学南校・開成学校	本省参事官・書記官・会計課長・普通学務局員	本省
中川謙二郎	1850	開成学校	東京工業学校教授・東京師範学校教授	東京女子師範教諭
野尻精一	1860	東京師範学校	なし	東京府尋常師範学校長
持地六三郎	1867	東京帝大法科	本省文書課長	石川県書記官
正木直彦	1862	東京帝大法科	なし	帝国奈良博物館学芸委員
岡　五郎	1855	愛知師範学校	東京府視学官	宮城尋常師範学校長
大島義脩	1871	東京帝大文科	陸軍歩兵少尉	第四高等学校教授
瀬戸虎記	1870	東京帝大理科	高等師範学校教授・本省普通学務局員	長崎高等商業学校
小谷　重	不詳	不詳	本省図書審査官・普通学務局員	不詳
白坂栄彦	1865	東京帝大法科	本省専門学務局員	文部本省属
隈本繁吉	1873	東京帝大文科	本省図書審査官・専門学務局員	図書審査官
1905年				
中川謙二郎	1850	前掲	本省普通学務局員	前掲
野尻精一	1860	前掲	本省専門学務局員	前掲
大島義脩	1871	前掲	本省専門学務局員	前掲
小森慶助	1867 or 68	東京高等師範	本省文書課員	兵庫県視学官
関　一	1873	東京高等商業	東京高等商業学校教授	同左
針塚長太郎	1872	東京帝大農科	本省実業学務局員	東京高等師範学校教授
1910年				
吉武栄之進	1864	東大理学	東京工業学校教授	同右
瀬戸虎記	1870	東京帝大理科	本省専門学務局員	第六高等学校教授
針塚長太郎	1872	前掲	本省実業学務局員	東京高等師範学校教授
幣原　坦	1870	東京帝大文科	なし	韓国学部学政参与官
小泉又一	1865	東京高等師範	なし	東京高等師範学校教授
茨木清次郎	1876	東京帝大文科	なし	第四高等学校教授
沢村　真	1865	東京農林学校	東京帝大農科大学助教授	
浅井郁太郎	1866	東京帝大理科	本省図書審査官	文部省図書審査官
吉岡郷甫	1876	東京帝大文科	本省図書審査官	第二高等学校教授
生駒万治	1867	東京高等師範	東京高等師範学校教諭	同右
槙山栄次	1867	東京高等師範	東京女子師高等範学校教授	北海道師範学校長
服部教一	1872	東京高等師範	なし	本省属

出所：各年の内閣官報局編『職員録』(甲)、『人事興信録』や『大衆人事録』各版、各人の「任免裁可書」や「叙位裁可書」をもとに作成。

種があり、視察の方法などを明記しないで七名の視学官を設置するだけでは不十分であると述べたのである（同右）。森有礼文相期は「各学校の発達、未だ今日の如くならざりし故、此の単純なる機関（五人の視学官が五学区を一人一区で担当すること―引用者注）を以てするも、監督の任を尽すを得た」が、「各種の学校教育の諸機関非常に進歩発達せる今日」においては、漠然と七名の視学官を設置することに、どこまでの効果があるかわからないと批判した（同右）。久保田は教育段階や学校種別を踏まえた視学官の任命や視学の方法を文部省に求めたのである。

この久保田の批判から一〇年後の一九〇八年三月に、文部省官制が改正され、視学官の人員は一一人に増員された。これは、視学官の専門が「教育」という大きな枠組みで捉えられなくなり、教育段階や学科目に細かく分ける必要が出てきたことを示している。

官制改正の半年前の〇七年一〇月当時の文部次官であった沢柳政太郎は、視学官の増員について次のように自身の意見を開陳した（「視学制度改善策（沢柳文部次官談）」〔『読売』一九〇七年一〇月二九日朝刊〕。以下、同資料からの引用）。沢柳は、英国の視学官が多数なだけではなく、「学校の種類、学科の種類によりて各々各種」の人選がされていると述べる。それに対して日本の現状は、「僅に五名の定員を以て、普通教育より高等学門〔ママ〕教育に至るまで監督せしむる有様」であると嘆く。そのため、ヨーロッパの質まで引き上げようとするならば、文部省視学官を「尠《すくな》くとも十五、六名乃至二十名内外までに増員」したいと述べる。そのうえで、中等教育は「実業学校と師範、中学、高等女学校とは厳格に区別するの要」があり、実業学校は「農業学校、工業学校、商業学校等は其種類によりて各々督学者を区別すべき」と述べる。さらに「農業学校の内にては農業に関するものと、山林に関するものと、養蚕に関するものとは是又其人を区別するの要あり」とし、「其他工業・商業に於ても又然り」と言う。これを実施するには「多数の経費」が必要となるため、時間をかけて実現していきたいというのが沢柳の談話の結びであった。沢柳の発言からは、視学官の専門をより多様に分化させ、各々の学校教育に対応させようとしていたことが分かる。

一九〇八年三月の官制改正と同日に、直轄学校官制と直轄学校職員定員令が改正されている。各学校が拡張されたことにより、「教育の奨励及発達を期する為、学校の視察・督励を周密にする必要」があるのだが、従来通りでは「定員不足にして到底相当の視察を遂ぐること」ができないというのが視学官増員の理由であった（「文部省官制○文部省直轄諸学校官制○文部省直轄諸学校職員定員令を改定す」『公文類聚』三二〔明治四一年〕〔請求番号：類01052100、件名番号：002〕）。

しかし文部省は、前述の官制改正による視学官の増員は不十分であったと考えていた。このことについて雑誌『小学校』は次のように当局者の構想を報じた。

従来、視学官は多く文学者を採用し来りしも、かくては余り文学的に偏するを以て、今回は実業専門視学官を二、三名選任し専ら実業学校を視察せしめ、其他は教育行政に経験ある敏腕家を選任せん方針なり。尚文部省の希望としては現在の視学官制度を改正し、視学官は一切専門家を任用し、実業教育に三十余名、普通教育に廿余名を増員し、各分担を定め、専門的綿密に研究調査なさん考なるが財政の許さざる為め、之を実現するを得ざるは甚だ遺憾とする所なり。

（「視学官選任方針」〔『小学校』五-三、一九〇八年五月五日〕、七四〜七五頁）

財政上は実現困難な構想ではあったと思われるものの、当時の文部本省における視学制度が不十分であると捉え、これまで以上の視学官拡充が必要であるという当局者の意識が窺えよう。

表5-3を見ても、視学官が一二人に増員され、一九一〇年における視学官の専門が多様になっていることが分かる。しかし、この視学官の専門性の多様化と分化に対して、評論家の藤原喜代蔵は手放しでそれに賛同できなかった。藤原は一九一〇年当時の視学官を「新知識に富み、共に若干の未来を有す」と肯定的に評価しつつも、「唯だ憾むらくは、稍々《やや》専門に偏し過ぎて、一般を観る明に富まざるやの観ある」とする（藤原「文部省視学官室の人物」〔同『人物評論学界の賢人愚人』文教会、一九一三年、当該論文は一九一〇年九月一三日に記された〕四二〇〜四二一頁。以下、同資料から引用）。そして、各視学官の農業・英語・国語・小学教育・数学・工業などの各専門を「テクニックの臭き所あるを免れず」と述べた。たしかに、視学官の職務自体が「既にテクニックのものなるが故に、此に職を

奉ずるものが、テクニツク臭き所あるは、数の免れざる所なり」としながらも、「真の大視学官」であるには、「テクニツク以外に行政的識見あるを要し、国家教育の全般に亘りて、透徹せる一家の見を具へずんばあらず」と言う。

視学官が学校種別等の自己の専門領域（「テクニック」）を持つのは職掌上やむを得ないが、「行政的識見」や「国家教育の全般」の視野を持たないとならないと藤原は説いたのである。文部省創設以降の文部官僚を評論してきた藤原にとっては、この時期の視学官は専門の多様化と分化の裏返しとして、「行政的識見」や国家における教育の位置づけを考察できるような広い視野を欠いているように感じられたのである。

5　文部官僚の一般任用と特別任用の区分がもたらしたもの

本章では、視学業務の担い手の経時的な変化を、第I部で示した一般任用の文部官僚の変遷と絡めて論じた。まず本章の主張をまとめたい。

明治二〇年代前半までの文部省は「学校であるか、行政府であるかを疑はれる」（前田又吉「文部次官福原鐐二郎君」〔『教育学術界』二四‐三、一九一一年一一月一〇日〕七五〜七六頁）と言われるほどであり、第1章以降で見てきたように、本省内は学校長等の教育現場の経験を持つ人物が多くのポストを占め、かつ視学官を兼務していた。文部省という組織自体が視学と不可分であるという発想は、文部官僚の多くがその経歴から視学を担うに十分な専門性を持つと見なされていたことと結びついていた。文部本省の官僚が視学業務を行えることが、文部省独自のもので、内務省との差異を意識するうえで重要であった。

しかし、日清戦後経営期に入ると、「文部省は教育行政の府なり、教育所にあらず」（前掲「文部省応に激すべし」）と文部省への認識も変わり、文部官僚に必要とされる専門性も変化していく。その第一段階として都筑馨六と安広伴一郎の入省、第二段階として法学士で高文試験を経た一般任用の官僚（転籍者）の入省があった。さらに、第3章で見たように文官任用令改正が本省ポストにおける一般任用の官僚の増加を促進していった。ここにおいて、文部省視学官は一般任用のポストとは切り離され、教育経歴を重視する別個の任用ルートでの人事が行われることになる。省内ポストにおける一般任用の官僚との住み分けは文部省内部だけの問題にとどまらず、茗渓派をはじめ師範学校関係者の大きな関心事であった。この視学官ポストも時代が下るにつれて、「教育経歴」だけでは不十分となり、各々の教育段階や学校種別への専門性を有する人物が個別に視学官に任命されていった。

以上、官僚制の進展とともに、文部官僚に限らず、一般事務を掌る高等官には法学の素養が一律に求められた。法制が複雑化し、行政組織が拡大していくなかで、これらの官僚には「官吏が身につけている特別の技術論（それぞれに応じて法律学、行政学、経営学）」（ウェーバー 一九八七：一〇）が求められていったのである。このような事態に直面し、文部省でも行政の専門に適応できる法学の素養を有する官僚の登用を行い、行政的な側面を強めていく。それゆえに一般事務を掌る官僚とは別の専門性を有する人材を確保することが切実な課題となった。学校運営の知見や学校種別・教科目ごとの専門を持つ視学官は、すでに一般事務の官僚が兼任することが難しくなっており、そのため特別の枠を用いてでも登用する必要があったのである。省内のポストを一般と特別に分離させることは各々の専門性を有した人材を配置できるという点で、適材適所の人材運用と言えた。一般任用の官僚による行政事務にくわえ、特別任用の視学官によって学校運営や教育内容を精査することが可能となり、またそのような措置が中央教育行政機関たる文部省の実務に必要なことであった。両者は行政と教育の相互の専門性を補完し合うことが求められ、両者によって文部省が構成されていた。

しかし、文部官僚間の一般と特別の厳格な制度区分の出現は、一般任用＝官庁（文部省）と特別任用＝学校、という両者間の境界をより明確にし、それが文部省内で業務を遂行する個々の官僚の守備範囲を狭めることにもなった。ゆえに、もはや一般任用の文部官僚を「教育家」と評価することはできなくなっていった。また、藤原喜代蔵が希求した「大視学官」、すなわち「行政的識見」と国家教育全般にわたる知見の両方を備えている視学官の出現は、専門分化が不可逆的に進行する時代においてはやはり困難な注文であり、実際に省内では視学官というポストに高度な「行政的識見」までは求められなかったと考えるべきであろう。むしろ視学官が視察後に省に報告する情報を、一般任用の官僚がいかに咀嚼し、政策課題として昇華させるかが重要であった。「行政的識見」に守備範囲が狭まった文部省の一般任用の官僚が、大正期のいわゆる「法科偏重批判」で教育（学）的な知見が問われる一幕があったのも、任用における一般枠と特別枠が厳格に運用されていたからに他ならない[20]。

注

（1）鈴木博雄編『日本近代教育史の研究』（振学出版、一九九〇年）中の第一部「明治期文部官僚の教育史的研究」中の鈴木（第三章）・掛本勲夫（第二章）・麻生千明（第五章）の論稿。

（2）たとえば第4章で取り上げた依田学海は、一八八四年四月当時文部少書記官であり、「学事巡視の事は殊に省務に関する大事なり」と認識していた（学海日録研究会編『学海日録』六、岩波書店、一九九二年、一九頁）。

（3）伊沢修二君還暦祝賀会編『楽石自伝教界周遊前記』（大空社、一九八八年、底本は伊沢修二君還暦祝賀会明治四五年刊と故伊沢先生記念事業会編纂委員大正八年刊の復刻合本）九四～九五頁。

（4）これについてはたとえば木場貞長「森文部大臣の改革」（国民教育奨励会編『教育五十年史』民友社、一九二二年、一〇一頁）。同時代的な史料では、「故森子の視学官論」（『報知』二七八、一八九一年八月二二日、一七頁）。

（5）久保・檜垣・中川・野村の他に、小杉恒太郎、川上彦次、相良長綱が森文相期の視学官である。視学官就任前に小杉は千葉師範学校長、川上は兵庫師範学校長、相良は高等師範学校幹事を務めていた。詳細は第1章。

（6）なお、本省の人員も九二年の一三八名から九三年一二月には一〇八名になり、そのうち奏任は一三名から九名に減らされた（両年の『文部省年報』）。

（7）しかし、直後に述べる視学局の設置にくわえ、学校衛生主事を文部省の本官とする要求は実現されず、一九〇〇年三月の学校衛生課の課長ポスト設置まで待たなくてはならなかった。

（8）内務省の監督下にあった道府県の教育にいかに関与していくかは、戦前における文部省の課題であった。後に述べる一八九九年の「視学官及視学特別任用令」による府県視学官が一時的に文部省の管轄となったのも、文部省がそのような問題を解決しようとしたことによる。視学官や視学だけでも文部省の系統に一元化するべきだという意見は教育雑誌上にも早くから見られる（たとえば『報知』第三七三号の「日本教育政策一二　第七章学務官制其一」、一八九三年六月一〇日、一一～一三頁）。

(9) 参事官の八名中七名が本省内でポストを兼任し、残る一名の小山健三も高等商業学校長との兼任である。そのなかには視学官以外にも複数のポストを兼任している参事官が多数いる。一例として、寺田勇吉は参事官・視学官の他に会計課長・書記官を兼任している(一八九七年の『職員録』甲を参照)。寺田はその当時を「非常の多忙を極めたり」と回想している(寺田勇吉『寺田勇吉経歴談』精華学校、一九一九年、一二一頁)。また、新設の実業教育局長は帝国大学農科大学教授の兼任である松井直吉が、図書局長は心得として渡部董之介がそれぞれ就任した。

(10) 一九〇〇年四月一五日(第五四〇号)の社説「文部省官制改正」で『時論』は、「其の当時(尾崎文相時代)に於ける当局者は、吾等の主張〔視学局を設置すべきとの主張―引用者注〕を排して曰はく、視学局豈に特設すべきものならんや、文部省其の者が、是れ視学省なり、文部大臣以下、文部省大小の官吏は、悉く視学官なりと」(一頁)と約二年前の九八年における文部省の認識を記している。

(11) 日清戦後経営については、たとえば中村(一九七〇)がある。

(12) 八年計画については本書第6章も参照されたい。

(13) 実際の奏任官の人数を一八九六年から一九〇〇年まで挙げると、九人、一三人、一七人、二〇人、一八人となっており、九九年と〇〇年の間は減少しているものの(もっとも〇一年には二〇人に戻っている)、総じて漸増していることが分かる(各年の『文部省年報』を参照)。

(14) たとえば一八九三年と九七年の『文部省年報』(『二一年報』と『二五年報』)を見ると、九三年には官報掲載事項三九六件、往復文書(収受:二万五〇〇〇、発送:三万三〇〇〇)であったのが、九七年には官報掲載事項一〇一一件、往復文書(収受:三万五〇〇〇、発送:四万一〇〇〇)となる。

(15) 文部省紛擾については本書第3章を参照。なお都筑の次官就任への反対運動の中心人物とされた嘉納治五郎が言うには、一八九七年当時の各学校長は文部省の支配を甘受しなければならず、だからこそ「学界の事に通ぜない大臣や次官を上に戴くといふのは何誰にも気に入れなかった」と、都筑が文部次官に不適当であったことを暗に述べている。さらに都筑を「大官の庇護を笠に着て、生意気の風があった」や「修養の点に欠くるところが少くなかった」と人格的な側面にまで言及し、批判した(国立国会図書館憲政資料室所蔵「都筑馨六関係文書」三〇六-三〇、書類の部、伝記資料伝記編纂資料の「嘉納治五郎氏他談話速記録」)。

(16) もっとも府県視学官や視学を検討するために、文部省内部や帝国議会などの動向についても詳細に考察されている。特に平田の研究(一九七九)がこれに当たる。このため、平田の研究は中央視学官に関しても一つの到達点を示すものであり、その後の文部省視学官の検討がなされてこなかった遠因となってきたと考えられる。

(17) 以下、特別任用令の制定過程については、「視学官及視学特別任用令を定め○明治三十年勅令第三百四十五号・(文部省視学官図書審査官及図書審査官補任用ノ件)・中を改正す」『公文類聚』二三（明治三二年）-一六（請求番号：類00849100、件名番号：010）を参照。

(18) 文部省視学官の任用資格は、「二箇年以上文部省直轄学校の学校長又は奏任教官の職に在る者又は在りたる者」、「第二条第三号に該当する者にして一箇年以上道庁府県視学官の職に在る者又は在りたる者」の二点である。なお、第二条は道庁府県視学官の任用資格で、その第三号は「三箇年以上師範学校長、官立公立中学校長、官立公立高等女学校長、又は官立公立実業学校長の職に在る者又は在りたるもの」とされる。

(19) なお、一九〇六年の視学官は〇五年の表で示した中川・野尻・大島・小森・関の他に岡五郎（一八五五年生）・吉武栄之進（一八六四年生）が就任しており、なかでも官等の三等から四等までの幹部級は中川・野尻・岡・吉武であり、幣原は彼らを指して「教育界の元老」と表現したのであろう。彼らに対して幣原は自らを「若輩」と述べている。

(20) 一九一八年六月二一、二二日の臨時教育会議総会の諮問第三号「大学教育及専門教育に関する件」の審議過程で、「法科偏重」における問題は中心論題となった。その審議において江木千之は「文部の諸局長の如きは法科大学出身よりは、私は文科大学出身の方に席を置かした方が外の為にも最も宜しかろうと思ふ」とし、その理由を「教育学として矢張り教育の歴史、教育の制度と云ふやうなことも修めて居るのである、法科大学にはそんなことは深く研究が実際出来て居らぬ、其他社会教育のこともあるのである、どうも文科出身者の人が教育行政に当ると云ふことが寧ろ之を常例として能くはないかと考へる」と述べた（文部省編『資料臨時教育会議』四、一九七九年、一七六頁）。このような主張を展開したのが明治初期から中期までの文部官僚であった江木であったのは示唆的である。

第6章　明治中後期における文部官僚の欧米派遣

1　文部省における官僚の欧米派遣の意味

序章でも述べたように、近代後発国家の日本では行政が近代化を強力に推進していった。官僚は諸領域の知識を欧米諸国から吸収していったが、そこで大きな意味を持ったのが官僚の欧米派遣（以下、派遣と記す）である。国家がいかに人材を派遣し、被派遣者がどのように学び、いかなる知識を得て帰国したかへの関心の高さは、これまで派遣について多くの研究がなされてきたことからも分かる(1)。派遣を取り上げる先行研究の傾向としては、派遣を近代日本の整備とそれを託された青年たちという枠組みで描くことが多く、考察時期が明治初頭に集中していた(2)。

しかし、派遣による欧米からの知識の取得は明治初頭のみではなく、官僚制度が整備された内閣制度導入以降も続いた。これは文部省も例外ではない。むしろ後述するように、内閣制度導入以降の文部省は官僚の欧米派遣を重視していたと考えられる。このように指摘できる理由として、(1)帝大出身の官僚に関して言えば、文部省は他省と比べて派遣経験者が多く、文部省でキャリアを積んだ後に、大正期に次官に就任した官僚の全員が派遣を経験していること、(2)第3章で見たように文官高等試験（以下、高文試験と記す）を経た官僚を府県から文部省へ異動させるうえで、欧米への派遣が異動のインセンティブになり得たこと、の二点が挙げられる。

これを踏まえて、本章では、(1)派遣時における文部官僚の在職ポストと派遣の関係性、(2)各時期の文部省の政策課題と派遣との関係性、の二点から文部省による官僚派遣の実態とその意味を検討する。官僚の資格任用制度が整備されていく内閣制度導入以降の官僚派遣を考察することは、近代日本官僚制において派遣が官僚のキャリアにどのように埋め込まれていったのかを検討することにも繋がる。本章の検討時期は、主に内閣制度導入から大正期の次官就任者（高文第一世代）の全員が派遣を終えた一九〇〇年代後半までの約二〇年間とし、派遣と第Ⅰ部で示した官僚任用制度の変化がどのように関わるのかに注目していく。その際に各省の派遣の状況を踏まえて文部省の派遣を比較することで、文部行政の抱える課題や特徴と、文部官僚の省内養成の過程を浮かび上らせる。

なお本章では「留学」と「派遣」を次のように区分する。まず、「留学」と記す場合は文部省外国留学生制度による留学に限定する。「派遣」と記す場合は留学よりも広く捉え、文部省外国留学生制度の留学に加えて、各省の調査・出張による派遣を含める。もちろん表面上は省内の業務遂行のための「派遣」であっても、留学的（あるいは遊学的）な側面を持つ場合が少なくない。官僚という身分を保持したまま官費で欧米諸国に赴くことは、日夜、政府内で業務に従事する官僚にとっては特典的な側面を持ち、次なる業務に向けての英気を養うための休養的な意味合いも強かった。本国を離れ、実地調査の名のもとで欧米諸国を巡り、必要に応じて現地で政府内部や大学の訪問を行うことは、留学や遊学とも言える。ゆえに内実として派遣と留学の区分は難しく、それらを区別することの意味がどこまであるかという問題もある。

しかし、文部省を検討する際には、その両者の区別にある程度の意味がある。というのも、後に詳述するように、外国留学生制度が文部省によって運用され、次第に文部省の官僚派遣にも本制度が転用されることで、本省内の官僚養成に本制度が組み込まれていったからである。この事実から、本章では「留学」を「派遣」と区分けし、両者のそれぞれの特徴を明らかにすることで、文部官僚の在外派遣の経時的な変化を示すことができると考えている。

また本章では、実業教育と実業補習教育の両方を指す場合は、「実業（補習）教育」と記し、片方のみに限定する場合は、「実業教育」や「実業補習教育」と記す。

2　官僚任用制度制定以前における文部官僚の派遣

(1)　内閣制度導入前後の官僚派遣

文部省による最初期の欧米派遣は、師範学科取調の派遣である（平田 一九七九）。一八七五年（明治八）三月に神津専三郎・伊沢修二・高嶺秀夫を米国に、七八年一月には西村貞・中川元・村岡範為馳を英・仏・独の各国に派遣した。背景には初等教育の教員養成が急務であったことがある。(3) 派遣されたのは二〇代の青年であり、帰国後の彼らは師範教育をはじめとして各学校長などを歴任し、長期にわたり活躍していった。ただし、彼らは文部本省というよりも主に省直轄学校などでキャリアを積んでいった。

一八八五年（明治一八）一二月に内閣制度が導入され、八六年二月の各省官制通則によって行政機関は徐々に整備されていった。文部省では、森有礼が文相に就任し、諸学校令を八六年三月から四月に制定していった。内閣制度導入以降で、文官試験試補及見習規則期（以下、試補規則と記す）に入省した官僚より前の官僚派遣の概略が表6－1である。

八五年一二月に欧州へ浜尾新を派遣した文部省の意図は、(1)「実業教育の旨趣に依り諸学校に改良を加へ、殆ど其面目を一新」した欧州諸国の実地調査、(2)学校教員管理者の任用法の調査にあった（「大書記官浜尾新欧洲へ派遣の件」〔請求番号：公04077100、件名番号：027〕）。浜尾は七二年に文部省に出仕してから一貫して高等教育に関わり、派遣直前には高等教育を管轄する学務一局長を務めていた。帰国直後の八七年九月には臨時尋常師範学校・尋常中学校・高等女学校の各教員の検定委員と医学校の取調委員に任命された。翌一〇月には文部省通則が改正され、学務局が専門学務局と普通学務局に分化し、浜尾は専門学務局長に就任する。帰国後、派遣で得た知見について浜尾自身が語ったものに、『大日本教育会雑誌』に掲載された講演がある。タイトルは「実業補習教育の切要」で、「本邦に於ては補習教育に係る問題未だ振起せざるが如し」と指摘し、「補習教育の事」は「現今の状態に於て殊に緊要」

表6－1　内閣制度導入以降の文部官僚の派遣（試補世代以前）

人　名	派遣時の地位	派遣先	期　間	目　的
浜尾　新	学務一局長	欧州	1885.11～87.8	実業教育と学校教員管理者の任用法等取調
久保田譲	会計局長	欧米	1889.11～90.10	学校財務・教官恩給等取調

注：期間と実際の出発・帰朝にはズレがある。これは後の表も同様である。
出所：「官吏進退」と秦郁彦『戦前期日本官僚制の制度・組織・人事』をもとに作成。

であると述べている。[4] 浜尾は、ドイツの実業に関する補習教育の状況に言及し、日本でも補習科や補習学校を設置することの重要性を述べ、それが小学校卒・未卒の農工商の子弟の教育機会を整備することになるとした。

次に派遣されたのは、会計局長の久保田譲で、「学校財務」と「教官恩給」の調査が主目的であった。（「文部省会計局長久保田譲学校財務等取調の為め欧米諸国へ差遣の件」〔請求番号：任A00206100、件名番号：040〕）。久保田の欧州派遣については随行した寺田勇吉の回想に詳しい（以下、久保田の派遣については寺田勇吉『寺田勇吉経歴談』内篇〔精華学校、一九一九年〕七八～一一四頁）。これによれば、久保田は八九年一二月に横浜から出航し、まずドイツに約半年間滞在して、調査を行った。その後に欧州諸国を巡り、最後に米国に一カ月滞在の後、太平洋を経由して九〇年一〇月に帰国した。「上は大学より下は小学に至るまでの詳細なる制度の説明」を現地で受け、また「市庁に就きて市の学事を究め、県庁に行きて県学務の要を明かにし、或は会計検査院長を訪ふて、学校会計検査に関する手続を質問し、或は警視総監を訪ふて、警察事務の学校に交渉するもの如何」について尋ねるなど、主に学校経営や教員恩給・給与の調査を行った（同右、七九～八〇頁）。くわえて、「其他独逸国内に於る各種の学校、図書館、博物館、公園、動物園、植物園、劇場、市場、工場より、名所旧跡に至るまで、苟《いやしく》も我国教育上の改良に資すべきものは、細大を問はず、公私を別たず、務《〔ママ〕》めて之が実情を視察し、其制度を研究」した（同右）。この記述から、欧米諸国における教育環境を総合的に考察する機会を得た調査であったことが窺える。ただし、派遣調査後に久保田が対外的にその成果を発信することはなかった。[5]

（2）諸学校令の改定と派遣

八六年中に制定された諸学校令は、高等から初等までの学校制度を段階ごとに一括して整備したという点で画期的であったが、内容面では不十分であると森をはじめ文部当局者は認識していた（佐藤 一九七二）。単線的な学制が整備された一方で、実業教育などの複線的な教育環境は未整備であり、多くの学齢期の生徒の受け皿と期待された（実業）補習教育の整備が喫緊の課題となっていた。

このような文部本省の政策課題を受けて、浜尾・久保田両者の派遣の成果が特に反映されたと思われるのが、九〇年一〇月の小学校令の改正とその施行細則である。まず、実業補習教育については、改正小学校令の二条と九条に新たに記され、施行細則として、「補習科の教科目及修業年限」、「専修科徒弟学校及実業補習学校の教科目、修業年限等に関する件」が設けられた。

改正小学校令の細則は途中まで参事官、のち普通学務局長を務めた江木千之が担ったが、九一年七月に江木が文部省を去ると、久保田が普通学務局長に就任し、専門学務局長であった浜尾とともに細則の策定を主導した。初等教育を管轄する普通学務局長の久保田は一連の細則の策定のために多忙を極めており、それゆえに派遣の成果をメディアに発信する時間的余裕を持てなかったと考えられる[6]。ただし、派遣時に得た久保田の知見は一一月一七日に発布された改正小学校令の細則に反映されていると推測でき、特に小学校設備準則はその影響が見られる。この準則は各地方の実情に合わせた学校設備を整えるべきであるとするもので、四月八日に発布された画一的な設備原則を打ち出した江木の準則とは異なるものであった。改正小学校令は「教育の程度を下し、教育の規模を縮むるの観なきに非ず。然れども実際教育を普及して大に就学人員を増加すべき」というように、ひとまずは教育の質の確保よりも量の拡大が志向されていたのである（「普通教育の施設に関する文部大臣の意見を表示す」〔一八九一年一一月一七日、文部省訓令五号〕）。実は久保田と寺田が重点的に視察したドイツも「設備の点に於ては、概して英米諸国の学校に比して多少劣」っていたが、教育において「善良なる成績を挙る」と見られていた（前掲寺田勇吉『寺田勇吉経歴談』内篇、一〇四〜一〇五頁）。「縦令其厚さに於て減縮することあるも、其幅に於ては拡張するに至るべし」（前掲「普通教育の施設に関する文部大臣の意見を表示す」）と文相の大木喬任が述べたように、久保田と浜尾はともに、質の「厚さ」よりも「幅の拡張」、すなわち就学機会の確保のために、学校数の増加を優先させることで一致していたのである。

3　官僚任用制度の制定と試補世代の派遣

（1）試補世代と「八年計画」

一八八七年七月に制定された試補規則によって、帝大出身者が官界へ安定的に供給されることになる。第2章で見たように、試補規則で文部省に採用された法科大学出身者（以下、法科出身者と記す）は他省に異動していったが、文科大学出身者（以下、文科出身者と記す）は渡部董之介をはじめ文部本省の業務に長期間携わり、徐々に省内で存在感を増していった。本節では、試補規則を経て官界に入った人物に限らず、試補規則が制定された八七年から高文試験実施の九四年までに大学を卒業した世代を試補世代と記す。

文部省の試補世代が省内の幹部に昇進していく一八九〇年代末は、文部省内でいわゆる「八年計画」が策定された時期であった。八年計画は、一九〇〇年から〇七年までに、普通から専門・実業の各教育段階だけではなく、文部本省や博物館、図書館の整備・拡張を意図した総合的な計画であった[7]。膨大な予算を必要としたこの計画は九九年の閣議を通過せず、表向きは撤回された。しかし、文部省内部では保留、あるいは見送りと捉え、長期的に計画を「なしくずしに実行することを考え」ており（相沢　一九五三：一一〇）、一九〇〇年以降、財源が確保できたものから計画を順次遂行していった。この八年計画と密接に関わったのが試補世代の欧米派遣であった。以下、当時の文部行政の状況と「文部省八年計画調査書」（以下、「調査書」と記す）（外務省外交史料館蔵「文部省八年計画調査書」〔一八九九年七月〕、レファレンスコード：B12081980900）とを照らし合わせながら論じていきたい。

表6－2　試補世代の派遣

人　名	派遣時の地位	派遣先	期間	目　的
渡部董之介 正木直彦	書記官兼図書課長 文書課長兼美術課長	欧米	1899.11 ～1901.3	パリ万国博覧会への出張 欧米各国の博物館及び教育博物館・その他教科書等の制度の調査
福原鐐二郎	参事官	欧州（独・仏）	1899.5 ～1901.7	教育行政法研究
岡田良平	実業学務局長	欧州（独・仏）	1900.5 ～01.3	万国衛生及人口学会議開設の委員として参列
沢柳政太郎	普通学務局長	欧米	1902.7 ～03.3	万国東洋学会会議開設に参列

出所：『日本近現代人物履歴事典』、「任命裁可書」、『官報』、『岡田良平先生小伝』、『吾父沢柳政太郎』をもとに作成。

(2)　派遣の実態とその成果

試補世代の派遣の概要が表6－2である。初めに派遣調査で欧州に赴いたのは渡部董之介と正木直彦であった。一八九九年四月の両者の派遣は、一九〇〇年にパリで開催される万国博覧会で出品される教育品の陳列業務とその説明をするためであったが、その他に「欧米各国に於ける博物館及教育博物館、其他教科書等の制度を調査」することも任務として課された（「文部書記官渡部董之介外一名欧米各国へ被差遣の件」〔請求番号：任B00203100、件名番号：024〕）。当時図書課長であった渡部が教科書の調査、美術課長の正木が博物館の調査を行った(8)。まず渡部の調査項目である教科書について、「調査書」では本省において図書課から図書局への昇格・再興が不可欠であるとしている(9)。その理由として、(1)「各種の学校の増設」によって図書の検定事務が増加したこと、(2)実業科と修身科の教科書は文部省で編纂する必要があったこと、の二点が記された。次に博物館についても、「学術技芸教育の補助機関として」、「帝室博物館の外、更に国立博物館創設」は不可欠であり、「欧米諸国皆完全の設備あり」とされた。正木の派遣の背景には、〇〇年六月に帝室博物館官制の制定が予定され、博物館における美術品の収集・展示と利用方法の改善が求められていたことがあった。また、正木と福原鐐二郎（後述）はオーストリアで後に文相となる牧野伸顕に会っており、それが〇七年の文部省美術展覧会の創設に直結した（正木直彦『回顧七十年』二六一～二六六頁）。

続いて一九〇〇年五月には実業学務局長の岡田良平が派遣される。「仏国巴里府に於て万国衛生会議開設に付、委員として派遣」（「文部省参事官岡田良平以下二名海外派遣の件」〔請求番号：任B00237100、件名番号：031〕）するためであったが、「先生の渡欧は、表面は仏国に於ける万国衛生並に人口学会議参列にあったけれども、事実は欧洲各国の実業教育の調査にあった」とされる（松浦鎮次郎編『岡田良平先生小伝』〔非売品、一九三五年〕六六～六七頁）。また同時期には文部参事官の福原鐐二郎も欧州に派遣されており、正木によると「岡田良平君がパリの博覧会のために、福原君が教育行政研究に渡欧したので、三人連れ立って欧洲を歩き廻った」という（正木直彦『十三松堂閑話録』〔相模書房、一九三七年〕二九六頁）。岡田の調査対象であった実業教育については、日清戦後の国内の資本主義の発展によってその教育需要が高まっていた。井上毅文相期でも制度の整備が志向され、久保田に随行した寺田が「独逸国実業教育制度の完備し、其成績の顕著なるを観て、深く感ずる所あり」として、九三年一一月の実業教育国庫補助法案や実業補習学校規程などの実業教育政策の策定に中心的な役割を担った（前掲寺田『寺田勇吉経歴談』内篇、一一七～一一九頁）。

一八九九年二月には実業学校令によって実業学校の制度的な枠組みが整えられた。しかし、小・中学における実業教科の科目のカリキュラム編成や農工商に関する各種学校別の整備などの課題が山積していた[10]。「調査書」では、前述の図書局と同じく「実業教育局《ママ》」の再興の必要が記されており、実業に関する事務が「頗る増加」しており、実業教育は「草創に属し深く攻究稽査を要するもの多」いというのがその理由であった[11]。「調査書」の要望通り実業学務局は〇〇年三月に設置され、岡田の派遣はその局長となった直後であった。なお、岡田の調査は「独逸から多数の参考資料を持帰って、帰朝後、直に局員に命じて之を翻訳せしめた」（前掲松浦編『岡田良平先生小伝』六七頁）というように現地で基礎的な文献収集を行ったと考えられる。ただし、岡田の派遣の成果だけで実業教育機関の整備が十分にできるものではなく、後述するようにこれ以降の派遣も実業（補習）教育の調査に費やされることになる。

〇二年の七月には普通学務局長の沢柳政太郎が欧米に派遣される。岡田と同じく名目は出張で、「本年九月独国漢堡ニ於テ第十三回万国東洋学会会議開設ニ付委員トシテ参列」するためであった（「文部省普通学務局長沢柳政太郎以下二名本年九月独国漢堡に於て第十三回万国東洋学会会議開設に付委員として参列被仰付の件」〔請求番号：任B00304100、件名番号：008〕）。会議終了後に沢柳は欧米諸国を視察した（沢柳礼次郎『吾父沢柳政太郎』〔大空社、一九八七年、底本は冨山房、一九三七年〕一一八〜一二〇頁）。沢柳は普通学務局長として、一九〇〇年の小学校令改正を主導しており、派遣は課題として残された就学率の向上と義務教育年限の延長を間近に控えてのものであった(12)。

しかし、帰国後の沢柳は、制度というよりも諸国における教育現場の実践や教育方法論に関するものを多く発信し、派遣目的である教育行政に関わる成果は主に文部省内部でのみ共有されたと考えられる(13)。沢柳に限らず、試補世代の官僚が調査の成果をメディアに積極的に語ることは稀であった。八年計画の全貌が民間には断片的にしか明らかにされていなかったことが要因である(14)。ゆえに渡部や沢柳は欧米諸国における教育実践からいかに日本の現状を改善するかという旨の発言が多い(15)。試補世代に限らないが、派遣された文部官僚には政策学習だけでなく、教育界からは欧米諸国における教場での実践についての見聞を共有することが期待されており、官僚はそれを講演や各教育雑誌の記者からの取材などで共有した。

派遣された四者はその後も長期にわたって文部省に在職した(16)。八年計画が高等教育機関の教員養成に大きな役割を果たしたとの指摘があるが（辻 二〇一〇：第二章、第三章）、同計画は文部官僚が政策学習や現地の教育実践への知見を深める機会にもなっていたのである。派遣の際には各種の万国会議の出張と抱き合わせで欧米諸国の視察が行われ、旅費をはじめとする経費について渡部・正木の派遣は三二年度予算が(17)、岡田・沢柳のものは臨時的な経費に充てる第二予備金が、それぞれ使用された。

4　大正期までの帝大出身各省次官の派遣経験

本節では、文部省を含めた各省の試補世代から高文試験の実施初期における官僚の欧米派遣を概観する。各省を見ることにより、前節と次節の文部省の派遣を相対化しておきたい。

試補規則に次いで、一八九三年一〇月には文官任用令と文官試験規則が制定され、九四年に高文試験が実施されるが、最初期の高文試験に合格した彼らにどのようなキャリアを歩ませるかは、行政機関が高文官僚を有効に活用できるかを占う試金石であった。結果的に日清戦争前後に官界に入った彼らは日露戦後には局長に順次就任し、大正期には次官に就任していった。大正期までの内政各省の次官は、ほぼ全員が〇五年以前に大学を卒業し、高文試験を経て省内でキャリアを積んだ官僚であった(18)。序章や第3章で記したように、本書では帝大生が高文試験を受験した一八九五年から〇五年までの一〇年間超を高文試験の実施初期とし、この時期に高文試験を経て官界に入った官僚を高文官僚の第一世代とする。それを踏まえて本節では、各省の大正期までの帝大出身の次官に着目して、高文官僚の第一世代の欧米派遣の有無を検討する。

表6－3　大正期までの帝大出身の文部次官

人　名	任	免
岡田良平	1901.6.5	1903.12.5
沢柳政太郎	1906.7.18	1908.7.2
岡田良平	1908.7.21	1911.9.1
福原鐐二郎	1911.9.1	1916.10.13
田所美治	1916.10.13	1918.10.1
南　弘	1918.10.1	1922.6.14
赤司鷹一郎	1922.6.14	1924.1.9
松浦鎮次郎	1924.1.9	1927.4.26

注：網掛けした人物が派遣経験者。
岡田の1901年6月から03年12月の在職ポストは次官ではなく、総務長官である。
1903年12月から06年1月までは木場貞長が次官に、06年1月から7月までは福原鐐二郎が次官心得として、それぞれ在職した。
出所：『文部省歴代職員録』をもとに作成した。

表6－3は大正期までの帝大出身の文部次官経験者の派遣の有無を示したものである。帝大出身者で初めて次官となったのは試補世代の岡田良平であり、同じく試補世代の沢柳政太郎と合わせて七年七カ月の長期にわたって断続的に次官を務めた(19)。明治後期から末期までの次官は、ほぼ両者が務めたということになる。両者とも欧米派遣の経験があるのは前節の通りである。その後、文部省では大正期に五名の次官が就任するが、政治任用の南弘以外は主に文部省でキャリアを積んだ官僚であり、全員が派遣を経験している。福原鐐二郎は試補世代であるが、あとは高文試験を経た官僚である。第3章で見たように、福原はその後の文部省における高文官僚の先駆け的存在であった。次節に詳述するが、福原の派遣の形式も後の高文官僚の派遣のモデルケースとなっている。結果的に文部省では派遣が次官までのキャリアに組み込まれ

ていたことが分かる。

それでは、他省の次官は欧米派遣を経験していたのであろうか。もちろん同省内でも各局によって派遣の有無や頻度に差異があると想定されるが、差し当たり各省の最高ポストである次官に着目することで各省の比較を試みたい。以下、大正期までの内務・大蔵・司法・逓信・農商務の内政各省における帝大出身次官の派遣有無を見ていく（表6－4）。

まず、内務次官は政治情勢と密接に関わるポストであったため、各省中で次官総数が最も多く、一四名を数える（非帝大一名）。そのうち欧米派遣経験者は四名と各省中最小の派遣割合であった（私費留学の一木はは含めず）。内務官僚の欧米派遣に関して、「以前にも、海外出張を命ぜられるものもあったが、計画的になったのは、その頃〔大正後半頃―引用者注〕である」とする『内務省史』の記述とおおむね一致する（大霞会 一九八〇：六二一）。地方官庁間の異動でキャリアを形成し、実務に習熟することが重要であった内務官僚においては、欧米派遣の機会が乏しく、また派遣への動機が高くなかったと考えられる。一方、大蔵省は次官総数一一名のうち八名が次官就任前に欧米へ派遣されており、特に大正初年に次官に就任した勝田主計以降は市来乙彦を除いて全員が派遣の経験を持つ[20]。

司法省は各省中で最も次官就任者が少なく、派遣経験者も最少である。また、平沼騏一郎と鈴木喜三郎は同時に派遣されているため、司法省による派遣は実質一回のみである。逓信・農商務両省とも当初は他省で官歴を積んだ官僚が次官になっていたが、徐々に自省で養成した官僚が次官に就任し始める。逓信次官の欧米派遣経験者は内政各省で最多であり、他省での派遣経験者を除いても、大蔵省の派遣数より一名少ないだけである。農商務省は当初内務省の人事の影響を受け、主に県治畑出身の官僚が次官に就任することが多かった。しかし、竹内友治郎や三土忠造などの政治任用を除いては、後年になるにつれ生え抜き官僚が次官に就任し、彼らの多くは派遣を経験していた。

以上、各省次官の経歴を見ると、大蔵・逓信・農商務は欧米派遣を積極的に行っていたことが分かる。特に大蔵省は一八九〇年代末から一九〇〇年代初頭に派遣を行っており、逓信や農商務よりも早い時期から派遣を開始して

表６－４　大正期までの帝大出身の各省次官における派遣経験

着任年月	人　名	派遣有無	備考	着任年月	人　名	派遣有無	備　考
内務省　次官総数14名（非帝大１名）				**司法　次官総数５名（非帝大１名）**			
1906.12～08.7	吉原三郎	×		1911.9～12.12	平沼騏一郎	○	
1908.7～11.9	一木喜徳郎	○	私費	1912.12～14.4	小山温	×	
1911.9～12.12	床次竹二郎	×		1914.4～21.10	鈴木喜三郎	○	
1912.12～13.2	押川則吉	□	非帝大	1921.10～24.1	山内確三郎	×	
1913.2～14.4	水野錬太郎	○		1924.1～27.4	林頼三郎	×	非帝大
1914.4～15.7	下岡忠治	×		**逓信省　次官総数12名**			
1915.7～16.12	久保田政周	○		1906.1～11.9	仲小路廉	△	司法省
1916.12～18.4	前掲、水野錬太郎			1911.9～12.12	小松謙次郎	○	
1918.4～22.6	小橋一太	×		1912.12～13.2	浜口雄幸	×	
1922.6～22.10	川村竹治	○		1913.2～14.4	犬塚勝太郎	△	内務省
1922.10～23.6	堀田貢	○		1914.4～14.11	中谷弘吉	○	
1923.6～23.9	井上孝哉	×		1914.11～17.2	湯河元臣	○	
1923.9～24.1	塚本清治	×		1917.2～18.9	内田嘉吉	○	
1924.1～24.6	前掲、井上孝哉			1918.9～19.4	中西清一	×	
1924.6～25.9	湯浅倉平	×		1919.4～22.6	秦豊助	△	内務省
1925.9～27.4	川崎卓吉	×		1922.6～24.1	若宮貞夫	○	
大蔵省　次官総数11名				1924.1～24.6	米田奈良吉	○	
1906.1～07.4	若槻礼次郎	○		1924.6～29.7	桑山鉄男	○	
1907.4～08.6	水町袈裟六	○		**農商務省　次官総数11名**			
1908.7～11.9	前掲、若槻礼次郎。			1912.12～13.2	下岡忠治	×	
1911.9～12.12	橋本圭三郎	○		1913.2～14.4	橋本圭三郎	△	大蔵省
1912.12～14.4	勝田主計	○		1914.4～18.10	上山満之進	×	
1914.4～15.7	浜口雄幸	×		1918.10～20.6	犬塚勝太郎	△	内務省
1915.7～16.10	菅原通敬	×		1920.6～22.6	田中隆三	○	
1916.10～16.12	前掲、勝田主計			1922.6～23.12	岡本英太郎	○	
1916.12～18.10	市来乙彦	×		1923.12～24.1	竹内友治郎	×	
1918.10～22.6	神野勝之助	○		1924.1～24.6	鶴見左吉雄	○	
1922.6～24.6	西野元	○		1924.6～24.8	三土忠造	×	非帝大
1924.6～24.8	小野義一	○		1924.8～24.12	中井励作	○	
1924.8～27.4	田　昌	○		1924.12～25.3	四条隆英	×	

注：重任や心得は次官総数に反映しなかった。
　○＝経験有、×＝経験無、△＝他省での経験有（省名は備考欄に記載）、□＝非帝大・派遣経験有を指す。
出所：『日本官僚制総合事典』『戦前期日本官僚制の制度・組織・人事』、各「任免裁可書」をもとに作成。

いる。対照的に内務省は地方官庁での官僚養成に重点をおいており、派遣経験者は少数であった。ただし、各省を見ても、文部省のように帝大出身の次官就任者の全員が派遣されていたわけではない。次節では、なぜ文部省の次官就任者が派遣を経験することが可能であったのかを検討していきたい。

5　転籍者における欧米派遣の特徴

(1) ロールモデルとしての福原鐐二郎の派遣

一八九四年の高文試験の実施以降、各省では試験を経た官僚が徐々に増加していくが、第3章で見たように文部省は試験合格者をほとんど任用・養成することをせず、府県で官僚としての経験を積んだ高文官僚を高等官として登用していった。その際に、高文官僚が文部省へ異動するインセンティブが必要になったと考えられる。その一つに海外派遣があり、彼らの文部省への異動に際していわば留学手形が付された可能性がある[21]。以下、文部省の高文官僚の派遣について見ていきたい。高文試験を経た官僚が文部省へ入省する契機として重要なのが、福原鐐二郎の存在である。福原は試補世代にあたるが、帝大法科を卒業し、府県の勤務経験があるという点で、後の文部省の高文官僚と多くの点で共通点を持っていた。福原は文部省における高文官僚のキャリアモデルとなり、欧米派遣も例外ではなかった。福原の派遣の形式は後の官僚に踏襲されていく。

福原は、九七年三月に鳥取県警察部長から文部省参事官に転任し、その二年後の九九年五月に休職となり、欧米に派遣された。休職は文官分限令第一一条第一項四号の「官庁事務の都合に依り必要なるとき」を根拠とした。九九年三月二八日に制定された文官分限令の高等官への適用は福原の休職が初めてであったとされる(「休職」『東京朝日新聞』一八九九年五月九日朝刊)。これについて前田蓮山も「官吏は大概視察と言ふ名に依りて、外国を見物した来《ママ》るのが例で、福原君の如く休職となって留学するのは文部省に於ては彼が嚆矢であった」と述べている(前田又吉「文部次官福原鐐二郎君」(『教育学術界』二三-二四、一九一一年一一月一〇日)七七頁)。福原の欧米派遣は文部省留

表6－5　転籍者の欧米留学

人　名	文部省入省年	期　間	留学時の地位	派遣先	目　的
福原鐐二郎	1897.3	1899.5～1901.7	参事官	欧州（独・仏）	教育行政法
赤司鷹一郎	1898.12	1902.3～04.3	参事官	欧州（独・仏）	行政法・教育制度
田所美治	1899.5	1903.8～05.6	参事官	欧州（英・仏・独）・米国	教育行政法
松浦鎮次郎	1902.2	1906.2～07.8	参事官	欧州（独）・米国	教育行政学

出所：『日本近現代人物履歴事典』、『近代日本海外留学の目的変容』、各『文部省外国留学生表』、各「任免裁可書」をもとに作成。

学生の特派という形式を取り、独仏両国で二年間教育行政を研究するというものであった（「官報」一八九九年五月二九日）。福原の留学は前述の渡部・正木の派遣の一カ月後であり、後の岡田の派遣も含めれば、欧米派遣によって一年のうちに文部官僚四名が事実上の欠員となっている。第3章で見た九九年の転籍者の集中的な入省は、試補世代の派遣による欠員を補充するという意味合いも強かった。なお、福原が留学した九九年は文部省留学生が急増しているが、福原の留学直前の五月一六日に文部省は外国留学生規程を改正し、留学生の定員の上限を撤廃している(22)。この改正と福原の留学自体の因果関係は定かではないが、その後の文部官僚も主に文部省留学生として欧米に派遣されているため、この改正の恩恵を受けることになった。

（2）転籍者の派遣とキャリア

留学が決定した福原の専門学務局の奏任官ポストの後任として、九九年五月に田所美治が東京府から文部省に入省した。田所の入省については、「外国留学は彼（田所―引用者注）が文部省に這入る条件であった」（前田又吉「普通学務局長田所美治君」『教育学術界』二四‐四、一九一一年一二月一〇日）七八頁）という記述がある。福原以降、赤司鷹一郎・田所・松浦鎮次郎の順に転籍者が欧米に派遣されている（表6－5）。文官分限令に拠って「本省事務の都合に依り休職」とし、文部省留学生の特派として派遣され、現地で教育行政の修得を目的とする点は福原と同様である。くわえて、彼らは参事官在職時に、いずれも文部省入省から四、五年目に留学しているという共通点がある。ここから彼らの留学は突発的なものではなく、その後の省内でのキャリアを見据えた「制度」的な側面が強かったことが分かる。転籍者の全員が異動時に留学手形

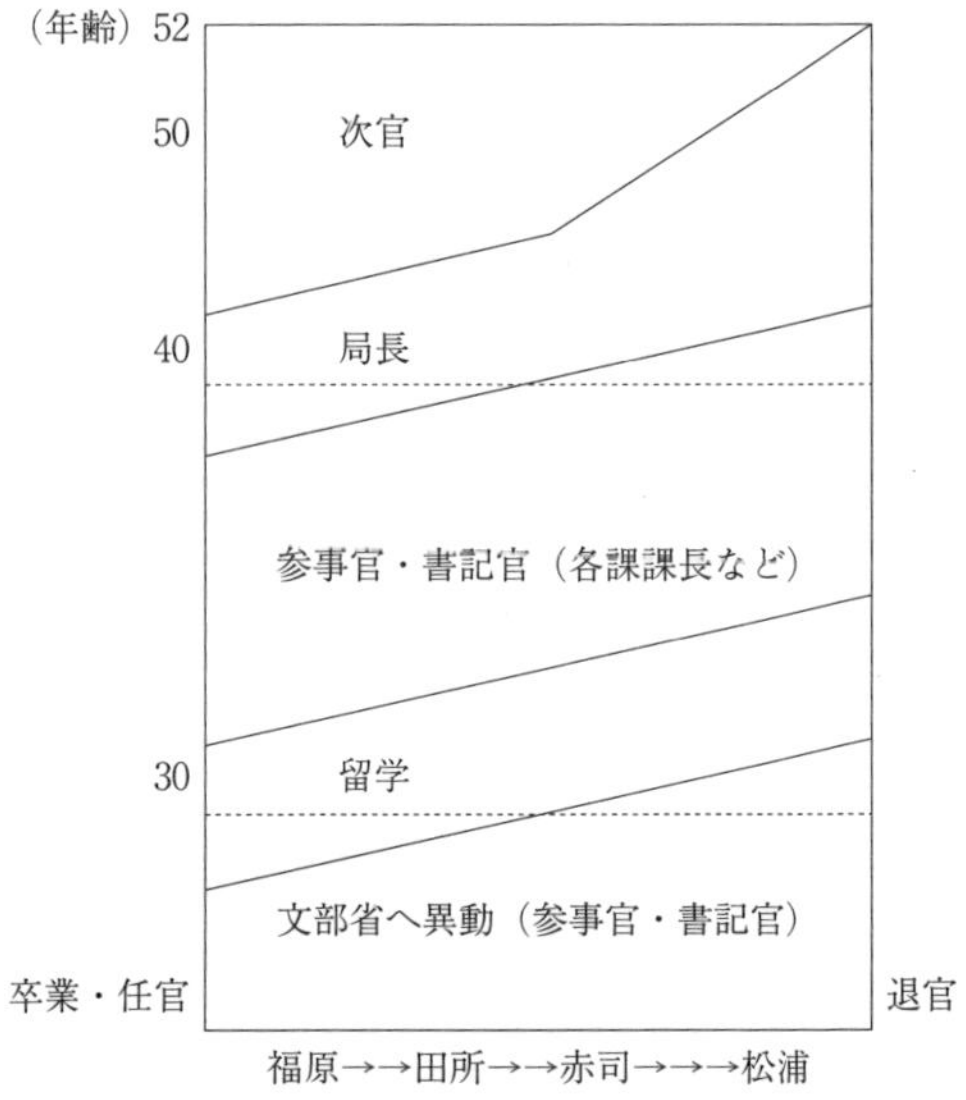

図6－1　大正期文部次官就任者の経歴

を得たかどうかは定かではないが、当該期の文部省においては留学の機会が与えられることが意識され得る状況であったことが窺える。くわえて、転籍者は文部省入省以降、他省や地方官庁に移ることなく、文部省で官歴を終えている。(23) 留学を人材への投資と考えれば、留学による自省の官僚養成を他省にフリーライドされることなく、文部省はそれを独占的に回収できていたとも言える。〇一年三月には文部省外国留学生規程の第一条が改正され、従来の文部省直轄学校卒業者・教官に加え、「文部大臣に於て適当と認むる者」を留学生として派遣できるようになった（「文部省外国留学生規程改正」一九〇一年三月二九日）。特派として留学した文部官僚にこの改正がどこまで実益をもたらしたかはともかく、これにより省直轄学校関係者ではない彼らの留学も制度に内包された。

各省の出張名目の派遣と比べ、この文部省外国留学生による派遣は待遇的には決して良いものでなかったとされる。(24) しかし、留学は文部官僚としての彼らの評価を高めることになった。たとえば福原は「彼れが三《ママ》年間の独逸留学は、彼れを教育行政学のオーソリテイとなすべき十分の知識を与えた」と評された（石川半山「新任専門学務局長福原鐐二郎君」『教育界』四-七、一九〇五年五月三日）八〇頁）。転籍者は帰国後三～六年で局長に就任し、一〇年前後で次官に就任していった。(25) 高文試験を経た内務官僚はジェネラリスト型官僚の代表格とされ、内務本省内や府県、他省を往来しながらキャリアを積んでいった。しかし、文部省へ移った転籍者はそれとは異なり、府県から文部省へ入省して以来、文部省が中央官庁の最終官歴となった。留学後、彼らは文部省の筆頭局である専門学務局か普通学務局のいずれかの局長に就任し、最終的に順次次官になっていく（図6－1参照）。

また、転籍者が文部省外国留学生を制度的に利用する一方で、依然として万国会議等の出張名目で欧米へ派遣される官僚もおり、たとえば実業学務局長の真野文二と、転籍者の一人である田所（参事官）が一九一〇年四月から一一月（あるいは一二月）まで英国等に派遣されている。[26]

6　転籍者による留学成果の発信と教育政策

では、転籍者の留学はその後の文部省の政策立案とどのように繋がったのであろうか。本節では、留学後に教育雑誌に掲載された彼らの寄稿や発言をもとに政策への寄与を考察していきたい。

文部省留学生として派遣された転籍者は、教育行政法等の学問の修得が形式上の派遣目的となっており、主に各国の学制を調査した。ただし、それのみならず、転籍者は学校現場の視察を積極的に行っている。彼らの教育雑誌への寄稿等では欧米諸国における学制の紹介だけでなく、学校視察の所感等が具体的に記された。そして、転籍者四名における留学の共通点としては、(1)ドイツに長く滞在し、同地の教育に関する発言が帰国後も含めほとんどを占めること、(2)実業（補習）教育や社会教育への関心が高いこと、[27](3)義務教育年限の延長を見据えた調査をしていること、の三点が挙げられる。具体的な調査内容とその成果を各人ごとに見ていく。

(1)　福原鐐二郎の調査と成果

転籍者で最初に留学した福原鐐二郎は、帰国の半年後に『教育界』上で一九〇二年二月から一〇カ月にわたって「独逸実業教育の一斑」を連載する（福原「独逸実業教育の一斑」〔『教育界』一－四～二－一、一九〇二年二～一一月〕）。この連載で福原は、ドイツ国内における実業教育の種類を詳細に解説している。そして、福原はドイツの状況を踏まえて、「結論」項で日本の制度をどのようにしていくべきかを述べる。福原は、ドイツでは特に実業（補習）教育が地域の実情をふまえて整備されており、国民教育の基礎である義務教育の年限が日本より長く、生徒が各科目に習熟して実業教育の諸学校に入学するために、そこで高度な教育を教授できていると述べる。それが、ドイツの実業（補習）教育がうまくいっている要因だと指摘した。そのうえで福原は、(1)実業補習学校は地域ごとに科目を編成すること、(2)美術工芸教育の奨励及び美術館の設立、(3)図画教育の促進、(4)補習学校の効果を上げるための義務教育年限の延長、(5)実業教育を専門とする視学官の設置、の五点を日本の課題として挙げた（同右〔『教育界』一-一、一九〇二年一一月〕一二六～一三〇頁）。

福原が提起したこの課題は後年において順次解決されていく。特に一九〇七年の小学校令改正はそれらの問題を包括的に解決するための重要な改正であった。同令によって、(4)の義務教育年限は四年から六年となり、(3)の図画は尋常小学校の必須科目として設置された。また、(1)は〇二年一月に改正された実業補習学校規程の趣旨説明において強調されている。(5)については〇六年一月の視学官及視学特別任用令の改正によって、無条件で実業学校長を文部省視学官に登用することが可能になった。[28] 以上は福原の抱いていた課題であると同時に、文部省内で共有されていた課題であったと考えられる。ただし、(2)は留学時からの福原と正木の宿志であり、後に文相となる牧野伸顕とオーストリアで会し、それが文部省美術展覧会（文展）の創設に直結している。また、転籍者で初めて文部省留学生の特派としての派遣を経験した福原が「海外留学生及教員の海外派遣に関する」事務を掌る専門学務局長に後に就任し、かつ高等教育機関の拡張とそれに伴う各教員の配置を差配しているのは示唆的である（これについては、辻二〇一〇：七八）。

(2) 赤司鷹一郎の調査と成果

次に留学した赤司は、留学直前まで参事官と実業学務局員を兼任していた。このため留学前には、国内の実業補習学校の重要性を述べている（赤司「実業補習学校につきて」〔『教育学術界』四-六、一九〇二年四月五日〕と赤司鷹一郎・在原美誠『実業補習教育論』〔金港堂書籍、一九〇二年〕）。特に義務教育年限が四年であるために、生徒の国語など科目の習得が不完全であり、このような状況に対して実業補習学校が国民教育の質の確保のための受け皿となるべきだと主張していた。くわえて、これらの実業（補習）教育は地域の状況によって多種多様であるべきだと述べていた。

留学後に赤司が雑誌で発信したのはプロイセンの小学校についてであった。論稿の前半はプロイセンにおける小学校の制度を紹介し、後半は小学校における国語の教授内容を学年ごとに概述している（赤司「外国小学校」『教育界』三―一〇・一一・一三の各号、一九〇四年六～九月）。〇七年に義務教育年限が延長された理由の一つは、従来の四カ年では国語、特に漢字の教授が困難だというものであり、これは〇〇年の小学校令の改正当初から次なる課題として意識されていた[29]。赤司が義務教育年限が八年（または六年）のドイツを調査していたのは、義務教育年限の延長を見越してのものであった。

また、「伯林に於ける実業教育」と題された論稿では、ベルリンにおける中等程度の各種実業学校（織物・手工・電気・建築）と補習学校に関する概略を述べた。そのなかで「中等程度の極く簡易なる学校」の充実が、日露戦後における日本の工業の発達には不可欠であると主張した（赤司「伯林に於ける実業教育」『東京教育雑誌』一七八・一七九、一九〇四年一〇月二五日、一一月二五日）。高等実業教育機関は文部省によって整備されつつあったものの[30]、中等実業教育についてはいまだに手薄であると日本の現状を指摘した。

（3）田所美治の調査と成果

田所は二回の欧米派遣を経験した。一回目の留学の半年後に『教育学術界』で「独逸に於ける小学教育補足方法」を記した（田所「独逸に於ける小学教育補足方法」『教育学術界』一二―五、一九〇六年二月五日）。ここで田所は主にドイツにおける「貧者の子弟」への教育について記し、「補助学級」や「卒業後の教育」とともに、児童預所や入浴所などを紹介している。くわえて、「音楽、美術等を教育の資に供すること最も発達し居り」と述べるとともに、歴史劇に注目して「愛国心を養成し、国語の美、国語の正確を得しむるを目的とせり」と記している。〇七年の小学校令改正（第一九条）によって、従来からの修身・国語・算術・体操に加え、日本歴史・地理・理科・図画・唱歌が教科に加わる。田所はこれらの諸科目がどのように教授されるかを調査していた。別の著述では、「貧民教育、低能児教育の如き、其他諸般社会教育の部面に於ける研究、実施の盛なること実に驚くべき」とドイツの状況を述べ、「他山の石となすべき」(田所「欧米教育制度の研究」〔『内外教育評論』三、一九〇八年一月八日〕)としていることから、留学先であるドイツの社会教育に感銘を受けたことが分かる。後に普通学務局長として社会教育政策を主導していく田所であるが、この留学が具体的に社会教育に目を向ける萌芽となったのである。また、田所は留学の調査項目であった欧米諸国の学制について、一九〇六年八月に訪日した清国提学使に「日本と欧米の学制比較」と題して講演する機会を得た[31]。これは、翌〇七年に書籍化され、緒言に「短期留学」の成果を踏まえたものだと記している(田所『日本欧美教育制度及方法全書　欧美教育制度及沿革』増訂〔河田羆漢訳、東亜公司、一九〇七年〕一～二頁)。

田所は文書課長兼書記官の時に一九一〇年二月から同年一一月まで二回目の欧米派遣を経験する。名目はイギリス(日英博覧会)、ベルギー(万国行政学会)への出張であった。帰国後二年間の田所の論稿は、社会教育に関するものが多く、特にドイツへの言及が多い[32]。これは派遣後の一一年五月に社会教育を管轄する普通学務局の局長に就任したことと、同時期に通俗教育調査委員会が設置され、田所が同会の幹事に任命されたことによる。国内の状況は「学校教育の内容に就ても亦物足らぬ有様で」あるが、さらに社会教育については「欧米の状況に比すれば、其の発達の幼稚」(田所「通俗教育の必要」〔『帝国教育』再興二九・三四八、一九一一年七月一日〕二二頁)であると田所は感じていた。以上のように主に社会教育の調査を派遣時に行った田所は、結果として「君が通俗教育会の幹事たるは、最も適任で彼は独仏英米に於て専ら社会教育を研究し、其造詣頗る深」く、「小学校令改正などに関係した事から見ても、普通学務局の位置が田所君に落ちて来たのは当然」という評価を得ている(前掲前田「普通学務局長田所美治君」七九頁)。

(4)　松浦鎮次郎の調査と成果

松浦鎮次郎の場合、留学後の発信は、その多くがドイツへの肯定的な評価で占められている。たとえば、松浦は

『斯民』に多くの論稿を寄せたが、ドイツの「民風」を称賛し、それゆえにドイツの実業（補習）教育等がうまくいっていると述べる[33]。他誌における論稿も同様で、帰国直後の論稿ではドイツの「低能」児童の教育や補習教育・中等教育・実業教育を激賞している（松浦「独逸の教育」〔『東京市教育会雑誌』三八、一九〇七年一一月〕一～四頁）。また、一九〇八年一月の中学校令の改正の施行規則で補習科に実業科目を設置したのは、「中学校卒業程度の普通学の素養ある者に対し、短期間に商業に関する必要事項を授くるものの如きは、外国に於ても往々其例を見る所」として、ベルリンやデュッセルドルフの例を挙げている（松浦「中学校補習科に於ける実業科目に付て」〔『教育界』七-五、一九〇八年三月〕二六～二七頁）。帰国直後に参事官に加えて普通学務局への兼勤を命じられていることから、松浦は改正中学校令の施行規則に関わったと考えられる。その際に主にドイツの実業教育に関する松浦の知見が施行規則に組み込まれた。

また、松浦はドイツの教場で実践されている教育方法にも感銘を受ける（松浦「独仏教育の比較」〔『斯民』三-一、一九〇八年四月〕五三～五五頁）。教場では「先生が講釈をして、生徒が筆記して居るのでない。先生と生徒とが、戦争をして居るやう」で、「昨日教へた事を生徒に問ふ。生徒はそれに対して答をする」ような講義で、「生徒は少しも油断して居ることが出来ない」とする。そこでは教科書は「ホンノ参考」であり、机の端に閉じたままにして、問答を行っていることに松浦は衝撃を受ける。このようなある種のアクティブ・ラーニングへの衝撃は松浦だけではなく、前述の沢柳も派遣先のドイツで同様の経験をしている。沢柳は、

> 独逸の中学教員の授業に巧みであるといふことは実に見て居っても面白いやうであります、殆ど教場といふものは先づ生徒も教員も一生懸命に其事業《ママ》に熱心になって戦争でもして居るかといふやうな工合に一寸の透間も無いと申して宜かろうと思ふのであります。〔中略―引用者〕独逸中学校の如き殆ど授業の始から終まで問答で持切って居るといふ位の有様（沢柳政太郎「欧米視察談」〔『教育公報』二七三、一九〇三年七月〕五頁）

であると述べ、ドイツの教場と日本のそれとを比較して、日本の教育方法に改善の余地があることを指摘した。

以上、本節は転籍者の留学を取り上げた。帰国後の転籍者は雑誌等に複線型学制の整備と社会教育の必要性を説き、その際に実業（補習）教育が整備されていたドイツを模範的事例として取り上げた。彼らの知見は主に一九〇〇年代の諸学校令の改正作業に反映されていった。

7　派遣にみる文部行政の特徴と文部官僚の専門性と権威の醸成

（1）各時期における派遣の変化

本章では、主に内閣制度導入から高文第一世代までの約二〇年間における文部官僚の欧米派遣を、⑴官僚のキャリア、⑵文部省の政策課題、の二点を第Ⅰ部の各章の時期区分、すなわち内閣制度導入直後、試補規則以後、高文試験以後の三期に分けて論じてきた。

まず官僚のキャリアについて述べる。内閣制度導入以降の試補世代より前の文部官僚は、調査という名目で局長級が派遣された。その後の試補世代では局長と課長級の両方が派遣される。万国会議への出席を名目としていたが、その際に各地の視察も行われた。転籍者は参事官の時に、文部省外国留学生制度を用いて、文部省留学生のうちの特派という形式で派遣された。各国の学制の調査（教育行政研究）がその名目であった。派遣の経験者はその後も次官就任をはじめ文部省内外で教育に関わっていくことになった。

次に文部省の政策課題について述べると、試補世代より前は一八八六年に制定された諸学校令の初めての改正を見据え、設備等の質よりも教育機会（小学校と実業補習学校）の整備を優先し、派遣先でそれに関わる施策や実態を重点的に見ていた。その後の試補世代の派遣は八年計画の実施のための調査であり、前後の官僚の派遣に比して調査項目と官僚のポストや専門との関連が強く、特に正木や渡部は、後年まで派遣の調査項目である美術や教科用図書を専門としてキャリアを積んでいった。転籍者の派遣の目的は実業（補習）学校の新設という複線型学制の充実や社会教育の整備にあり、学校の量的拡張を行い、より多くの学生・生徒を教育施設に収容することを意図していた。くわえて実業学校種別の対応や小学校令・中学校令改正のための教科目（実業科目や国語科目等）の編成等の教育内容面にも注意を払っていた。

（2）文部官僚における派遣の意義

以上を踏まえて、官僚の欧米派遣の検討を通して浮かび上がった文部行政と文部官僚の特徴を述べておきたい。官僚制の展開と官僚の世代別特徴を通して欧米派遣を見ることで、各省に比して文部省は官僚を欧米諸国へ積極的に派遣していたことが分かった。しかし、各国の制度の概要だけの調査であれば、外国に関する情報の取得が比較的容易になるという点で、後年になるにつれて国内でも書物からの情報収集が可能であっただろう。

文部省がそのようにしなかったのは、実地に派遣された官僚が制度の運用実態を現地で見ることができるという点にくわえて、官僚が教育現場に実際に足を運ぶことで、教育実践だけでなく、学生・生徒の反応などを直に観察でき、教育効果を実感できたからである。それは書物からはなかなか窺い知ることが難しいものであった。だからこそ、教場でのアクティブラーニングに感動する余地があったのである。ゆえに教育の設備管理などに見られる教育行政の外的事項だけでなく、教育実践やその内容といった教育行政の内的事項の精査を業務とする中央教育行政機関である文部省の官僚は、(1)現地当局の制度運用、(2)学校長等の事務方による校内環境の整備といった学校運営、(3)教場における教員の授業実践と、(4)それを受ける学生・生徒の反応、などを重層的に観察する必要があった。特に制度による現場への影響を、学校の運営者、教員、学生・生徒の各々の様相を探る必要があり、さらに学校種や地域によってその事情が異なっていた。このような特徴を持つ教育行政だからこそ、各省に比して文部官僚に派遣経験者が多かったのである。

もちろん、第3章の高文試験を経た官僚の入省に見られるように、徐々に複雑化する行政において省内の幹部や幹部候補の官僚には法運用の能力が前提であり、不可欠なものとなっていった。しかし、前章でみた視学官ほどでないにせよ、文部官僚の政策立案には当然ながら教育の内容面への素養も必要であり、制度的な側面から大学や小学校の教場での教育実践面、社会教育の知見に至るまで最新の教育状況とそれに対する課題を可能な限り把握しておくことが求められた。それが派遣によって深められたことを本章は示した。また、官僚は派遣によって得た知識を日本の教育界に還元することが求められた(34)。転籍者に限らず、派遣を経験することで、各々の文部官僚は教育雑誌に派遣の成果と自己の見解を開陳する機会を得た。それが文部官僚としての専門性を深め、権威の源泉にもなるという循環的な作用を伴った。もっとも官僚の派遣には財源確保が必要であり、ゆえに欧米派遣は、官僚のキャリアにおいて本来的には実現が不確定なものであった。

しかし、転籍者に限って言えば、文部省は文部省外国留学生制度を用いることで財源の問題をクリアし、派遣を留学として「制度」化することで転籍者のキャリアに組み入れた。また、それが転籍者の文部省入省後の五年以内に実施されたことを考えれば、各国における学制の調査や教育現場の視察を行う留学に、内務省・府県でキャリアを開始した転籍者をキャリアの早いうちに文部官僚化していくことが期待されたのである。特に実業（補習）教育や社会教育の整備は当該期における課題という側面とともに、教育機関を整備することで教育機会を確保・拡大するという点で戦前・戦後に通ずる文部省の機関哲学でもあった。転籍者は留学を通じてそれに触れることになったのである。

注

（1）派遣を全体的に取り上げたものとして、石附（一九七二）、渡辺（一九七七～七八）、犬塚（一九八七）、辻（二〇一〇）。官僚の派遣については、通時的に言及しているのは清水（二〇一三）、明治初頭に関連する最近の研究では柏原（二〇一八）がある。また、内閣制度導入以前の各省における欧米派遣について取り上げたものに、たとえば柏原（二〇〇九）や井上（二〇〇六：第四章）がある。

（2）こうした傾向を批判的に捉え、明治中期から昭和初期までの帝国大学や文部省直轄学校の教員の欧米派遣を取り上げたのが、辻（二〇一〇）である。

(3) 国立公文書館蔵「小学師範学科取調の為海外派遣の儀伺」(請求番号：公01440100、件名番号：012)、以下、請求番号と件名番号を付したものはすべて同館所蔵の資料となる。「伊沢一等属外二名小学師範学科取調延期の儀上申」(請求番号：公02107100、件名番号：053)。

(4)「実業補習教育の切要」『大日本教育会雑誌』八五(一八八九年四月)、二七一頁。なお同じ講演は『日本大家論集』二四(同年五月一〇日発行)にも転載されている。

(5) 久保田の資料については東書文庫所蔵のものがあり、田中智子と鄭賢珠によって目録が作成されている(一八八〇年代教育史研究会のニューズレター二〇号、二〇〇八年)。この資料群から、鄭賢珠によって「明治二三年久保田譲視察報告書」(請求番号112-36-2)が発掘されている。同資料は、「獨逸小学校・師範学校・「ギムナジウム」・大学及学務局等取調書」というタイトルが付されており、ドイツ国内の各教育段階の状況について記されている。特に教員給与・恩給、学校施設の管理を含めた収入支出など学校財務に関する記述が多く、久保田の派遣調査の目的と合致する。また、各項目の表紙には「寺田」の印が見られ、寺田勇吉が査閲、作成のいずれかに関わったか、または所有していた報告書であると考えられる。なお、寺田勇吉『寺田勇吉経歴談』内篇中の「独逸教育の状況」(九三〜一一〇頁)と本資料は、記述の内容が類似していることを指摘しておきたい。

(6) この過程については、藤野(二〇〇八)。

(7) 八年計画については、三原(二〇〇二)、三原(二〇〇七)、吉川(二〇〇四)、大西(二〇一〇)、大西(二〇一三a)、大西(二〇一三b)の諸氏による一連の研究がある。

(8) 事実正木は「今度の洋行も美術を振興するに就いての施設とか、制度とかを主に調査研究して来た」(正木直彦『回顧七十年』学校美術協会出版部、一九三七年、二三五頁)と記している。

(9) 図書局は九八年一〇月に廃局となっており、九九年七月当時は官房内の図書課で教科用図書に関する事務が行われていた。結局、当該期においては局への昇格は実現されなかった。

(10) 日清戦後から明治末期までの実業教育については、文部省実業学務局編『実業教育五十年史』正・続(日本図書センター、一九八一年、底本は実業教育五十周年記念会、一九三四〜三六年)の第四期「実業学校令時代」を参照。

(11) 実業教育局は一八九八年一〇月に廃局になっており、九九年七月当時は専門学務局が実業学務の業務を担っていた。

(12)「文部省八年計画調査書」の「第一　普通教育」項には、義務教育年限は少なくとも一九〇七年までは現行の四年を存続させ、就学率を上げることに注力するべきだと記されている。一方でそれ以降は年限の延長が示唆されており、実際に〇七年に年限が四年から六年に延長された。

(13)「職務上に関係もあり、多くは教育行政」の調査であったとし、「他日調査致しました事柄を申し上げる機会もありまするかも知れませぬ」と沢柳は述べている（「欧米視察談」『教育公報』二七三、一九〇三年七月、一頁）。しかし、派遣後に沢柳が制度改正に関して言及したものは管見の限りない。

(14) ただし、正木は欧米における博物館・美術館の先進的な取り組みを各誌で紹介し、博物館行政への啓蒙的な役割を果たした（「美術奨励の一策」『太陽』七‐一二、一九〇一年一〇月や「美術館の種類に就て」『美術新報』一‐二、一九〇二年四月五日など）。

(15) たとえば、渡部董之介「現今の小学校の最も希望するもの」（『日本之小学教師』五‐四九、一九〇三年一月一二日）や沢柳の前掲「欧米視察談」や「洋行所見」（第一高等学校校友会編『校友会雑誌』一二七、一九〇三年五月）、「欧米小学教育雑談」（『日本之小学教師』五六、五七、一九〇三年八月、九月）。

(16) なお、沢柳と渡部と同じく文科出身で、試補として文部省に入省した牧瀬五一郎は一九一二年四月に万国徳育会議への出張に合わせ、「教育に関する諸般事項を調査」・「陸軍諸学校の教育に関する諸般事項をも併せて実地視察」のために欧米へ派遣されている（「陸軍教授牧瀬五一郎欧米各国へ出張被仰付の件」、請求番号：任 B00642100、件名：030）。

(17) 正木によると、派遣前年の隈板内閣期に「外国の美術館視察費」が予算に計上されていたという（正木直彦『十三松堂閑話録』二九六頁）。

(18) 例外は一九二四年六月に逓信次官に就任した桑山鉄男（〇六年に試験合格）の一名のみである。

(19) 岡田良平が〇一年六月から〇三年一二月（総務長官）、〇八年七月から一一年九月の計五年七カ月、沢柳が〇六年七月から〇八年七月まで計二年次官を務めた。

(20) 大正・昭和以降の大蔵省の主要官僚の派遣については、迎由理男（二〇〇〇：八～九）がある。

(21) 第3章で指摘したように、海外派遣の他に、他省に比して無競争で安定した昇進が、転籍者の文部省入省のインセンティブとして挙げられる。

(22)「文部省外国留学生規程を改正す」（一八九九年五月一六日）。文部省留学生の増加の背景には、八年計画による後期中等教育機関や高等教育機関の増設があり、それに向けた教員養成が急務であったことが指摘できる（詳細は、辻 二〇一〇：第一章、第二章）。文部省も「留学生の増遣は官職の増設に伴ふ問題」と、留学生の増派には教員のポスト数の増加が密接に関連していると述べている（「文部留学生と当局」『教育時論』八〇四、一九〇七年八月一五日、二五頁）。

(23)　次官となった四者の他に、松村茂助と松本順吉が高文官僚第一世代の転籍者の文部官僚である。松村は普通学務局長時の一一年二月に病気のため休職（のち退職）、松本（参事官）は〇七年四月に住友に移っている。結果として両者は文部省で官歴を終えている。なお、松村は米国出張（セントルイス万国博覧会）の経験があるものの、両者とも留学の経験がない。

(24)　藤原喜代蔵『教育界人物伝』（東出版、一九九七年、底本は『人物評論学界の賢人愚人』文教会、一九一三年）三〇七頁。(1)休職のため昇進が遅れ、(2)各省の出張より旅費や手当が少額であるという点から、文部省留学生としての派遣は各省による出張と比して待遇が悪かったとされる。

(25)　例外として松浦は、大正期に福原と南弘が長期にわたって次官に在職したため留学の一六年後に次官に就任している。

(26)　「文部省参事官田所美治英国へ被差遣の件」（請求番号：任B00563100、件名番号：020）、「文部省参事官田所美治白耳義国へ被差遣の件」（請求番号：任B00569100、件名番号：008）、「文部省実業学務局長工学博士真野文二英国へ被差遣の件」（請求番号：任B00569100、件名番号：027）、「田所文部参事官の談」『東京朝日新聞』（一九一〇年一一月八日朝刊）、「真野局長視察談」『東京朝日新聞』（一九一〇年一一月一八日朝刊）。

(27)　これについては、前掲文部省実業学務局編『実業教育五十年史』で、岡田が総務長官に転じた後は、「参事官赤司鷹一郎等、熱心に〔実業教育の―引用者注〕研究を続け」たと記述がある（四三九頁）。また、日清戦後以降の帝国議会における実業教育に対する関心の高まりが、転籍者の後述のような実業（補習）教育に関する積極的なメディアへの発信に繋がったと言える。帝国議会内の実業教育の議論については、岩見（一九八一）、菅井（一九八一）がある。

(28)　一八九九年の視学官及視学特別任用令では第一条第二号で、実業学校長が文部省視学官になるには、一年以上の道府県の視学官の経験が必要であった。

(29)　「小学校令中を改正す」（一九〇七年三月二〇日、請求番号：類01040100、件名番号：011）中の牧野伸顕文相から西園寺公望首相に宛てた改正理由書（一九〇六年一〇月二日、三〇〜三四頁）。一九〇〇年の小学校令改正でも、国語科、特に漢字については訓令「小学校令同施行規則に関する件」で、生徒への教授の分量を絞ることで教育効果を上げる旨が明記されている（一九〇〇年八月二二日の文部省訓令一〇「小学校令同施行規則に関する件」）。

(30)　実業高等教育については一九〇二年に神戸高等商業・京都高等工芸・盛岡高等農林、〇五年に長崎高等商業・名古屋高等工業、〇六年に仙台高等工業、の諸学校が創設されていた。

(31)　『東京朝日新聞』によれば、一九〇六年八月二〇日に東京高等商業学校で田所と野尻精一が提学使に講演する旨が記されている（同年八月一七日朝刊、「提学使と文部省の講演」）。

(32)　もちろん「英吉利の教育」(一)～(三)（『日本之小学教師』一三-一四七～一五〇、一九一一年三月一五日～同年六月一五日）のように派遣先のイギリスの教育について語ったものもあるが、これはイギリス国内の初等から高等までの教育の概略の説明に終始し、イギリスの教育のいかなる点が優れ、それを日本がいかに取り入れるかという意識は低い。この点でドイツとは対照的である。注33の松浦にも見られるように、このような姿勢は派遣された転籍者全員に共通する。

(33)　たとえば松浦鎮次郎「独逸民風の特色」（『斯民』二-一〇、一九〇八年一月）や同「実業教育と精神教育」（同、三-一三、一九〇九年一月七日）。なお松浦は前者の記事でイタリアにも赴いたが、イタリアについて古い美術品以外は「ソンナに感心したことは、実はなかったのであります」と述べている。

(34)　一九〇一年四月から〇三年四月までドイツ、イギリスに留学していた小泉又一（当時、東京高等師範学校教授兼附属小学校主事）は、帰国直後に「二、三年遊んで来たから其の埋め合わせでもせよと言はんばかりに、学校の方からは主事をやれ、幹事をやれと閑なく使はれ、又知人や新聞・雑誌の記者には何か話せ話せと責められ、或は演説をたのまれるなど、此処二、三ヶ月は流行児として珍らしがられるか知らんが、留学帰朝者の多くが帰朝后半年若しくは一年にして、病気にかかるのは、此の珍しがらるる時、得意に乗じて心身を苦しめ過ぎる結果ではあるまいか」と記者に漏らしている（「小泉又一君を訪ふ」『日本之小学教師』五-五四、一九〇三年一〇月五日、五九頁）。

第7章　教育雑誌による文部官僚の評価――『教育時論』と『教育報知』を中心に

1　教育雑誌に関する研究の現状と課題

本書は、教育雑誌（以下、必要に応じて雑誌と記す）を基礎史料として文部省の変容を論じてきた。序章でも述べたように、文部省内部の史料が焼失している以上、文部省や文部官僚を考察するには各教育雑誌が有益な史料群となり、同時代で文部省や文部官僚がいかに評価されたかを検討することで、近代日本の教育行政がどのように考えられていたのかを通時的に理解できると考えたためである。本書は各章で文部行政・教育行政への規範論や文部官僚・教育行政官の専門性への評価が、教育雑誌によって提起されていたことを明らかにしてきた。

しかし、各章は時期（第1～3章）やトピック（第4～6章）で区切ったため、必ずしも雑誌の記事内容の変遷を見通せるものとはなっていない。各章で取り上げた記事が、たとえば『教育時論』（以下、『時論』と記す）のものであるならば、『時論』の経時的な変化のなかでその記事がいかに位置づけられるのかについては不鮮明であった。ゆえに各章で取り上げた記事がどのような背景から記されたものなのかという整理は必要である。特に雑誌史料に多くを依拠している本書においては、この作業を行うことによって史料のいわゆる「つまみ食い」（チェリー・ピッキング）の可能性をできる限り少なくしたいという意図がある。

序章でも触れたように、現在まで教育雑誌自体の研究は少ない[1]。書誌情報や雑誌に関係した人物や出版社の経営状況などについては一定程度明らかにされてきたが[2]、雑誌がどのような立ち位置からある事象について議論し、その主張が中長期的にはいかに変化したのか／しなかったのかについては分かっていないことが多い。雑誌を用いて文部省を見る場合には、政策過程を探るイシュー・アプローチ的な研究視角から雑誌が用いられることが多く、政策をめぐる状況を、政策立案から制定まで時限的に期間を区切るのが普通であった。[3] このような視角からは史料としての教育雑誌自体へ関心が向くことは少なく（少なくとも主眼たり得ず）、中長期的に雑誌に向き合うことにならなかった。このことは、現在まで文部省や文部官僚への通時的な研究がなされてこなかったことと同様の問題を持つ。[4] すなわち文部省・文部官僚と教育雑誌は両者ともに政策形成等のあるイシューに対する説明要素の一つとされたが、それ自体に関心が向くことは多くなかったのである。

本書では『時論』と『教育報知』（以下、『報知』と記す）を主に取り上げてきた。それは両誌が長期間にわたって発行され、また、文部官僚がいかなる人物によって担われるべきなのかということに常に関心を抱いていたからである。このため両誌を見ることで文部省や文部官僚への評価を経時的に考察し、官僚の専門性を浮かび上がらせることが可能になる。[5] 本章では、官僚制の展開や教育雑誌を取り巻く環境の変化を踏まえつつ、両誌の主張がいかに変化していったかを明らかにする。検討時期は、両誌が発刊された一八八五年（明治一八）から、『報知』が休刊・廃刊となる一九〇〇年（明治三三）前後までとする。[6] その際に特に第Ⅰ部までに取り上げた記事を本章でも重複を厭わず用いる。既出の記事を本章で取り上げる新出の記事と突き合わせてみることで、既出・新出両方の記事が雑誌の論説の変化のなかでどのような位置づけにあるのかを明らかにできると考えるためである。

本章でもこれまでと同様に、『時論』は社説欄と時事寓感欄（以下、時事欄と記す）、[7]『報知』は教育報知欄（時期によって異なるが基本的に社説に相当、以下、報知欄と記す）と新報欄といった、社員や社と関係の深い人物が執筆していると考えられる固定欄を基本的に取り上げる。

2　教育雑誌出版の隆盛と『時論』・『報知』の画期――一八八五～九〇年

(1)『時論』・『報知』以前の教育雑誌

まず、『時論』・『報知』発刊以前の教育雑誌について概観しておきたい。最初期の教育雑誌として取り上げられるのは『文部省雑誌』である。同誌は一八七三年に発刊され、途中『教育雑誌』（七六年四月～八二年一一月）、『文部省教育雑誌』（八二年一二月～八三年四月）と誌名を変更しながら刊行された(8)。当初は直轄学校における献金状況や学生に関する記事が多く、多分に広報的な役割が付されていた。しかし、七五年頃を境に欧米の教育文化・事情や教育論説の紹介が誌面の多くを占めるようになり、『教育雑誌』と改称した後からはもっぱら欧米の事情・論説の翻訳が誌面を占め、「海外知識摂取の主なパイプの役割」を担った（佐藤 一九八一：一）。

また、民間では『教育新誌』（七七年六月～八二年一〇月）や『内外教育新報』（七八年三月～七九年九月）が国内外の教育情報を掲載し、教育方法論などの学術領域を論じた。両誌の経営や執筆陣には文部省関係者が少なくなく、半官半民的な色合いが強かった（教育ジャーナリズム史研究会 一九八七：九五）。当該期の教育雑誌は文部省・文部官僚を評価するというものではなかった。

(2)『時論』と『報知』の登場

諸学校令の整備や各種教育会の組織化など、教員社会の基盤が出来上がってきたことを背景に、一八八五年以降に教育雑誌の数は増え、「教育雑誌盛行の時代」となった（久木 一九八六：五）。しかし、その後多くの雑誌は短期間のうちに廃刊となっている(9)。その中において、『時論』と『報知』は長期間にわたって発行された。

初期の『時論』には開発教授の立場から、理学などの教育方法に関する論稿が多く掲載された(10)。また、教育制度への批評も散見され、特に森文相期の教育政策については批判的な記述が見られる（榑松・菅原 一九八八～八九：上、五二)。九〇年以前の文部省への言及は、制定された制度の是非に関する記述が多い。くわえて、『時論』の特徴として、(高等)師範学校やその関係者(茗渓派等)に関する記事が多く、教育現場に立つ彼らの専門性を高く評価する傾向がある(「師範学校長の撰択」『時論』八四、社説欄、一八八七年八月一五日)三〜六頁)。教育現場や教育の専門性を重視する『時論』の志向はこの頃から見られた。以降、視学や視学官に関する記事を『時論』が多く掲載したのも『時論』が現場を重視していたからである。一方で府県の学務課長・課員に対する評価は師範学校長に比して低い。たとえば、「学務課長は中《ママ》には教育の理法と、授業とを監査するの眼力に乏しく、只事務に経験ありと云へる名」によって学務課長の椅子にある者が少なくなく、師範学校令の制定によって学務課長が師範学校長を兼任するのは不適切だと述べた(「師範学校長の地位」『時論』五三、社説欄、一八八六年一〇月五日)二頁。この記事の他に、たとえば第一九九号のかきよせ欄、一八九〇年一〇月二五日、二二頁)。

『報知』は誌名に見られるように、発刊当初から週刊雑誌の速報性を活かしたニュース報道に重点を置いていた。また、「学術」欄や、「家庭・学校・一般の教育」と三類型の記事を設けるなど、『時論』と同様に学術・実用の両面から教育を論じた。社長の日下部三之介が森有礼に傾倒していたこともあり、『時論』と異なり、森文相期の政策の評価に関しては穏健で、解説的・補完的な記事が多い(11)。

当該期の両誌はともに文部省に言及することはあるが、文部省の施策を受けてそれをどのように解釈し、現状をいかに改良していくのかという記述にとどまっていた。また、文部官僚に関する評価は評伝的な記述以外は見られない(12)。しかし、両誌とも九〇年の帝国議会の開設が転機となり誌面に変化が生じる。まず変化があったのは『時論』である。第一九九号で「現在の教育雑誌中には、唯学術のみを記述して政務のことに及ぶもの無きは、甚だ不充分のものと云はざるを得ず」と述べた(「教育雑誌の責任」『時論』一九九、内外雑纂欄、一八九〇年一〇月二五日)二二〜二三頁)。そして、「二百号以下は、政治の上よりも、教育を論究する」誌面に変えると宣言した(「かきよせ」欄(同右号)二二頁)。その第二〇〇号では「教育時論を以て政治を論議することを得るの機関となしたる要因」を、(1)教育の事業を国家行政中の主要な地位と定める以上、学術だけを論じるわけにはいかない、(2)論者に議論の場を設けることが『時論』には可能、(3)帝国議会に関する報道を行い、読者に伝える、(4)政党の進出が教育事務を歪ませる可能性があり、それを防ぐには教育界の世論を国民に周知するべき、の四点に分けて詳述した（「教育時論の性質を改めて政治・学術の両面より教育を論弁することを得べき唯一の機関となす」〔『時論』二〇〇、社説欄、一八九〇年一一月五日〕五〜八頁）。以降の『時論』は政治・行政についての議論を積極的に発信していく。

一方、『報知』の変化は『時論』よりもやや遅い。九〇年の小学校令制定以降は、主に新報欄に文部省関連の記事が増加したが、画期は帝国議会開設後の政党に対する不満であった。特に『報知』を憤慨させたのは政党系新聞の教育論であり、「或は誤謬の説あり、又或は為めにするものあり」と断じた（「政治新聞の教育論」〔『報知』二八〇、新報欄、一八九一年九月五日〕一四頁）。そのうえで「吾教育報知の奮励は遂に遠慮会釈なく教育政を論議するの資格を有する迄に進歩せり」と述べ、第二八一号からは「吾儕が平素堪忍し来りし血涙、関なく迸《ほとばし》り出で紙面を湿す」と予告した（「教育報知の進歩」〔同右号、新報欄〕同右頁）。その第二八一号では、政党系新聞が論じてきた文部省の内務省への合併論や高等中学校の廃止論に対して反駁を行っている（「教育に関する時事問題」〔『報知』二八一、報知欄、一八九一年九月一九日〕一〜三頁）。以降も政党への不信感は強く、政党の教育政策についての誤認や矛盾に対して専門誌の立場からたびたび反論を行った(13)。九二年四月の発刊七周年記念号で『報知』は、市町村制の実施と代議政体の施行によって、「更に学政に論及すべきの資格を進め」ると、以降の同誌の方針について述べた(14)。

以上、両誌は帝国議会開設を契機として、意識的に政治・行政に関する記事を増やし、それが次節にみる文部省内の動向や文部官僚に関する記事の増加にも繋がっていった(15)。

3　『時論』・『報知』両誌における官僚評価——一八九一〜九四年

(1) 文部官僚に対する原初的評価

議会開設を契機として両誌の文部省内部の動向についての言及が増えていくが、文部官僚に関する記事が誌面上に多く掲載されるのは省内の人事異動の時であった。森文相期に文部官僚の評価が両誌で論じられることが少なかったのは、議会の開設前というだけでなく、次官や局長、参事官の更迭が少なかったことも影響していよう。しかし、九二年一一月にいわゆる教科書機密漏洩事件の引責によって、内閣制度導入以来にわたって次官を務めていた辻新次が辞職すると、文部官僚をいかに評価するかということについての記事が両誌上に掲載された。

まず『報知』は、文部省の次官や局長を「政務官にはあらざるなり」と考えており（「牧野文部次官」『報知』三六三、新報欄、一八九三年四月一日）一六頁）、「余まりに政治家らしき人物を採用するの必要なし」という立場であった（「千家新普通学務局長閣下」『報知』三四八、社説欄、一八九二年一一月一七日）一～二頁）。そのような価値観から、辻を「中立不偏、心に他の政界の事情を介せず、公明正大、惟精惟一、眼中教育の進歩改良を期するの外には、顧みて個人の関係利否を問はざりし心事」と肯定的に評価する（「辻文部次官の辞職」『報知』三四六、新報欄、一八九二年一二月三日）一三～一四頁）。

一方、『時論』には厳しい評価が多く、次に記す辻と後任次官の久保田譲への評価は同誌の性格を端的に現している。辻については「世俗の才子」であるが、「学問上の才子」ではなく、また「七万の教育家が仰瞻すべき道徳上の模型として、完全無欠」ではないと述べる（「嗚呼文部の近事」『時論』二七五、時事欄、一八九二年一二月五日）九頁）。そして、世人は「教育上の上官」として、「一種の哲学家、若くは教育家、若しくは道徳家を戴かんとの企望」を持っているが、辻はそれらとして「十分に世人」を満足させていないと記す。ただし、「明に君に優れりと世人の許すものあるまでは、君は宜しく文部次官の地位に立つべき」であったとし、辻の辞任を惜しんでおり、必ずしも辻を否定的にのみ評価していなかったことが分かる。

久保田への評価はさらに厳しい（同右）。まず、辻と比較して哲学家・教育家・道徳家として久保田はいずれも劣ると述べる。さらに「君の技能として、世に聞ゆる所は、世俗の吏才のみ」とし、「算を執て、大臣の官邸を評価し、帳簿を作て、官有の地所を払下げ、人をして其後に議すること能はざらしむるの技能」は感服するが、それは「必ずしも教育家の仰瞻に応ふべき資格」ではないと断じる。『時論』は、徳望・道徳・学問という観点から細川潤次郎や西村茂樹が次官に適任だとする（同右、一〇頁）。

『報知』は教育と「政務」を区分し、『時論』は「世俗」「吏才」と「教育上の上官」の能力（「哲学」「教育」「道徳」）を二項対立的に区分した。このような構図から文部官僚・教育行政官を評価する両誌の性格は、九六年頃まで基本的に変化しない。また、両誌は各教育会に関係を持つ文部官僚を高く評価する傾向にあった。たとえば、辻の辞職とともに文部省を去った西村貞や色川国士が評価されたのも、両者が大日本教育会をはじめとする各種教育会と深い関係にあったことによる。(16)

対照的に著名であっても、それまで教育に関わってこなかった人物が入省した際には、両誌はその能力に対して懐疑的であった。たとえば、久保田の後任普通学務局長に就任した千家尊福《せんげたかとみ》は、出雲大社の宮司で、宗教畑を歩んできた自身の出自や経歴から、特に『報知』から揶揄を含んだ批判を受けた（「文部省の大祓」『報知』三四七、新報欄、一八九二年一二月一〇日）二二頁や前掲「千家新普通学務局長閣下」）。また、『報知』は井上毅文相期の次官として牧野伸顕が就任した時に、「文部次官は教育事務官たり。政務官にはあらざるなり。少なくとも部下の百僚を率い得可き、教育事務の心得なかるべからず」と記し、牧野の就任が「聊《いささ》か怪訝の念なき能はざる」と述べた（前掲「牧野文部次官」）。(17)『時論』上でも「政治」と「教化」を明確に区分し、「政治は主として法制によりて行はる」一方で、「教化は主として人によりて行はる」とする。そのうえで、文部省が担うべきは「教育普及の道を尽すに足るや否を標準として、之が基礎を立てざるべからざる」「教化」であると記す（「文部省果して廃すべきか」『時論』二七二、社説欄、一八九二年一一月五日）五〜七頁）。

両誌は文部省の業務を「政務」や「政治」とは切り離して位置づけるべきで、人選もそのようにあるべきだという志向を持っていた。しかし、官僚制度の整備とそれに伴う行政機関の変化によって、両誌が抱く文部官僚の理想像は現実と徐々に乖離していった。

（2）井上毅文相期における「法令」

文部省の業務は「政治」「政務」と一定の距離を保つべきであるという主張が両誌上で見られたが、くわえて一八九三年の井上毅文相期からは「法令」「法律」が「教育」と対置されて、誌面で論じられることになる。『報知』においては前述のように牧野への批判はあったものの、文相である井上に対しての批判は見られない。しかし、井上がいわゆる「箝口訓令」を九三年一〇月に出すと、『報知』は訓令を井上のパーソナリティに絡めた批判を行う（「法令を以て人心を化すべからず」〔『報知』四〇八、報知欄、一八九四年二月一〇日〕二頁）。また、同号では外務省から文部参事官に就任した秋月左都夫の文部官僚としての能力を疑問視する記事が掲載されており、従来の主張にも見られた外部からの入省者に対する適性批判も記されている（「新文部省参事官」〔同右号、報知欄〕）。この記事については第五章で詳述）。

一方、『時論』は箝口訓令が出る直前の九月二五日には何もしなくても批判され、何かやっても批判されるので「思ひ切ってやり玉へ」と井上を激励していた（「思ひ切ってやり玉へ」〔『時論』三〇四、時事欄、一八九三年九月二五日〕八〜九頁）。この激励は九月九日の大日本教育会の創立第一〇周年記念で、井上が批判されたことを踏まえて述べられたものであった。しかし、『時論』も、「箝口訓令」の発令の前後には、大日本教育会との対立が激化する井上以下の省幹部に対する批判が増加していく。一〇月五日の第三〇五号の社説では、大日本教育会の文部省批判が「既に履行したる改革」に対してであり、「一定の成案」なく文部省を批判することに自重を求める一方で、記事の最後に「井上文部」にも次のように指摘する（「傾聴せよ朝野の教育家」〔『時論』三〇五、社説欄、一八九三年一〇月五日〕五〜七頁）。『時論』は井上を「動《やや》もすれば、仔細の箇所に過度の精神を労し、余計の脳力を費して、其の結果たる所謂小刀細工に陥り、且其施設する所、多く自家の憶想に出て、事実に依て、利害得失を考定せざるの跡ありて、所謂神経政略の誹《そしり》を免れず」と指摘した（同右、七頁）。そして、第2章でも見た同号では、「文部の柄《つか》を執る人」の教育上の見識が幼稚であるとし、「我等は彼等の履歴の上より考へて、彼等が普通教育の実情に通じたる者なりとは信ずること能はず」と述べる（「文部当局の幼稚」〔同右号、時事欄〕九頁）。「彼等が今日の気運を知らず、教育と云ふ一事業が、一科の専門となりしことを忘れ、何人にても教育の任に当るべしと思へる如き風ある」と「教育の専門性が軽視されていることを批判した（同右）。また、その隣の欄に掲載された記事では「文部当局の偏頗」と題し、文部省が「大学出身の人」によって占められ、果ては井上が高等師範学校長の高嶺秀夫を更迭し、校長心得として嘉納治五郎を就任させたことから、文部省は「大学出身の人」で占められ、茗渓派を斥けていると批判を展開している（「文部当局の偏頗」（同右号、時事欄）九頁）。また、井上文相以下の経歴は第三〇六号で具体的に記されている。そこでは、「法律的人物の実業論」と題して、井上文相以下文部省の幹部は「揃ひも揃ひて、法律的頭脳」で、彼らの実業教育論は「偖も危きものかな」と老教育家に言わせた（「法律的人物の実業論」（『時論』三〇六、内外雑纂欄、一八九三年一〇月一五日）二九頁）。

第2章では取り上げなかったが、最終的に『時論』の不満が爆発するのが九四年一月の第三一六号である。同号は社説から時事欄まで「法令批判」の記事が多く掲載された。社説では、「上は文部大臣より、下は郡役所の学務担任書記、及町村の学務掛に至るまで、一に法文の正条に従て、其事務を進行せしむる外に余念なく、而して其法文は何の為に設けられたるやとい〔欠字〕ふ根本の概念に至りては、一も其意識に上ら」ないと批判する（「教育事務官の職務」（『時論』三一六、社説欄、一八九四年一月二五日）五頁）。「法令を遵奉する外に、教育事務官の職分なしと思ふは、是亦正当の事と云ふべからず」と断ずる（同右）。だからこそ、「文部長官たるものも亦宜しく瑣末なる訓令を出すに汲々として、其大体を忘るべからず」と述べた（同右、七頁）。最後に、「文部の官吏と府県郡区の学務官とは共に教育家なるを要せず、能く深刻に法文の意味を解し得る三百代言の徒を用いて足」るという意見に対しては、「我等は決して是のみを以て、教育事務官の職分なりと信ぜず」と結んだ（同右）。時事欄の前のかきよせ欄では「法を雨ふらすは今の明治政府の弊、文部も其一部とすれば、此弊に陥るは免るべからざるか」と記した（かきよせ欄（同右号）七頁）。そのうえで、時事内の「文部省の学事会」と題した記事では、文部省は地方の実情を理解していないと批判し、「文部大臣たる者、徒に法文の中に蟄居し」ているために、府県学務官吏へ諮問する「学事会」が必要であると主張した（「文部省の学事会」（同右号、時事欄）九頁）。この第三一六号から、法令を出すことは教育制度の現状を改善するために必要であるが、それはあくまで教育内容を改善する手段と考えるべきであるという『時論』の姿勢が窺える。

以上のような批判を展開した両誌であるが、九四年八月に井上毅が病により文相を辞任した後は、井上を肯定的に評価した記事が少なくない。たとえば、『報知』第四六四号（九五年三月）の伊能嘉矩の論説では、井上が文相になってから、省務が整頓され、地方との連絡も円滑になったと称賛した（「文部大臣としての井上毅氏」（『報知』四六四、論説欄、一八九五年三月九日）一二～一三頁）。もっともこれは、井上の政治力を評価している点に注意が必要である。『時論』は、井上文相時を「教育に関する勅令・省令等には、頗る周密なる説明を附せられたるを以て、能く法令の精神を了知し、之が施措を誤まらず、教育社会のものは其至便を称したりき」と評価した（「法令と説明」（『時論』三五三、時事欄、一八九五年二月五日）九頁）。

このような井上文相期の評価の揺れ自体に、この時期の文部省や文部官僚をどのように評価するかについての、両誌の戸惑いと現状への違和感が窺える。『時論』は茗渓派の人々を「能く教育の理法に通じ、教育の実際に明なる」と評価し、井上文相期の人事では「茗渓会派の雙影を見」られなかったと不満を持っていた（「文部省の茗渓派」（同右号、時事欄）一〇頁）。しかし、井上の後を襲った西園寺公望文相期に高等師範学校出身の滝沢菊太郎・中村五六が本省へ入ることを聞くと、「餅屋《（ママ）》は餅屋、教育の事は純粋の教育家に任せたるこそよけれ」と喜びを隠さず、一時的に溜飲を下げることができた。

また、『報知』は「政務者は教務を兼ぬるを得るや」という題で、教育者が政治を論じることを禁じた箝口訓令を発令した文部省内部に、教務（学校長など学校事務）と政務（官僚）を兼ねている官僚が多くいるのは問題ではないかと記した（「政務者は教務を兼ぬるを得るや」（『報知』四三九、報知欄、一八九四年九月一五日）四頁）。文部官僚（教育行政官）を「教務」と「政務」という側面からどのように位置づけるべきかという議論は、後々まで『報知』上で言及されることになる。

4　教育雑誌と教育行政を取り巻く環境の変化——一八九五〜九七年

(1) 両誌の危機感と自負

一八九五年に創刊一〇年を迎えた両誌は、両誌の今後の方向性や抱負について読者に発信したが、その背景には両誌を取り巻く厳しい環境があった。『時論』の第三六七号では、一昨年から東京府下の教育雑誌が一時的に増加したが、供給過多となり、結果的に数年前と同じ状態になったと記す（「教育雑誌減少の理由」『時論』三六七、時事欄、一八九五年六月二五日）一〇頁）。この原因について、商業は「一の敵をも作らざるを以て、最良の商略とす」るべきであるが、教育雑誌はその点で不向きであると述べる。なぜなら「教育雑誌は輿論の代表」となるのが「本来の性質」であり、そのために「敵を作ることを避」けられないからだと記す。この記述からは、教育雑誌の性質が『時論』なりに分析されているだけではなく、『時論』が教育輿論の形成を重視し、そのために激しい議論を展開してきたという自負が読み取れる。教育雑誌の状況については『報知』も同様に認識しており、「若し我が教育報知と教育時論とのあるなくば、教育社会は何に依てか教育上の形勢を知るべきか、思へば心細きことの限り」であると述べている（「教育雑誌の減少」『報知』四八一、報知欄、一八九五年七月二〇日）三〜四頁）。

以上のような状況において、『時論』自体は過去一〇年において「常に教員の味方となりて、文部当局者の注意を促すこと最切要」という意識を誌面に反映させることに努め、「情実に拘らず、為に当局に敵視せられたることもあれば、夫となく我社の持論を採用せられて、愉快を覚えたることもありき」と述べている（「教育時論の過去十年」『時論』三六〇、社説欄、一八九五年四月一五日）七頁）。そして、「今後の時論も亦既往の時論の如く、常に少壮学生の精神を失はず、誓て自ら老成不活発に陥るの弊を避け」て読者に応えたいと抱負を述べた（同右）。「少壮学生の精神」という記述に『時論』の自己認識が端的に現れている。

一方『報知』は、一〇周年を迎える九五年の四月に、これまで多くの教育雑誌が責任・定見がなかったために倒れたが、「我社は教育社会有数の長寿者」となったので、「益々大なる責任を荷ひ、益々牢乎たる定見を主持」するべきであると記した（「創立紀念第十一年期」〔『報知』四七一、報知欄、一八九五年四月三〇日〕一頁）。そして、半年後の第四九三号から誌面の「一大改革」を行った。週刊から「三之日発行」に改められた理由は不明であるが、改革の理由として日清戦争前後で国内の気風が一変したことを挙げ、「従来の日本は百般の事、多くは批評を主として、却て此が実行に冷淡を極め」ていると第四九二号で述べている(18)。新たに設置した教務・学務両欄について、教務欄は従来の「教室」欄を拡充したもので、教室欄は「教授管理」のみを扱っていたが、教務欄ではその範囲をより広くすると記す。学務欄は「教務以外の者、即ち凡て学務なり」と前置きをし、「教師以外の教育当事者の事務にして、要するに教育行政に関する者」で、「一般教育行政執務者の便に供」する欄であるとする（「教務と学務との弁」〔『報知』四九三、学務欄、一八九五年一〇月一三日〕一一頁）。『報知』上では文部省内部や教育行政について主に新報や報知欄で取り上げられてきたが、その役割が学務欄にも付された。学務・教務の両者の区分は、その後の『報知』上でしばしば議論の俎上に載せられた。

(2) 文部省をめぐる変化――『時論』を中心に

ここまで創刊一〇周年を迎えた両誌の白負・抱負を見てきたが、創刊直後と当該期とでは教育行政や文部省を取り巻く状況が変わりつつあることは両誌も意識せざるを得ず、両誌は時代状況の変化を踏まえて文部省と文部官僚をいかに評価するかという問題に直面する。特に『時論』はこの点について多くの問題提起を行った。本項では『時論』がいかなるテーマを取り上げ、そこから文部省と文部官僚をどのように評価したのかを見ていく。

まず『時論』は文部官僚・教育行政官や教員と、教育行政研究とがどのような関係にあるかを問題にした。たとえば一八九五年八月刊行の第三七一号で師範学校が、「教育行政の思想を養はしむる」課目を担当する教員が「法理に明ならざれば」、「当局者の意見を誤るなきを保せず」として、「何か教育行政の思想を養成せしむる方法」がないかと思案していることを取り上げ、文部官僚は「立法者の位置に立ち、又は之が補助をなすものなれば、固より教育行政の学理に通」ずるべきであるが、「府県学務官吏、学校教員などは、日本教育行政法の大意を知らば可なり。繁雑なる教育行政の項目を逐一講究するに及ばず」と主張した（「教育行政の研究」〔『時論』三七一、時事欄、一八九五年八月五日〕一一頁）。次の記事では、箝口訓令があるにもかかわらず、大日本教育会の夏期講習で法学士の文部官僚中川小十郎が教員へ教育行政を講義することについて、文部省の教員への姿勢は矛盾しているのではないかと疑問を呈す（「教育行政の研究と十一号訓令」〔同右号、時事欄〕、一一頁）。さらに次の記事では、「心神頗多忙にして、散歩に出づべき寸暇も」無い「夏期講習会は妄りに奨励すべからず」と記す（「夏期講習会は妄りに奨励すべからず」〔同右号、時事欄〕一一～一二頁）。これらから、『時論』が教育行政に関する詳細な学習やそれを促す場であった夏期講習会に否定的な見解を抱いていたことが分かる。

また、この時期から文官高等試験（以下、高文試験と記す）が開始され、官僚の任用制度が整備される。第2章や第3章でも触れたように『時論』は高文試験をはじめとする官僚任用全体のあり方を、そのまま文部省に当てはめることには批判的であった。九五年九月刊行の第三七四号では文部省の判任官を取り上げ、文部官僚が「多少の教育思想を有せざるべからざるは固よりのこと」であるが、大学で法学を学び、卒業直後に文部省の判任官に就く者が「教育に関する思想を有し、教育に関する興味を有するかは実に一疑問」であると述べる（「文部の属官任用法」〔『時論』三七四、時事欄、一八九五年九月五日〕九頁）。そのうえで、教育社会では常識であることをその判任官が認識しているだけで、「教育行政に通じ、其教育学理に通ず」と評価されるような状況は「痛嘆に堪へざること」と述べる。そして、小学教員などの「実地教育家」を選抜し文部省の判任官とすることで、(1)文部省が教育に精通する人材を得る、(2)実地教育家にも一種の希望を与える、という利点があると主張した。同号では奏任官についても取り上げているが、論旨としては判任官のものと大差はない。すなわち高文試験が「国法・行政法などの課目に重きを置」いたもので、「文部省の高等官などにも、法律には通暁せるも、教育の思想は皆無なる人多」くなるとして、「教育の源泉たるべき文部の官吏が、其下に立つべき教育社界の指導に依りて、初めて教育を解する如くにては、甚だ面白からぬ事」であると述べる（「文部の高等官試験に就て」〔同右号、時事欄〕九頁）。そのために高文試験の科目に教育学や教育史などを加えるべきだと主張した。

では、この時期の『時論』は文部省をどのように見ていたのであろうか。結論から言えば、『時論』の文部官僚のイメージは森文相期の文部官僚から出発しており、そこを基準と考えていた。たとえば第三七七号では、森文相期以来の省内幹部であった辻・久保田・浜尾新がそれぞれ文部省を去ると、「旧分子は一掃」され、「今の文部省は、全く新奇の組織」となったと記す（「教育社会の人心稍旧を懐ふ」『時論』三七七、時事欄、一八九五年一〇月五日）九〜一〇頁）。現在の文部省を掌っているのは「井上毅氏の故旧親戚の類」であり、「文部の枢機を握る官吏の方にても、概して言へば、一般教育社会とは従来縁の薄かりし人」が多いと記す。そのため「現今教育社会の人心は、稍旧時の人を懐ふ情を生じ」、「相語て曰く、矢張旧の方がよかった」と感じていると記した。『時論』には、文部官僚が「教育社会」から徐々に遠のいているように見えたのである。一連の記事から言えるのは、『時論』の言う「教育」とはきわめて純度の高いものであり、そこに「法学」や「行政」が混ざることへの忌避感や嫌悪感があったということである。

5　理想の文部官僚像の提示と蓄積する不満——一八九六年

（1）文部省に対する『時論』の失望

一八九六年一月に『時論』の発行元である開発社の社長であり、『時論』を牽引してきた西村正三郎が死去する。その際に『時論』は社説で、「教育雑誌中、亦時論と匹敵するものなきに至りしは、君（西村—引用者注）の力実に多きに居ると謂はざる可からず」とし、「苟《いやしく》も職を教育に奉じ、若くは筆を文壇に載するものは、殆《ほとんど》教育時論の名を知らざるものなきが如く、亦君（西村—引用者注）の声名を知らざるものなく」と西村を称えた（「開発社長西村正三郎君逝く」『時論』三八九、社説欄、一八九六年二月五日）七〜八頁）。自画自賛的な記述とはいえ、九六年の時点で『時論』は教育雑誌の先導的な立ち位置にあったことが分かる。次号では、西村の逝去に伴い、開発社の顧問に湯本武比古を迎える旨を発表した。その際に、『時論』は開発社と湯本の「教育」に対するスタンスが一致していると述べる。すなわち、

平生教育を政治、学術の両面より研究するを任務とし、一方には、之を学理に訴へて、教育上最高至大の原理に照し、他方には、之を政治の実際に顧みて、其如何にして実現せらるべきかを尋ね、苟《いやしく》も学理の高遠に馳せて、実際を忘るることなく、実際に泥《なず》んで学理を顧みざるが如きことなからんを期し、自ら進んで学理の精華を咀《あじ》ふと同時に、政治の機関の如何にせば教育の旨と相協《かな》ひて運転するかを問ひ、絶えず理想と実際との調和を計りたり。（「湯本武比古君を開発社の顧問に推選す」（『時論』三九〇、社説欄、一八九六年二月一五日）五～六頁）

というのが開発社・『時論』のスタンスであり、これは「政治と教育とは、須臾《しゅゆ》も相離るべきものにあらず、政治学と教育学との関係の至密なることを唱導」する湯本の論と「正に相合せりといふべし」と記す（同右、六頁）。もっとも、湯本が開発社の顧問に就任したことによって、『時論』にどのような変化が起こったのかは判然としない。[19]むしろ、この社説を読むと、従来の『時論』の路線継続のために、顧問に湯本を据えたと言えよう。

以上のような『時論』は、日清戦後の文部省に対して不満を蓄積していた。一八九六年一一月の『時論』の第四一七号における社説「文部省」は、文部省が政府内でどの省よりも無力であると述べ、このような状況では文部省を「特設分置」している意味がないのではないかと問題提起する。文部省の「特設分置の一省の必要」は『時論』をはじめとする「一般教育者の切望する所」であるが、今の文部省の状況では「教育事業上に益する所なくして、却りて害あり」とせざるを得ないと述べる（「文部省」（『時論』四一七、社説欄、一八九六年一一月一五日）五頁）。それまで文部省の廃止については常に反対を貫いてきた『時論』であったが、「内閣に対して力なく、教育界に向ひて無能なる」文部省を強く批判した（同右、七頁）。社説最後は「以上は、社友某氏の寄送にかかる者、論旨重大なるを以て、暫く本欄に収む」と結ばれている（同右）。

次号では文部省に「教育上の学識に長け、教育上の経験に富みたる人」がおらず、その原因を「若渓会の連中」が省内に少ないことに求め、「文部省の威信、幾何か薄らぎたる感あるは、文部に教育的観念ある人少きこと」が一因であると述べている（「文部省に人なし」『時論』四一八、時事欄、一八九六年一一月二五日）八頁）。以降でも、省内の「事務の緩慢」などを批判した（「文部省に雅量なきを惜む」『時論』四二二、時事欄、一八九七年一月五日）九～一〇頁）。この背景には、教育諮問会議である高等教育会議の設置が関係してくる。当該期の『時論』は文部省よりも、一八九六年一二月に設置された高等教育会議が教育行政を活性化させることに期待していたのである[20]。高等教育会議設置直前にあたる第四二〇号では、「文部省に人なしとは、一般の輿論ならずや。然り而して世間に見限られたる今日の文部省に人を得ると、高等教育会議に人を得ると、何れか難」と記され、文部省には期待できず、高等教育会議が教育界の希望であるという構図が描かれた（「上松方首相書」『時論』四二〇、社説欄、一八九六年一二月一五日）五～七頁）。次節に記す蜂須賀文相期における省内外の紛擾も、それまでに蓄積された文部省への不満が噴出した結果とも言えよう。

(2)『報知』による「学務」と「教務」の二項図式

一方、『報知』は前述した「教務」と「学務」とを区分しながら、文部官僚や教育行政官を論じた。一八九五年の第四九五号では、学務を教育行政、教務を「教師事業」と区分し、「学務家たるが故を以て教務の区域を知らざる事は実に現今教育界の一欠点」と述べる（「学務者と教務者」『報知』四九五、学務欄、一八九五年一一月三日）一〇頁）。そのうえで「今の学務家も次第に教務の実際に通暁し得て、希くは今日の遺憾を少ふする」ことが可能であるとし、「文部省は量見狭くして高等師範学校の卒業生を容るるに吝《やぶさ》かなり、文部省にして若し斯る連中を入るるの雅量あらば、其教育事務の成績今少し見るべき者あらん」と問題提起する（同右）。しかし、かりに文部省が師範学校出身者を登用しようとしても、「師範学校の出身者にして毫も教育行政の大体に通ずる事なく、教師事業の外には一事を解せざる如きあらば」、どうしようもないと論じている（同右）。本号では批判の重点が文部省ではなく、「教務」者の方に置かれており、その点で『時論』とは異なる。(21) 同号の学務欄「教育法令の研究」でも、「世の教育家」でヘルバルトを知らない者はいないが、「制度の事に関しては教員の性質、学校の性質等の如き単純なることすら知らぬ人」が多いと断じている（「教育法令の研究」（『報知』四九五、学務欄）九頁）。

また、師範教育が「学務的智識の養成に迂遠」であり、そのために「行政的思想の欠乏は実に茗渓会派の一大欠点」と述べる（「学士会派と茗渓会派」下（『報知』五二一、報知欄、一八九六年八月一五日）三頁）。一方で、「学士会派は然らず、一般に行政的思想に富みて、且つ其学識にも貧しからず、故に教育家として茗渓会派の評判の宜しきが如く、教育行政家としては学士会派最も其任に適す」と帝国大学の文科出身の「学士会派」を称賛する（同右）。

ただし、「学務」に無知な「教務」者への批判を主とし、創刊以降、文部省へは微温的な論調であった『報知』においても、文部省への批判がなかったわけではない。第五一四号では、「教務者に向て、学務上の智識を捨る勿れと勧告す。而して更に学務者に向て、老練なる教務家を得て其顧問たらしめよ」と記し、現在では「教務」と「学務」の「分業の極なる者に陥りつつあり」、「教育中枢の機関たる文部省に於て、大に此弊」が見られると批判している（「分業的学務官」（『報知』五一四、報知欄、一八九六年五月二七日）二〜三頁）。また、地方の教育雑誌についても言及し、「其勢力は所謂教育者たる教員を動かすに止まりて、学務家並に一般人民を動かすの力殆んど絶無なるを遺憾」とし、「更に学務家の指針となり、一般世人の教育思想を養成するに足るの勢力を蓄積せんことを切望」した（「地方教育雑誌の組織改造を希望す」（『報知』五二四、報知欄、一八九六年九月二〇日）二〜三頁）。

当該期における『報知』は「茗渓派」をはじめとする「教務者」への不満を明記するという点で『時論』とは異なっていたが、文部省への不満も抱いており、批判の内容は『時論』と趣を同じくする。たとえば文部省は「常に他人の知恵に依りて経営せられざること」がないのにもかかわらず、建議に対しては「常に不同意の言語を以て答ふる」姿勢や（「文部当局」（『報知』五四三、報知欄、一八九七年三月三〇日）三頁）、従来から「籠城主義」であり、「秘密を守りて漏洩を恐るるが如き形跡」がある文部省に批判的であった（「文部省の開放主義」（『報知』五四八、報知欄、一八九七年五月二三日）五頁）。高等教育会議を開催しても、「普く世の教育家と談合し、文部の意見も示し、在野教育家及有志家の意見も聞き、以て教育上の改良進歩を企図」しようとしない文部省への不満を記している（同右）。

6　「文部省紛擾」とその後――変化する文部官僚の理想像：一八九七年以降

(1)　両誌と文部省紛擾

前節で見てきたように、一八九六年までの両誌の文部省への不満は大きいものであった。このようななかで、一八九七年四月の「文部省紛擾」が起こる（鄭 二〇〇六b、藤野 二〇〇九）。この詳細はすでに先行研究で論じられており、第3章と第5章でも概略を述べた。文部官僚のキャリアを持たない都筑馨六・安広伴一郎の文部省の要職就任に対する批判から起こった、この騒動を捉えて、「聖域」としての文部省や教育畑の経歴を持つ文部官僚の連帯が文部省研究で説かれてきた。しかし、『報知』や『時論』の論調は、意外なことに必ずしも都筑・安広両者に対する批判に終始しているわけではなかった[22]。

まず、両者を入省させた蜂須賀茂韶《もちあき》文相への両誌の評価とそれに伴う文相論を見てみると、両誌間には明確に意見の差異が見られる。『時論』は、「外交上、地方行政上、立法上」の「技倆」において蜂須賀の能力は疑い無いが、「文部の政事」は「特異なる一種の技倆を要す」として、「侯（蜂須賀―引用者注）果して此技倆を有するや」と蜂須賀の文相としての能力に疑問を投げかける（「蜂須賀新文部大臣を迎ふ」『時論』四一三、社説欄、一八九六年一〇月五日七頁）。『時論』の文相論は、文部大臣（または文部省）は特殊なポスト（官庁）であるという典型的な記事であろう。この後の号でも、「教育のことは他の事務よりは一層込み入りて、とても一、二ヶ月の見習ひにて此役の務まるべくもあらず」とし、文相には学識・徳望・手腕が必要であると述べている（「蜂須賀文相の五大損」『時論』四三五、時事欄、一八九七年五月一五日）八～九頁）[23]。

『報知』も九五年までは『時論』と同様、「徳操、高潔、加ふるに大臣たるの威信に欠くるなきの文部大臣」を求めていた[24]。しかし、九六年になると一変する。たとえば九六年一〇月の報知欄の「新内閣に望む」では「大政務家を挙げて文相たらしめよ」と記し、「文部大臣は教育学政の針路を執る者たり、勿論教育家にはあらざるなり、故に学問を以て有《（ママ）》らゆる教育家の上に立つを要せざるなり」と文相に求める条件が変化している（「新内閣に望む」『報知』五二六、報知欄、一八九六年一〇月八日）三頁）。その根底には「他の国務との平衡に籌《はか》りて、勉めて教育社会の利益と教育事業の進歩とを計営《（ママ）》」するべきであり、「今後教育の大拡張は之を事務的文部大臣に求むべからずして、到底政務的大手腕を抱くの人物に待たざるべからず」という理由があった（同右）。第五二七号では「元来我国の教育社会に在ては、文部大臣の職を以て一種高等の教務官となして、国家の枢政に参与する一般普通の国務大臣とは自から別種の者たるが如くに誤解」し、そのために「文部大臣を見ること猶ほ幾多教育家の上位に列する一大教育家」であるかのように考えられてきたと記す（「旧文相を送る」『報知』五二七、報知欄、一八九六年一〇月一三日）二頁）。たしかに、文相を務めるには「学識、経験、品性、道徳に於て勿論全国教育家を統宰する」ということれまで重要であると考えられてきた資質も必要であるものの、「徒らに旧来の環圏に跼蹐《きょくせき》して、国民の英進を沮碍《そがい》せしむるの行あるは、決して戦捷《せんしょう》国民の今後の歓迎すべき教育方針」ではないと指摘する（同右）。「旧来の環圏」という記述から、『報知』自身も新たな文相像を論じていると自覚していることが分かる。その後も『報知』は、文相について「学問、道徳（寧ろ謹直）の完備せる教員的人物を標準とするに偏せるは、慥《たし》かに世人の誤解」であると説いた（「文部大臣の人物評」『報知』五二九、報知欄、一八九六年一一月三日）四頁）。しかし、これによって蜂須賀に対する評価が肯定的なものに転じたわけではなく、「侯（蜂須賀―引用者注）の閲歴、今日の文部大臣に不適任たるを思ふ」（「教育に対する現内閣の責任」『報知』五四五、報知欄、一八九七年四月二六日）五頁）という点では『時論』と一致していた。

次に両誌による都筑・安広の評価を見ていくが、結論から言えば両者の評価は是々非々であった。『時論』は両者への批判を基本としているが、評価している点も多く見られる。『時論』は、「文部省は教育行政の府なり、教育所にあらず。是の故に其の長官、次官、局長たるものに要する所は、行政的才幹にして、教育の知識技能にあらず」として、「最も敏腕なる行政家」である両者の入省を評価し、「今の文部省は、独り空前のみならず、又絶後の良文部省」であるとした（「文部省応に激すべし」『時論』四四〇、社説欄、一八九七年七月五日）一〜三頁）。しかし、この後文には「教育行政の甚だ失当」や「部下統御の方を失ふ」ことに対して両者を批判している。また、両者が入省したために、「法律づくめ、数理づくめにて文部省の事務は、従来の緩慢に引きかへ随分活発」になったという（「文部省の遣り方全く一変す」『時論』四四六、時事欄、一八九七年九月五日）三頁）。しかし、この記述の後も「教育一切のことを唯機械的に法律と数理とにて通」そうとしており、「政治家的、小才子的、小刀細工的、党人的」であり、「人心の感化に当る教育の政を料理すること能はざる弊に陥」っていると批判した（同右、四頁）。しかし、両者の入省直前には「教育上些しの理想もなく、経歴もな」いと述べていた『時論』をもってしても（「吁文部省の近時」『時論』四三三、時事欄、一八九七年四月二五日）九頁）、両者をある程度認めざるを得なかったことが分かる。

以上の『時論』の不満の根源には、第3章や第5章で述べたような日清戦後の文部行政を取り巻く環境の変化があった。これについては繰り返さないが、この時期になると「文部の仕事は過半監督を掌るもの」と見なされていた（「某教育家の文部省談」『読売新聞』一八九七年五月一日朝刊）。また、「文部の今日は方に規則改正時代なり」とされ、法文の作成のために、「局課の配置属僚の増加、俗は高等官の遽然従来に倍加せる」状況であった（「文部の近事」『東京朝日新聞』一八九七年一〇月一四日朝刊）。

これを踏まえて、『時論』は第四五一号で、「此頃文部省よりは、法令下ること雨の如し」とし、その原因を次官の都筑に求め、「次官になりたる徴しに、其長所と誇り給ふ法令の才を揮り舞はして、此際一時に教育法令を完備にせんとの意趣より出でた」という噂を報じた（「法令雨の如し」『時論』四五一、時事欄、一八九七年一〇月二五日）五頁）。しかし『時論』は、「文部省の事務は、これに尽きざるなり」と述べる。法制局ならともかく、「文部の事務は人心を支配し、徳化を布く」ことにあるので、「よき教育家を文部の配下に容れ、暖なる情誼を保ちて、教育界の全体が進行するやう為すにあるべし」と述べ、法令を重視する今日の文部省は本末を誤っているのではないかと批判したのである。

一方で、『報知』においては、両者が就任した以上は協働するべきであると批判を抑制し、両者へ反発する省直轄学校長等へも自制を促した。「貴重なる教育問題を二、三人士の進退の材料に屠らるるもあらば、文教の為め切《せっ》歯《しゃ》扼《く》腕《わん》に堪えざるなり」というのがその理由であった（「文部当局の意見に就て」『報知』五五八、報知欄、一八九七年八月一四日）四頁）。また、両者への批判というよりも、両者を次官と普通学務局長に据えた蜂須賀文相へ批判の矛先を向けている（「都筑氏愈文部次官となる」『報知』五四九、報知欄、一八九七年六月三日）四頁）。

両者が文部省を去った九七年一一月前後になると、両誌の両者への評価はより肯定的なものになっている。『時論』は「其手腕、其技倆」において、「従来の次官、局長中都筑、安広両氏の如きは、殆ど見ざりし所」であり、今後の文部省で「斯る敏腕家を得るは」難しいと述べた（「嗚呼都筑安広の二君」『時論』四五三、時事欄、一八九七年一一月一五日）五頁）。『報知』も「前文部の要路者諸君は、教育に経歴なしと云ふの故を以て、久しく非難攻撃の下に苦心せられしと雖、其の教育上に於ける定見抱負の漸次現はるるにつれ、やや識者の望を得るに至」ったと記す（「旧文部の要路者を送る」『報知』五六七、報知欄、一八九七年一一月二〇日）三頁）。都筑に対しては、「着々歩を進めて、諸般の改革を行」ったと述べた（「都筑君閣下」『報知』五六八、報知欄、一八九七年一一月二七日）三頁）。両誌が最終的に両者を肯定的に評価したのは、一〇月九日の文部省官制の改正が大きかったと考えられる。第5章でも述べたように、この官制の改正によって実業教育局・図書局・専任視学官などが新設された。九三年一〇月の官制の改正以降の文部省内部に設置された局は専門学務局と普通学務局の二局のみで、視学官が設置されていなかったことを踏まえると、この官制の改正は文部省の拡張という点で大きな意味を持つものであった。たしかに専任視学官が実態として専任となっておらず、不徹底であると『時論』は批判を展開していた（第5章を参照）。しかし、それでもなお蜂須賀や都筑、安広によって文部省が拡張された事実を、両誌も重く受け止めざるを得なかったのである。

(2) 文部省紛擾以後の両誌の変化

文部省騒擾以降、省幹部に関する両誌の論調は明確に変化する。すなわち、『報知』だけでなく、『時論』でさえ官僚の行政的能力をより重視する傾向が誌面に見られるようになる。たしかに、第2章で見たように蜂須賀の後に

「純然たる教育家」の浜尾新が文相に就任すると、『時論』は「前例なき栄誉ある大臣」と賞賛している（「文部大臣の更迭」〔『時論』四五三、社説欄〕一頁。本記事については第2章で詳述）。しかし、その後の『時論』は「学者と行政官」と題して、「近来、文部省内の官吏は、一にも学者、二にも学者といひ囃して、重要の職任に当るもの、学者ならぬは無く、学者即ち行政官、行政官は即ち学者、学校は即ち官省、官省は即ち学校といへる有様」と記す（「学者と行政官」〔『時論』四五六、時事欄、一八九七年一二月一五日〕八頁）。「行政の材幹を有するもの必ずしも学者ならず、学者必ずしも行政の材幹を有せず」とし、文部省の偏見を批判する。浜尾文相下の次官菊池大麓・実業学務局長松井直吉は理学博士の学位を有する帝大教員であり、普通学務局長手島精一は東京高等工業学校長を長年務めていた。『時論』は「数学者、化学者、さては物理学者などいふもの、極めて特別の材幹あらざる以上は、行政上、物の役に立つべしとも覚えず」と述べているが、その「学者」が三者を指しているのは確実であろう（同右）。その後も、「事務家としての材幹、学者としての能力は、元来其性質を異にす」として、「文部は学校にあらず、学政は学芸にあらず、学者の用、事務家の用、自ら一定の限界あり。文部に《ママ》長たるもの猛省する」必要があると記している（「事務家と学者」〔『時論』五二一、時事欄、一八九九年一〇月五日〕三七頁）。

『報知』の批判はさらに厳しく、一八九七年一一月の第五六八号では、「次官は省に在りて最も技倆を要す可き地位に立つもの」とし、菊池は「理学者なり数学家なり、由来教育行政の手腕に至りては、吾儕《わなみ》世人と倶に容易に之を承認」できないと述べる（「新文相の文部組織は甚拙なり」〔『報知』五六八、報知欄、一八九七年一一月二七日〕二頁）。前次官の都筑は政法を、菊池は数理を学んだが、「孰れか次官の任に適すべきや」と読者に問う。そのうえで菊池だけでなく、手島・寺田を含めて「皆行政的智識なき学者」と評価する。さらに次号の第五六九号の新報欄の各記事では文部官僚に対する批判記事が多くを占めた。「文部省の近況」という記事では、浜尾は前文相の事業を継承するのみで、松井は大学、手島は高等工業学校の事務のために繁忙で、「文部省には碌に出省」しておらず、「新文部の前途甚だ覚束な」いと記した（「文部省の近況」〔『報知』五六九、新報欄、一八九七年一二月七日〕一四頁）。その下段の記事「某氏の文部評」では「現文部の要路者多くは平和的教育家」であるため、「教育上の根本的改革を断行するの勇気と活気なからん」と断じる（「某氏の文部評」〔同右号、新報欄〕一四～一五頁）。文相以下、次官・局長も「教育上の経験よりも寧ろ政治上の材幹技倆を要す。自己が理想に描ける教育の経綸を現実にせんと欲せば、必ずや政治上に於ける勢力手腕を以て之を実行し振作する」べきだとし、「現文部の要路者たる或は教育家として或は適任ならんも、既に前段の資質を欠けり」と述べた。

『報知』は一九〇一年四月の休刊まで、以上のような意見を堅持していた。たとえば樺山資紀文相下の普通学務局長沢柳政太郎や専門学務局長上田万年に対して、「博士号」を持っていることや「教授法に精通」しているとしても、「政治的手腕」と「法律的思想」を有していなければ、文部省の局長としては不十分であると記している（「行政的材幹と二局長」〔『報知』六〇一、報知欄、一八九九年一月一四日〕一頁）。この主張の背景には、「他省に比して勢力なき」文部省は「政治家的」能力を持った人材が必要であるという意識があった（同右）。第2章でも見たように、文科出身者である沢柳と上田がその経歴を根拠に、文部官僚の資質の点から批判されるのは珍しい。しかし、文部官僚への評価の基準を政治力にするならば、たしかに文科出身者の教育的な知見は必ずしもそれに適うものではなかった。これは文相に対する評価基準にも当てはまり、たとえば樺山資紀に対しては、「未だ伯〔樺山―引用者注〕の一指を教育に染むたる聞かざる」としながらも、「現内閣〔第二次山県有朋内閣―引用者注〕に於ける有力者」である点を評価した（「樺山文相を迎ふ」〔『報知』五九八、報知欄、一八九八年一二月九日〕一頁）。それは、「吾儕は大臣〔文部大臣―引用者注〕としての資格を論ずるに当たりて、其政海に有する力量の如何を以て其可否を定む」からであった（同右）。

『文部大臣を中心として評論せる日本教育之変遷』を著した健堂横山達三は、第二次桂太郎内閣の文相に内務省県治畑を歩んできた小松原英太郎が任命されたことに関して、次のように分析する。横山は、「「紺屋の白袴」といふほどにあらずとするも、彼は、教育界出身の文部大臣が、案外教育界の大総統たるに適したるものに非ざることを知れり」と記した（横山『文部大臣を中心として評論せる日本教育之変遷』〔復刻版、臨川書店、一九七四年、底本は中興館書店、一九一四年〕三〇三頁）。文中の彼とは首相の桂太郎であり、桂は教育界出身者が文相として必ずしも機能しないと考え、小松原を据えたという。この記述の正否はともかく、数多くの教育評論を行ってきた横山の目には小松原が文相に就任した経緯がそのように映ったのである。(25)

以上を見ると、当該期の『報知』の主張は本章第3節で見たものとは対照的であり、『時論』の姿勢も蜂須賀文相期以前と以後では激変していることが分かる。実は文部省の「聖域」が強調されたように見えた蜂須賀文相期の「文部省紛擾」の後に、両誌は「政治」「行政」上の能力を文部官僚に求めるようになっていたのである。その理由として、政治や行政の能力を持つ官僚が省内に入ることで、文部省が各省内で存在感を示し、それが文部省官制の改正をはじめとする文部省の組織的な拡大、あるいは教育行政機能の拡充に繋がると考えられたからであった。第3章で取り上げた転籍者が教育雑誌上で批判されなかったのも、転籍者の入省が文部省紛擾の後の時期だったからだとも言えよう。都筑・安広両者の入省によって、文部官僚にも政治・行政上の能力が必要だという認識の素地が作り上げられたのである。

7　文部官僚評価の変遷と退潮

本章では、文部省や文部官僚の変化を『時論』・『報知』の記事から考察してきた。『時論』の教育現場における専門性の重視や、『報知』の「教務」と「学務」の区別のように、両誌はそれぞれに核となる主張を持っていた。しかし、両誌の主張は不動ではなく、文部省を取り巻く状況によって変化した。このことは一八九〇年と九七年以降とでは、両誌の文部官僚への評価軸が異なっていたことから分かる。徐々に官僚制が整備されていくなかで、両誌が考える「教育」的な側面だけで文部官僚を論じるのでは許されない状況が、日清戦後から出てきた。官僚任用制度が制定・運用されるようになると、あるべき文部官僚像についての議論の余地は狭まっていったのである。大臣や官僚のあるべき姿、理想像に関しては、たんに学校運営の経験者や教育方法に精通した教育界出身というだけでは肯定的に評価しにくくなり、政治力や行政的な手腕を評価の基準にしていく。

最終章である本章では、『時論』・『報知』における論調の経時的な変化を浮かび上がらせた。前章まで文部官僚の構成の変遷を踏まえて、両誌をはじめとする教育雑誌の記事を見てきたが、本章では、両誌が文部省や文部官僚の理想像や規範論をいかに輿論として形成させようとし、その主張が時代とともにどのように変化したのかに着目した。社説をはじめとする両誌の固定欄から、各時期における教育雑誌を取り巻く環境やそれを踏まえた両誌の自己規定が鮮明に記されたもの、あるいはいわゆる茗渓派と大学派（赤門派）との対立を煽る記事や、それに関連する「学務」と「教務」の区分など、両誌上でたびたび議論された文部省周辺のトピックを取り上げた。これにより両誌が理想とする文部省の姿や教育行政のあり方が浮かび上がった。本章以前に基礎史料として用いた両誌の記事の位置づけを、文部省を取り巻く政治や行政、教育行政の状況に対する両誌の論調から明らかにした。

当初、両誌が大臣を含めた文部省の構成員を評価する際には、教育に関する知見や経験の有無が重要な基準となった。しかし、時代が下るにつれて政治的手腕や行政的な能力・専門性が重視されるようになる。官僚組織の整備が一段落する一九〇〇年前後には各省の序列が定まり、文部省は下位であることが鮮明になってきた。少なくとも両誌をはじめとする教育雑誌にはそのように感じられた。ゆえに大臣の政治的影響力や官僚の行政的手腕が、文部省の現状を打破することに繋がるのではないかと期待したのである。前述の都筑と安広の入省が文部省拡張と省内活性化を促したことを鑑みれば、このような主張は一定の説得力を持っていた。一方で、組織拡張とそれに伴う影響力拡大は各省共通の関心であり、文部省に限った問題ではない。むしろ両誌に求められたのは、各省と伍するために文部省と文部官僚はどのようにあるべきかという競争的な側面に目を向けるだけでなく、今後の文部省と文部官僚がいかに他省の官僚にない専門性・独自性を高めていくべきかという切り口から論じることであったのではないか。それによって各省との官僚（特に内務官僚）との差別化が明示できたはずである。

しかし、これまで見てきたように、一八九八年以降は両誌ともに前者の競争的な議論に重点が置かれ、後者の独自性の論点に注意が向けられることは決して多くなかった。第3章で取り上げた転籍者に対して、教育雑誌上では現状肯定的な評価にとどまった。転籍者の入省より前の時期は、官僚制が未整備の時期だからこそ文部官僚論が教も、現状に則さない机上の空論であるという感覚が強くならざるを得ない状況にあった。

育雑誌で盛んに議論されたが、帝国大学の法科大学・法学部から試験任用までの官僚任用のルートが、一九〇〇年頃には堅固となっていくと、それらの議論の幅が狭まっていった。このような状況で、文部官僚の専門性を論じても、現状に則さない机上の空論であるという感覚が強くならざるを得ない状況にあった。

注

（1）菅原亮芳は「日本教育史研究分野における教育ジャーナリズム研究の蓄積は少なくない」としながらも、「「雑誌を利用した研究」であるだけに、雑誌そのものの「顔」が見えない」と指摘している（菅原 二〇〇八：一八）。また、小熊伸一も教育関係雑誌や新聞を使用した研究は数多くあるが、それは部分的に使用されることが多く、雑誌や新聞そのものを対象とした研究は思うように進まなかったと指摘している（小熊 一九九九：七）。

（2）たとえば、明治から昭和期の教育ジャーナリズムに関する木戸若雄の一連の研究（明治・大正・昭和各時期の「教育ジャーナリズム」本）や各雑誌復刻版巻末箇所の教育史研究者による解説など（たとえば大空社による復刻版の巻末）。

（3）イシュー・アプローチとサーベイ・アプローチについては橋本・丸山（二〇一〇）。同論文では、一八九〇年から一九一五年の五年ごとの『時論』の記事内の人物名、団体名等を定量的に処理し、ネットワーク分析を行った。

（4）文部官僚に関しては、中野実（一九八七）や荒井明夫（二〇〇四：二六九）が研究の遅れを指摘している。

（5）両誌の研究として榑松・菅原（一九八八～八九）があるが、検討時期が創刊から一八八八年前後と限られる。また、復刻版の解説としては、久木幸男によるものがあるが、記事内容の検討はほぼなされていない（一九八一、一九八四、一九八六）。

（6）『報知』は一八九九年頃には刊行周期が不定期となり、記事数が減少するなど精彩を欠き、一九〇一年四月の第六五〇号に休刊となる。『報知』の不振の背景には、⑴社長の日下部三之介の帝国教育会役員の活動が『報知』の運営をなおざりにさせたこと、⑵日清戦後の社会の急激な変化に対応できなかったこと、の二点が指摘されている（久木 一九八六：二二一～二二八）。〇三年一一月に再刊されるが、質量とも振るわず、結局〇四年四月の第六五六号をもって廃刊となった。

（7）雑誌『教育』は『時論』の時事欄について、「常に奇警の論評を試む、寸鉄能く人を殺すが如きもの、往々之れなきあらず、余輩が毎に感服する所なり」と記している（五二、「教育時論と教育報知」、一八九一年一〇月二五日、八頁）。

（8）書誌情報に関しては、佐藤（一九八一）を参照。

（9）教育ジャーナリズム史研究会編『目次集成』の「教育一般」編に掲載されている教育雑誌で一八八五年から九〇年までに発刊された雑誌は九誌であるが、一〇年以上続いたのは『時論』と『報知』のみである。

（10）後に『時論』は「回顧すれば本誌創刊当初に於ては、帝国の文運尚ほ未だ盛ならず、随って各科の雑誌も甚だ其の数乏しかりしを以て、教育専門雑誌たる本誌が、理科、哲学、実業、史伝、文芸等の諸欄を設くるを必要の事なりと信じたり」と記している。そして、一九一四年に、「今や右等の諸科には夫々専門の尊敬すべき雑誌少からざれば、本誌は本号より断然右等の諸欄を廃止して、純教育専門雑誌たるの真面目を発揮せん」という意図で誌面の構成を変更した（一〇四四、時事欄「本誌内容の改善」、一九一四年四月一五日、四五頁）。

（11）以上、『報知』については、久木（一九八六：一七）と榑松・菅原（一九八八～八九：上、五四～五六）。同時代の雑誌『教育』は、『報知』と『時論』について、「政党者流の套語を借りて、二者の性質を評すれば、一は官権的にして、一は民権的たり」と記す（「教育雑誌の両大関」〔『教育』五二、一八九一年一〇月二五日〕八頁）。『教育』は両誌のどちらが官権的で、どちらが民権的かは「余輩姑く之を読者の判定に任せん」としているが、両誌の論調を踏まえると、『報知』が「官権的」で、『時論』が「民権的」という見方があったことが分かる。

（12）たとえば『報知』は第七三号から第九〇号まで（八七年七～一〇月）「十二教育家」の肖像と略伝を掲載している。そのなかには「教育著述家」伊沢修二や「教育名望家」辻新次等、文部省で要職に就いていた人物が含まれている。

（13）たとえば第三四三号の新報欄「教育制度に関する自由党政務調査の概要」（一八九二年一一月一二日、一九頁）や第三四七号の報知欄「帝国議会に望む」（一八九二年一二月一〇日、一～二頁）、また後者の記事では、政党の唱える経費削減と教育機関の発展をどのように矛盾なく遂行できるのかと批判し、教育の進展を妨げるものとしている。

（14）「教育報知第七周年」（『報知』三二三、欄無し、一八九二年四月三〇日）二頁。なお、この記念号と同日に行われた教育報知第七周年紀念会で日下部三之介は、「我が教育報知の過去の成行を畧叙すべきを順序とすれども、已に本日発刊の紙上に於て委曲之を記述した」（「教育報知第七週《ママ》紀念会」『報知』三二四、新報欄、一八九二年五月七日、一七頁）と述べており、右記の「教育報知第七周年」は日下部が記したものと考えられる。

（15）『時論』は社説・時事・内外雑纂欄で、『報知』は社説（報知欄）・新報欄で文部省内や文部官僚についての情報や意見を記した。

（16）両者については、「色川国士君」（『報知』三四八、新報欄、一八九二年一二月一七日、一五～一六頁）、「十二教育家の一教育理論家西村貞君の肖像及略伝」（『報知』八八、欄無し、一八八七年一〇月一五日）や「手島精一氏及西村貞氏」

（『時論』一七八、社説欄、九〇年三月二五日、五〜七頁）。

(17)　他の号でも、牧野は「文部に次官たるは彼れの長技にあらず」と評された（「牧野次官と文部の真改革」『報知』三七三、新報欄、一八九三年六月一〇日、一五頁）。

(18)　第四九二号の表紙に「自今以後三之日発行に改む」と記載された（一八九五年一〇月三日）。次号の第四九三号の社説「国勢を論じて教育報知革新の必要に及ぶ」でも「社会時運の大勢に鑑《ママ》がみて、評論以外に、更に建設、実行の途を図らざるべからず」とし、「社会指導の任務」を『報知』が担うと記している（『報知』四九三、社説欄、一八九五年一〇月一三日、二〜三頁）。

(19)　湯本武比古は約一年後に社長に就任するが（注22）、その際に「予が本社の顧問となりしより、茲に一年有二月、此の間予が「教育時論」に尽すべかりし力は、僅に論説、学説等一部分の編輯、起稿に限られたり」と述べている（「開発社長の任を受く」『時論』四三一、社説欄、一八九七年四月一五日、六頁）。

(20)　『時論』は古くから高等教育会議の設置を主張している(たとえば内外雑纂であるものの、「文部の非政（失望の件々）」三〇三、一八九三年九月一五日、二五〜二六頁）。

(21)　『報知』の第四九四号の「帝国議会と文部省」（報知欄、一八九五年一〇月二三日）では、「文部省内有力官吏中には、常人の企て及ばざる設計をその胸中に蔵するもの多し（中略—引用者）此等の人士の意見の政府及議会に容れるるもあらば、我が教育の部面に向て著大の効験を生せしむることの甚だ易々たるを信ず。誰が文部省内人をなしと云ふや」と記されており（二頁）、『時論』との違いが浮かび上がる。

(22)　なお、開発社の社長は、西村正三郎が一八九六年一月に死去してから空席であったが、当該期の一八九七年四月に同社の顧問であった湯本武比古が就任している（「湯本武比古君を開発社の社長に推薦す」と前掲「開発社社長の任を受く」五〜七頁）。湯本の社長就任が『時論』の論調に変化を及ぼした可能性はある。

(23)　このような認識は文相に限らず、次官においても見られる。たとえば嘉納治五郎は「その当時（一八九七年当時—引用者注）は、文部次官などは第一にその人格が文教の中心人物としてふさわしきもののなかから採用するべきであるという考えが強かった」と回想している（『嘉納治五郎著作集』三、五月書房、一九八三年、二四六頁）。

(24)　奥山木公「文部大臣の責任」（『報知』四七五、報知欄、一八九五年六月一五日）三頁。奥山木公とは奥山千代松のことで、一八九三年四月一日から九四年一月と九六年一一月から同年一二月まで『報知』の編集人を務めた（前掲教育ジャーナリズム史研究会編『目次集成』教育一般編、二〇の『報知』項、九七〜九八頁）。なお報知欄においては全期間を通して記者の署名がほとんどない。しかし、例外的に一八九五年上半期の報知欄では奥山の署名が散見される。

(25) 戦後の文相に対しても、「学者文相は、教育に対する識見の高さは別として、現実の政治から浮き上った非力の感じをぬぐいさることができず」という論評が見られ（官僚機構研究会 一九七八：一一四）、文相の能力を論じる際に「教育」と「政治」が二項対立的に論じられる傾向にあることが分かる。

終章　文部省からみた近代日本の官僚制と官僚

1　本書による知見

本書では、文部省を近代日本の官僚任用制度の展開に沿って考察してきた。具体的には、⑴官僚任用制度の整備過程における文部官僚の変容を明らかにし、それを官僚制全体からいかに位置づけるか、そのうえで⑵文部官僚がどのように評価され、それがどのように変化したのかを検討した。以下、各章で明らかにしたことをまとめたい。

（1）文部官僚の変容と官僚制の展開

まず⑴の課題である官僚任用制度の整備過程における文部官僚の変容と、文部省の官僚制全体における位置づけについて述べる。序章で記したように、内閣制度導入前後の文部官僚は省直轄学校の学校長を経験した官僚が多くを占め、かつ高等官ポストを占めたことは先行研究で明らかにされてきた。それを踏まえて本書では、さらにこうした学校運営の経歴である教育畑の内実や、内閣制度導入前後の非職人事、森有礼文相期の官僚登用に着目し、文部官僚総体の傾向を明らかにした。さらにこの学校運営の経歴は、一八九〇年代後半になると、特別任用の視学官などのわずかなポストのみに求められる文部官僚一般の経歴から特殊なものになっていったことを示した。また、内閣制度導入前の文部省は、編輯局に見られたように学術的な営為を担い得た。そこに局長西村茂樹のパーソナリティをはじめとする編輯局の独自性が見られたが、内閣制度導入後には同局の業務は教科書編纂に限定され、学術的な業務は帝国大学などに委任された（第1～2章、第4～5章）。

一八八七年七月に制定された文官試験試補及見習規則（以下、試補規則と記す）によって、各省一括の官僚任用が開始された。試補規則は、主に帝国大学法科大学出身の人材（以下、法科出身者と記す）の任用と養成を官僚組織全体で行っていくことを目指すものであった。しかし、この試補規則で文部省は各省のような任用を行わなかった。試補規則期の文部省の任用総数は各省中で最も少なかった。かつ文部省は、試補のなかでは圧倒的少数であった文科大学出身者（以下、文科出身者と記す）全員を任用したのである。対照的に、試補の大多数であった法科出身者の任用数は各省中で最少であった。文部省が任用した法科出身者は文部省に長期間在職することなく、他省へ移っていった。一方で、文科出身者はその後約二〇年間で省内の奏任官（参事官・書記官）から勅任官（次官・局長）に昇進していき、文部省を牽引していった（第2章、第6章）。

しかし、文部省の特徴であった文科出身者の任用は、一八九四年に開始された文官高等試験（以下、高文試験と記す）によって困難になり、結果として文部省の任用方法に変化が生じることになる。文部省は高文試験開始後数年にわたり試験合格者の任用を行わなかった。これは他省の任用には見られないことであった。この背景には、文部省が府県のポストを持てず、このために官僚の養成を行いにくい状況があった。そして、高文試験の合格者を任用する代替手段として、文部省は法科出身で、高文試験を経て内務省に入り、多くは府県で地方教育行政の経験を積んだ官僚を登用することで人員を補充した。その際に文部省は任官から五年を超えない若手官僚を奏任官として登用している。また、府県から異動してきた彼ら（以下、転籍者と記す）は、その後に他省へ移ることなく、文部省で官歴を終えた（第3章）。

文部省は転籍者の欧米派遣を文部省外国留学生制度の中に組み入れることで、自省の官僚養成において欧米派遣という選択肢を持つことができた。元来、文部省は他省に比して多くの高等官を欧米諸国へ派遣してきたが、転籍者の派遣は養成の側面をより強く持っており、内務官僚（地方行政官）であった転籍者の文部官僚化が目指された。結果として大正期の文部次官に就任した転籍者の全員が留学を経験していた。これは各省のなかでも特異であった（第6章）。

以上、人事の側面から文部官僚の変化を追ってきた。ここで注意しておきたいのは、内閣制度導入前後の文部省は帝大や省直轄学校から学校運営の経験が豊富な人材を登用できたが、官僚任用制度の制定を契機として、文部省における任用・登用の選択の余地が狭まっていった点である。すなわち他省と同様に法科出身者を中心とした任用に歩調を合わせる必要があった。文科出身者の任用や一八九九年三月の文官任用令の改正に際しての文部省勅任官に関する特例規定（第一条）は、その過程において文部省の特徴が顕在化したものと捉えられる。文部省の任用・登用は、文部省が地方に出先機関を持てなかったことで官僚の養成が難しい状況下で、文部省がいかに自省の生え抜き官僚を任用・養成しようとしてきたかを示す過程であった。以上を見ると、試験採用から一貫して省内でキャリアを蓄積していくという意味での文部省の生え抜き官僚は、文科出身者を任用した試補規則期だけであった。しかし、教育畑の経歴を持つ官僚や地方教育行政の経験を持つ転籍者の登用に見られるように、文部省は可能な限り文部行政に親和的な人材を確保しようとしていたことが分かる。

(2) 各時期における文部官僚の評価

次に(2)の課題である文部官僚の評価について見ていく。辻新次・浜尾新・久保田譲といった内閣制度導入前後の文部官僚は教育界の構成員であると見なされていた。同時代には彼らの「事務官」としての側面が意識され、「教育家」としては不十分であるとの見方もあった。しかし、彼らが去った井上毅文相期（一八九三・九四年）になり、「一般教育社会とは従来縁の薄かりし人」が文部省へ入ってくるにつれて彼らは再評価され、後には「事務官」「属吏」と「教育家」としての性格を併せ持つ人物とされた（第1～2章、第7章）。一八九七年頃までの『教育時論』（以下、『時論』と記す）等の教育雑誌が抱く文部官僚像は、三者をはじめとする森有礼文相期（一八八五～八九年）の文部官僚であり、教育雑誌は彼らを基準として文部官僚を評価していた。

一方で、井上文相期における文相・次官以下の文部省幹部は『時論』に「法律脳」と批判された（第2章）。『時論』は「法学」や「法律」はあくまで「教育」を改良する手段であると指摘し、官僚制の進展によってこのような意識が薄れていることを危惧した（第7章）。だからこそ、法律系科目で構成される高文試験では教育行政を担う官僚を選抜できないとし、法科出身者が文部省に入省することにも否定的であった。このような状況にあって、『教育報知』は文部官僚や教育行政官を論じる時に、「教務」（教育）と「学務」（教育行政）を区分する必要性を強調した（第7章）。批判の矛先を向けられた法科出身者とは対照的に、文科出身者は「教育に必要なる哲学的諸学」を修めているとされ、教育行政を担うに適しているとされた（第2章）。

他方で、同じ法科出身者であっても、転籍者が教育雑誌から批判されることはなかった。教育雑誌も、法学の素養があり府県教育行政の実務の経験がある官僚の必要性を認識していた。入省後に彼らが本省内のポストを歴任し、さらに教育行政の研究という建前で欧米へ留学をしたことも、転籍者の文部官僚としての専門性と権威を高めることになった（第3章、第6章）。また、一八九七年のいわゆる「文部省紛擾」後の教育雑誌は、文相や文部官僚に教育的な経歴を殊更に求めることはなくなっていった（第7章）。

転籍者が文部省へ集中的に入省する時期に、文部省視学官が特別任用のポストとなった。元来文部省は視学の省で、文部官僚は皆視学官であると見なされることもあった。事実、特別任用になる以前の視学官は文部奏任官であれば誰もが担い得るポストであった。その視学官が初めは銓衡任用、後に特別任用になったことは、文部省内で「教育上の経歴」が重視されるポストと、行政に関する専門知識を要する一般ポストとが分化したことを表していた。その後、視学官ポストは定員が拡充され、教育段階や教科教育ごとの専門知識を有する視学官が設置された。しかし、視学官ごとに専門が細分化されたことによって、視学官には「行政的識見」や「国家教育の全般」に対する大きな知見が希薄になっているのではないかという批判も生起された（第5章）。

以上、教育雑誌を中心に文部官僚への評価を明らかにしてきた。もちろん教育雑誌は往々にして理想論的で、かつ現状を批判的に評価することで、教育行政の改善と拡張を主張する傾向にあった。また、当然ながら教育雑誌は中央各省中では文部省の動向に注意を払っていた。教育雑誌上で展開される文部省と文部官僚への評価はその好悪に関係なく、文部省と文部官僚に多くを期待しすぎているという傾向があった。したがって政治や行政全体を俯瞰的に眺めるというものではなかった。このため、教育雑誌の論調が次節で述べるようないわゆる法科偏重批判のように大きなうねりとなることはなく、教育雑誌の影響力は限定的であったと考える必要がある。しかし、文部省に過大な期待をかけ、その動向を注視していたからこそ、文部省が変容していく過程を誌面に鮮明に反映することができ、官僚任用の実態を踏まえて、文部官僚の立ち位置と専門性の変化を示すことができたのである。

(3) 文部官僚の複雑性と教育行政の専門性

前項まで文部官僚の人事と評価という二点の課題に対して、各章の成果を記した。官僚制全体における文部省の位置づけについては次節で述べるが、二点の課題を通して、文部官僚への認識を見直す必要が出てきたことを指摘しておきたい。端的に言えば、集団として文部官僚群を取り上げる際に、従来は自らの領分を持ち、排外的な文部官僚（「聖域」としての文部省）やプロパー官僚が不在の文部省（「内務官僚の教育支配」など）と、文部官僚に対する評価は極端に振れ、定まらなかった。このように文部官僚が認識されてきた要因として、教育史学や教育行政学領域などの研究では、官僚制の進展を含む戦前における文部省内外の状況を十分に見通すことが難しかったことが挙げられる。また、各々の論考の検討時期が短期的なものであり、世代による官僚の変化や、それに対する同時代的な評価を考察し得なかったことが指摘できる。

文部省が官僚任用制度の整備によっていかに変化し、その特徴がどこにあるのかという本書の問いから、文部省と文部官僚の変化はこれまでの研究で論じられてきたよりも遥かに複雑で、かつ多様であったことが浮かび上がった。官僚任用制度の変化とともに、バックグラウンドの異なる人材がそのつど文部省に入省してきたのである。「教育」的な経歴を持つ官僚であっても、教場や学校運営など様々な次元の教育に関する経歴を持った官僚が内閣制度導入前後には文部省にいた。言うまでもなく、それらの官僚は学校現場に知悉していた。

また、一八八七年七月の試補規則制定以降に入省した官僚に関していえば、大学で教育学や哲学的な素養を修得しているので、「教育」を理解できる専門性を有する人材であると目されていた。一方で、一言に「行政」の経験と言っても、その内実は多様であり、井上文相期における木場のような法学の専門を背景とした政策審査や立案に関するものなのか、転籍者のように地方行政でより現場に近い事務の専門性なのか、はたまた久保田譲のように教育に関する会計知識なのかで、教育雑誌からの評価も異なってきた。

くわえて、文部行政といわゆる一般行政でいかなる点が異なってくるのかと問われる場合、内務省と内務官僚の存在が強く意識されたことを指摘しておきたい。特に高文試験開始以降に文部省が内務省・府県から官僚を登用したことは、法学の素養を持ち、文部省入省以前には複数の地方官庁で教育行政を経験してきた官僚を得るという点で、文部省の人材運用で画期的であった。しかし、この人事から、一般行政が文部行政を支配、あるいは内務省や内務官僚による文部省の支配とまでは言えない。本書で取り上げた時期で言えば、内務省から異動してきた官僚は文部官僚としてキャリアを積み、長い時間を経て、文部行政に関する専門性を深めていった。ゆえに他省に移ることなく（移ることができずに）退官していった。また、日清戦後経営期の文部省の業務を支えるには、法学の素養と地方行政の現場の経験知を持つ転籍者の入省が必要だったのである。

以上を見ると、官僚任用制度の変化に伴う形で、文部省は官僚を任用・登用していったが、それは官僚制全体の動向に合わせざるを得なかったという点で、多分に妥協的なものであった。しかし、その妥協の結果が、文部省や文部官僚の特徴を形成し、時々の官僚の専門性を浮かび上がらせていったのである。そして、この官僚任用制度の整備による文部省の妥協に対して、そのつど反応したのが教育雑誌の文部官僚に対する評論であった。

2　文部省からみた近代日本の官僚制と官僚

（1）文部省人事の閉鎖性と文部官僚のキャリア——逓信・農商務両省との差異

文部省は二流、三流官庁と見られていたが、その背景には地方教育行政を管轄する府県が内務省の監督下にあり、文部省の権限が限定的であったことが要因とされる。くわえて、本書でみた任用・登用などの人事からも各省内における文部省の立ち位置が浮き彫りになった。すなわち文部省は各省に比して人事がきわめて閉鎖的で、省内で完結していたと指摘できる。文部省は、他省や地方との人事交流が乏しく、それは官僚任用制度の展開とともに強まっていった。たとえば文科出身者の文部官僚が他省で幹部になることは考えられないことであった。また、府県から文部省へ異動してきた「内務官僚」である転籍者も、文部省入省以降は内務省をはじめ他省に移ることも、知事になることもなく、文部省で官歴を終えた。一省で官僚としてのキャリアを終えるということは、結果的に専門性を深めるのに十分な時間を確保できたと言えるが、翻って考えると、文部省に一度入省すると、各帝国大学の総長などの教育関係のポストへの就任を除き、その後のキャリアの見通しが立たなくなることを意味した。文部省の官僚は制度立案のための経歴や専門性が求められ、それに適合し得る人材が登用された。あるいは文部省に入省した官僚は、転籍者に端的に見られるようにそこに最適化していったというのが、本書でこれまで見てきた文部官僚の実像であった。これを踏まえて、教育行政全体まで広げて考えた場合、府県の教育行政が内務省の若手官僚によって担われたことと、当該期の文部行政が長く教育行政や教育に関わっていた人物によって担われていたことは、中央・地方間の教育行政の関係を見るうえで示唆的である。というのも、当然ながら府県の教育行政を担う若手官僚よりも、文部官僚は教育政策に通暁していた。文部官僚と、政策実施に伴う調整や人あしらいを得意とする内務官僚とでは、官僚としての役割とそれに関する専門性のあり方が根本的に異なっていたのである。

内閣制度導入前後（一八八〇年代）から、高文試験開始後の約一〇年（一九〇〇年代）までの文部省には、以上のように人事が閉鎖的であり、それに伴う文部行政への官僚自身の適応が求められた。文部省と同様に内政各省のなかで非主要官庁とされた逓信・農商務の両省は、当該期に人事と実務の両方で内務・大蔵両省から強く影響を受けた。これに対して、任用制度が制定される以前の文部省は人材を官立・省直轄学校と往来させることで回し、任用制度制定後の試補規則下で生え抜き官僚を養成し、高文試験実施後は試験を経た若手官僚を両省よりも早くに幹部候補として養成することができた。これは一八七一年に設置された文部省が内務省（一八七三年設置）よりも早く設置され、農商務省よりも約一〇年、逓信省よりも約一四年早く設置されたことが関係する。内務省の数局を分離して設置された逓信・農商務両省と、文部省とでは非主要と一口に言ってもその基盤が当初より異なっていたのである。このことは、文部省が欧米派遣といった官僚の養成等の省内の整備を早めに構築できたことと無関係ではないだろう。本書では、教育雑誌が文部行政の法科偏重を批判していたことを取り上げたが、本書の考察時期から約一〇年後の大正期に逓信・農商務両省の生え抜き官僚が省内の幹部になっていくにつれて、いわゆる「法科偏重」批判が起こった。このことは、文部省と逓信・農商務両省の設置時期の差異や、それに伴う文部省と両省における官僚の養成の開始時期の差異という観点から見れば決して偶然ではない(1)。すなわち試補規則期に早くも生え抜き官僚が出現していた文部省の動向などを踏まえて、法科・法学への批判を論じた一九〇〇年までの教育雑誌の論調は、多分に理念的であったがために現実には大きな力を持たなかったが、一〇年後の逓信・農商務両省の生え抜き官僚の幹部化と、技官の待遇問題という現実的な課題によって官僚制の法科偏重の議論が訴求力を有していったのである。文部省の周辺と逓信・農商務両省のそれとはタイムラグがあった。『時論』の主張は時代を先取りしすぎていたとも言える。

以上を踏まえると、官僚の人事において内務・大蔵両省という主要官庁や、その影響下にあった逓信・農商務両省とも異なる立ち位置にあったのが文部省であったと指摘できる。権限という点では、地方に手足となる奏任官ポストがなく、政策実施は府県に委ねられていた。出先機関が無いことで文部省の高等官は本省に籠もらざるを得なかったが、だからこそ人事が安定し、専門性を深めることが可能であったとも言えるのである。本項で示したことは、内閣制度導入から高文試験開始後約一〇年の高文試験実施初期の文部省と官僚制を見ることによって初めて浮かび上がった。この時期は『内務省史』や『内政史研究会談話速記録』で官僚経験者が語る官僚制像・官僚像の前段階であるが、この近代日本における官僚制の制度確立の初期の状況を理解することで、主に大正期以降に任官した官僚による談話を相対的に捉えることができるのである(2)。

（2）近代日本官僚制研究への含意

前項を踏まえ、本書で見てきた文部省の実態から、近代日本の官僚制に対する議論にいかに寄与できるだろうか。「官吏が身につけている特別の技術論（それぞれに応じて法律学、行政学、経営学）」（ウェーバー 一九八七：一〇）が、近代日本では一八八七年の試補規則や九四年実施の高文試験により担保された。しかし、このような官僚の一般的な専門性と、文部官僚のそれとがずれていたのは本書で見てきた通りである。高文試験を経た転籍者でさえ、文部省に入省した後には教育内容面の専門知識が求められ、教育雑誌に自己の知見を開陳する必要があった。ここから官僚制一般の専門性だけでなく、個別行政の遂行に必要な専門性を付加しなければならなかった官僚の姿が浮かび上がった。

一般的に高等官の官僚は一つのポストに二年ほど在職し、様々なポストを転々とすることで、キャリアを積んでいったとされる（大霞会 一九八〇：六三五、川手 二〇一三：一一一〜一一二）[3]。それは現在のいわゆるキャリア官僚でも変わっていない。しかし、文部官僚の場合、局長ポストの在職期間に着目すると、試補世代の官僚（沢柳政太郎・岡田良平・渡部董之介・福原鐐二郎）や高文官僚（田所美治・赤司鷹一郎・松浦鎮次郎）は、省の基幹二局である専門学務局や普通学務局の局長を長期間にわたり務めた。この局長時代は、彼らに普通教育や専門（高等）教育に関する専門知識を修得させた時期と見ることができる。彼らは文部省を退官した後も教育雑誌などで意見を求められ、それに応じることで、教育界に貢献し続けた。

一般的にジェネラリスト的な側面が強調される帝大法科出身の官僚であるが、このような評価は、「専門がない」内務官僚の談話が多くを占める史料から導き出されたものである（升味 一九六八：二〇八〜二〇九）。個別行政を担う帝大法科出身の官僚のジェネラリスト的な能力とはそもそも実際にいかなるものであるのか。また、はたして試験を経て、各省に入省した官僚をジェネラリストという評価のみで留めておいてよいのであろうか。内務省や内務官僚からみる「官僚制」とは異なるものがあったことが、官僚制度の展開期における文部官僚を見てきた本書から示唆される。

また、文部省の人事から各省、特に内務省との関係を見ると、官僚任用制度が確立した高文試験開始以降の文部省人事は内務省に依存し、人事の自立性が弱いとされてきた。本書で見てきたように、幹部候補の官僚を自省で任用できなかったという限りにおいては、たしかに文部省は人事の自立性が弱く、官僚の任用とそれらの官僚のキャリア初期の養成を内務省（とその下部の府県）に依存していたと言えよう。この点から、逓信・農商務両省と同様に、文部省も内務省による秩序の中に収まっていったように見える。しかし、前述したように、これまでの研究で内務官僚と見なされてきた高文第一世代の転籍者は、大学卒業から五年以内に文部省へ異動し、最終官歴は文部省で終えている。彼らは「数年で内務省に帰る」（大霞会 一九八〇：六三七）官僚ではなかった。この点で逓信・農商務両省の局長クラスに登用された内務官僚と異なっていた。内政各省はしばしば内務省と、文部・逓信・農商務といった内務省の影響下にあった各省とで区分される。たしかに内務省が府県を監督していたため、文部省や逓信・農商務両省の政策実施の権限を内務省が握っていたことは疑い得ない。しかし、一方で文部省における内務省の影響力の強さを例証する際にしばしば言及される内務官僚の各省への異動については、文部省の登用に限れば、これらの官僚が官歴の大半を文部省で活躍した事実を見ても内務官僚の出向とは言い難く、転籍に近いものであった(4)。従来の研究では手薄であった試補規則期から高文第一世代までの時期における、文部省を含む内政各省と内務省との距離を再度問い直していく作業が必要になってこよう。これにより、後の政党内閣期に内政各省への「内務省の優位」（御厨 一九九六：一二・四）が変容することの意味がより鮮明に見えてくるのではなかろうか。

3 残された課題と展望

最後に本書の課題と展望を示したい。本書では主に内閣制度導入から始まり、高文試験開始後の一〇年間までの文部省を見てきたが、この時期は政党勢力が徐々に政権に入り込んでいく時期でもあった。しかし、本書では政党の存在と、それに関する行政改革については後景に退いてしまっている。これは本書が扱った時期が、文部官僚人事という点では政党の影響力がまだ限定的であったことが主因である。しかし、大正政変や原敬内閣期以降に政党が勢力を増していき、各省内部に深く入り込んでいくなかで、文部省はそれにどのように対応したのであろうか。また、文部行政・教育行政において政官関係がいかに築かれ、変容していくのであろうか。官僚集団が志向する「国是」と、「輿論」を背景とする政党の競合が、文部省の省内構造や政策形成にいかなる影響を与えたのかを次なる課題として明らかにしたい(5)。実は内務省などと同様に、いわゆる「憲政の常道」期の文部省においても政党の影響力が強まり、それが次官や局長などの更迭などの人事面に現れた。「官僚制の政党化」が文部省でも進行したことが筆者の調査で分かっている。その人事の動向が、政党の教育政策の志向とどのように絡まり、それが文部省の既存の組織文化などにどのような変化を与えたのかについては、今後の課題としたい。

また、大正期以降には、内政各省に対する内務省の優位が薄れたことで、各省は自立的な志向を強め、セクショナリズムが進行していくとされる（御厨 一九九六：一二四～一二五）。そのなかで文部省がいかに変容していったのかを検討することは、今後の課題になる。内務省に代わり、政党内閣自らが各省の統合と調整を担おうとするこの時期に、逓信・農商務等の経済・現業官庁内の官僚やその出身者は官界の「法科偏重」を批判し、内務省からの自立を志向した。では、このような状況下で文部省はどのように変化したのであろうか。前項で述べたように、文部省は政党内閣期以前から内務省とは一定の距離があり、自立していたというのが筆者の現時点での見立てである。たしかに内務省出身者の政党政治家（小橋一太）が文部大臣に就任したことで、文部省内の次官以下の幹部官僚は内務省で奏任官としてキャリアを積んだ官僚で占められたが、それも一時的な現象にすぎなかった。一九三六年までの文部省は依然として断続的に府県から転籍者を登用して、幹部クラスまで引き上げる「疑似生え抜き官僚」を創出する人事を行っていたと考えている。

しかし、一九三七年以降に、文部省の勅任官や奏任官ポストは、徐々に長年内務省や府県で経験を積んできた内務官僚に占められるようになっていく。彼らの多数は知事クラスの官僚や、警察畑を歩んできた官僚で、文部省の奏任官を経ずに、勅任官に就任した。官僚制研究や教育史研究などで、「戦前」の文部省が内務省に支配されていたという見方が強いのは、この時期、すなわち一九三七年から四五年のたった八年間のイメージが強く影響している。当該期における内務省出身の政治家の談話や回想などの史料が後に大量に残され、彼らの視点による文部省への語りが普及し、それが文部省に対するイメージとなったからである。こうして内務省の影響を強く受けるようになった文部省は、組織的にどのように変化したのだろうか。これにより文部行政がいかに変質したのか。これらの問いは、文部省からみた総力戦体制の考察に繋がってこよう。

これに関係して、大正期以降になると文部省と軍部、特に陸軍との関係が重要になってこよう。臨時教育会議や文政審議会などの教育諮問会議における軍部の教育現場への介入はつとに指摘されてきた(6)。しかし、軍部の意向が明らかにされてきたのとは対照的に、文部省自体の軍部への対応、すなわち文部省の軍部に対する反発や妥協、協力に関しては必ずしも具体的に明らかにされてきていない。学校教練をはじめとする軍部の教育現場への介入に対して、各種教育会や教育現場とともに文部官僚がいかに対応し、どのようにメディアに発信したのであろうか。それを一九一〇年代から敗戦まで長期的にみることで総力戦体制における文部省と文部官僚の立ち位置について問うことにも繋がってこよう。

最後に、文部省を取り巻くアクターについて述べておきたい。たとえば教育に関する業界団体として各種教育会が挙げられるが、それらが教育政策に関する「輿論」をどのように形成し、文部省への影響力を持ち得たのだろうか(7)。また、地方教育の担い手である府県学務課や各学校長が、文部省の政策調査や企画にどのような影響を与えたのかも検討を要する。地方に出先機関を持たなかった文部省は、学務課長会議・師範学校長会議・中学校長会議を開催することで、学務課長や学校長から地方教育の実態に関する情報を得ていた。文部省を取り巻くこのような集団（もちろん一枚岩ではない）と文部省との協働や緊張を明らかにすることは、戦前の文部行政を構造的に理解する一助となる。

以上が、明治中後期の文部官僚の人事と評価の検討を主とした本書では検討が及ばなかった課題である。今後は検討時期を明治末期以降に広げ、文部本省だけではなく、本省周辺のアクターの言動やメディアの考察を進めていきたい。これにより、文部行政や教育行政の理解に加え、近代日本の国家構造、特に内政の特質を文部省から明らかにしたいと考えている。

注

（1）内閣制度導入以降の農商務省の人事については川手（二〇一三）、堀越芳昭「農業・農業団体政策と農林官僚」と根岸秀行「商工省と商工官僚の形成」（いずれも、波形・堀越 二〇〇〇：第二章と第三章）。また対内務省については、公有林野整理開発政策を取り上げた西尾（一九八八）が詳しい（第三章の第二節）。逓信省をはじめとする現業官庁と法科偏重批判については、若月（二〇一四）も参照。

（2）序章で述べたように、『内政史研究会談話速記録』の影響は強く、文部省官僚経験者である剱木亨弘が同研究会で語った文部省像・文部官僚像が、「戦前」を通じての文部省の実態であると見なされる傾向が強い（「剱木亨弘氏談話第一回速記録」二四九、一九七三年）。また、文部（文科）官僚であった前川喜平も「戦前の文部省は内務省の「植民地」だった、当時の文部省は内務省からの出向者が半分、官立学校教官からの出向者が半分の混成部隊だったとされる。「文部官僚」と呼べるような固有のアイデンティティをもった官僚集団は形成されていなかった」と認識している（前川「文部省の政策形成過程」城山英明・細野助博編『続・中央省庁の政策形成過程』中央大学出版部、二〇〇二年、第六章、一八一頁）。この戦前がいつの時期を指しているかは不明であるが、この記述の後に剱木の談話を引用していることから、剱木の認識を通して「戦前」期の文部省を見ていることが分かる。また、前川は現代の文部省を「従来、自らの殻に閉じこもりがちで、他省庁との人事交流には積極的ではなかった」と述べているが、本書でみたように実は高文初期までの文部省もそれと近い。これは筆者だけではなく、鄭（二〇〇五）や藤野（二〇〇九）の研究でもそのような認識が共有されていることは、これまで論じてきた通りである。

（3）もっとも例外も多く見られる。すぐ後に記す文部省の状況を踏まえて述べると、局長ポストの在職期間でいえば、たとえば大蔵省の松尾臣善は大蔵省内の複数の局長ポストをそれぞれ長期間務めている。また、昭和にかけては富田勇次郎が同じく大蔵省の理財局長を一〇年間務めている。

（4）これらの官僚を本書で「転籍者」と記したのもこのような理由による。なお繰り返しになるが、「戦前期」文部省が「内務官僚」で占められていたと指摘する際に、根拠となってきたのが剱木亨弘の回想である（剱木 一九七三：八二、一四六〜一四七)。筆者はこの剱木の想定する「戦前」が、一九三七年以降の時期であると考えている。また、「内務官僚」については、一九三六年以前の文部省は、本書でみてきたように、府県を経由して、大卒五年以内に文部省に入省した「転籍者」が大半を占めていた。筆者は、これらの官僚が、⑴内務本省の勤務経験がなく、⑵官歴の初期に文部省に移り、⑶中央各省の官歴を文部省で終えている、という理由から、彼らを「内務官僚」とするよりも、文部省が府県の人材プールを利用しながらも、生え抜きに近い官僚(疑似生え抜き官僚)を得ようとしていたと考えている(これについては、二〇二四年度日本行政学会研究会で「戦前期文部省の人事システム―文官高等試験下の疑似生え抜き官僚を中心に―」というタイトルでポスター発表を行い、現在論稿を準備している)。

(5) 「国是」と「輿論」については三谷(一九九五、序章)。もちろん大正期より前のいわゆる桂園時代の行政整理や予算配分などに関する各省の動向を加味して、官僚制と政党との関係を見ていく必要があろう。

(6) 両会議には議事速記録が残っており、海後(一九六〇)や阿部(一九七五)の両研究によって整理・活用されている。

(7) 大正期以降の教育会については阿部(一九七七)が帝国教育会や教育擁護同盟がいかに政府と対峙したかについて論じている。そこでは政党や文相の発言や言動に焦点を当てているが、その前段階の文部省と諸教育会との関係は必ずしも明示されていない。

史料・参考文献

一　未公刊史料

○国立公文書館所蔵史料
「公文録」、「官吏進退」、「任免裁可書」、「叙勲裁可書」、「枢密院文書」
○国立国会図書館憲政資料室所蔵史料
「大木喬任関係文書」、「憲政史編纂会収集文書」、「都筑馨六関係文書」
○外務省外交史料館所蔵史料
「文部省八年計画調査書」（一八九九年七月）、レファレンスコード：B12081980900

二　公刊史料

○文部省出版物
佐藤秀夫編『明治前期文部省刊行誌集成』一（歴史文献、一九八一年）
文部省編『文部時報』
文部省編『文部省年報』
文部省編『資料臨時教育会議』四（一九七九年）
文部省実業学務局編『実業教育五十年史』正・続：日本図書センター、一九八一年、底本は（実業教育五十周年記念会、一九三四〜三六年）
文部省専門学務局編『文部省外国留学生表』

○内務省関係
内務省地方局編『地方改良講演集』七（芳文閣、一九八七年、底本は一九一四年）
内務省地方局編『地方改良事業講演集』下（芳文閣、一九八七年、底本は一九〇九年）

○法令関係
『官報』
『公文類聚』
『法規分類大全』覆刻版（原書房、一九七七～八一年）
『法令全書』
米田俊彦編『近代日本教育関係法令体系』（港の人、二〇〇九年）

○統計
『日本帝国統計年鑑』

○職員録
『改正官員録』
『職員録』甲・乙
『文部省職員録』
文部省大臣官房人事課監修『文部省歴代職員録』一九九八年版（文教協会、一九九八年）

○年史・総説
教育史編纂会『明治以降教育制度発達史』（龍吟社、一九三八～三九年）
国民教育奨励会編『教育五十年史』（民友社、一九二二年）
作道好男・江藤武人編『一橋大学百年史』（財界評論新社、一九七五年）
日本学士院編『日本学士院八十年史』（日本学士院、一九六二年）
日本弘道会百十年史編集委員会編『日本弘道会百十年史』（日本弘道会、一九九六年）
東京大学百年史編集委員会編『東京大学百年史』通史編一（東京大学出版会、一九八四年）

文教制度調査会『戦後文部省二十五年史』（文教制度調査会、一九七二年）
松本市教育百年史刊行委員会編『松本市教育百年史』（松本市教育百年史刊行委員会、一九七八年）
文部省編『学制五十年史』（文部省、一九二二年）、同編『学制七十年史』（帝国地方行政学会、一九四二年）、同編『学制八十年史』（大蔵省印刷局、一九五四年）、同編『学制九十年史』（大蔵省印刷局、一九六四年）、同編『学制百年史』（帝国地方行政学会、一九七二年）、同編『学制百二十年史』（ぎょうせい、一九九二年）、文部科学省編『学制百五十年史』（ぎょうせい、二〇二二年）

○個人文書
伊藤博文関係文書研究会編『伊藤博文関係文書』一（塙書房、一九七三年）

○教育機関発行
第一高等学校校友会編『校友会雑誌』
帝国大学編『帝国大学一覧』

○全集
大久保利謙監修・上沼八郎・犬塚孝明編『新修森有禮全集』二（文泉堂書店、一九九八年）a
大久保利謙監修・上沼八郎・犬塚孝明編『新修森有禮全集』三（文泉堂書店、一九九八年）b
成城学園沢柳政太郎全集刊行会編『沢柳政太郎全集』一〇（国土社、一九八〇年）
日本弘道会編『西村茂樹全集』増補改訂版、四（日本弘道会、二〇〇六年）

○政党関係
『憲政党党報』

○辞典・事典・人物情報
稲村徹元ほか編『大正過去帳』（東京美術、一九七三年）
大植四郎編『明治過去帳』（東京美術、一九七一年、底本は一九三五年）
国史大辞典編集委員会編『国史大辞典』（吉川弘文館、一九七九〜九七年）

神宮司庁編『古事類苑』五一、総目録・索引（吉川弘文館、一九六九年）
『人事興信録』各版
『大衆人事録』各版
『大正人名辞典』下（日本図書センター、一九八七年、東洋新報社による一九一八年刊の複製）
講談社『日本人名大辞典』（講談社、二〇〇一年）
秦郁彦『戦前期日本官僚制の制度・組織・人事』（戦前期官僚制研究会編、東京大学出版会、一九八一年）
秦郁彦編『日本官僚制総合事典』（東京大学出版会、二〇〇一年）
秦郁彦編『日本近現代人物履歴事典』第二版（東京大学出版会、二〇一三年）
『明治人名辞典』二・上（日本図書センター、一九八八年、『日本現今人名辞典』の複製、底本は日本現今人名辞典発行所、一九〇〇年）
歴代知事編纂会編『日本の歴代知事』（歴代知事編纂会、一九八〇～八二年）

○新聞
『国民新聞』
『中央新聞』
『東京朝日新聞』
『読売新聞』

○教育雑誌
『教育』
『教育界』
『教育学術界』
『教育公報』
『教育週報』
『教育時論』
『教育報知』

『小学校』
『大日本教育会雑誌』
『帝国教育』
『東京教育雑誌』
『東京市教育会雑誌』
『内外教育評論』
『日本之小学教師』

○雑誌
『斯民』
『太陽』
『東京パック』
『美術新報』

○同時代文献（自伝・伝記・回想・日記類等）
赤司鷹一郎・在原美誠『実業補習教育論』（金港堂書籍、一九〇二年）
伊沢修二君還暦祝賀会・故伊沢先生記念事業会編『楽石自伝教界周遊前記』（大空社、一九八八年、底本は一九一二年）
石川松溪『名家訪問録』（金港堂書籍、一九〇二年）
江木千之翁経歴談刊行会『江木千之翁経歴談』上（大空社、一九八七年、底本は一九三三年）
大槻文彦「ことばのうみのおくがき」（『言海』筑摩書房、二〇〇四年、底本は一八八九年）
大沼宜規編『小中村清矩日記』（汲古書院、二〇一〇年）
学海日録研究会編『学海日録』五、六（岩波書店、一九九二年）
加藤房蔵『伯爵平田東助伝』（平田伯伝記編纂事務所、一九二七年）
嘉納治五郎『嘉納治五郎著作集』三（五月書房、一九八三年、底本は一九二九年から翌三〇年の『作興』に掲載された「教育家としての私の生涯」）
樺山資英伝刊行会編『樺山資英伝』（樺山資英伝刊行会、一九四二年）

蒲原有明『夢は呼び交す』（岩波書店、一九八四年、底本は『夢呼び交す』東京出版、一九四七年と『野ざらしの夢』日本叢書六七、生活社、一九四六年）
木村匡『森先生伝』（大空社、一九八七年、底本は金港堂書籍、一八九九年）
馨光会編『都筑馨六伝』（馨光会、一九二六年）
劔木亨弘『牛の歩み』（小学館、一九七三年）
沢柳礼次郎『吾父沢柳政太郎』（大空社、一九八七年、底本は冨山房、一九三七年）
幣原坦『文化の建設』（吉川弘文館、一九五三年）
下園佐吉『牧野伸顕伯』（人文閣、一九四〇年）
関屋竜吉『壺中七十年』（出版東京、一九六五年）
曽根松太郎『当世人物評』（金港堂書籍、一九〇二年）
田所美治『日本欧美教育制度及方法全書　欧美教育制度及沿革』増訂（河田羆漢訳、東亜公司、一九〇七年）
塚原嘉藤編『中川元先生記念録』（故中川先生頌徳謝恩記念資金会、一九一八年）
寺田勇吉『寺田勇吉経歴談』（精華学校、一九一九年）
内政史研究会編『内政史研究会談話速記録』（「古井喜実」一九六六年、「有光次郎」六八年、「松隈秀雄」七一年、「劔木亨弘」七三年　各氏の談話記録、年はいずれも談話の実施年を記載）
日本史籍協会編『加太邦憲自歴譜』（東京大学出版会、一九八二年、底本は一九三一年）
藤原喜代蔵『人物評論学界の賢人愚人』（文教会、一九一三年、同『教育界人物伝』東出版、一九九七年に収録）
藤原喜代蔵『明治・大正・昭和教育思想学説人物史』一（東亜政経社、一九四二年）
牧野伸顕『回顧録』上（中央公論新社、二〇一八年、底本は文藝春秋新社、一九四八年）
正木直彦『回顧七十年』（学校美術協会出版部、一九三七年）
正木直彦『十三松堂閑話録』（相模書房、一九三七年）
松浦鎮次郎編『岡田良平先生小伝』（非売品、一九三五年）
松枝保二編『大隈侯昔日譚』（報知新聞社出版部、一九二二年）
三宅雪嶺『大学今昔譚』（大空社、一九九一年、底本は我観社、一九四六年）
山県悌三郎『児孫の為めに余の生涯を語る』（弘隆社、一九八七年、底本は一九四〇年）

山田俊雄監修・鈴木隆編『『言海』完成祝宴の全記録』(タングラム、一九九四年、底本は一八九一年)
横山達三『文部大臣を中心として評論せる日本教育之変遷』(臨川書店、一九七四年、底本は中興館書店、一九一四年)

三　参考文献

相沢凞「明治以後の教育を築き上げた人々」(『文部時報』九〇八、一九五三年)
青木栄一編『文部科学省の解剖』(東信堂、二〇一九年)
赤木須留喜『〈官制〉の形成』(日本評論社、一九九一年)
秋元信英「明治初年の修史・教科書・国学者」(『國學院大學北海道短期大学部紀要』二九、二〇一二年)
阿部彰「大正・昭和初期教育政策史の研究」二(『大阪大学人間科学部紀要』三、一九七七年)
阿部彰『文政審議会の研究』(風間書房、一九七五年)
天野郁夫『試験の社会史』(東京大学出版会、一九八三年)
荒井明夫「辻新次」(『近現代日本人物史料情報辞典』一(吉川弘文館、二〇〇四年)
石川寛「明治前期における官吏制度の形成過程」(『修道法学』二七-一、二〇〇四年)
石附実『近代日本の海外留学史』(ミネルヴァ書房、一九七二年)
井出嘉憲『日本官僚制と行政文化』(東京大学出版会、一九八二年)
伊藤純郎『郷土教育運動の研究』増補版(思文閣出版、二〇〇八年)
伊藤隆『昭和初期政治史研究』(東京大学出版会、一九六九年)
稲継裕昭『日本の官僚人事システム』(東洋経済新報社、一九九六年)
稲葉宏雄「谷本富と沢柳政太郎」(『京都大学教育学部紀要』三八、一九九二年)
犬塚孝明『明治維新対外関係史研究』(吉川弘文館、一九八七年)
井上琢智『黎明期日本の経済思想』(日本評論社、二〇〇六年)
今村都南雄「行政学の理論展開」(同ほか編『行政学』改訂版、北樹出版、一九九九年)
岩見和彦「実業教育論」(本山幸彦編『帝国議会と教育政策』思文閣出版、一九八一年)
内山融・伊藤武・岡山裕編『専門性の政治学』(ミネルヴァ書房、二〇一二年)
大谷基道・河合晃一編『現代日本の公務員人事』(第一法規、二〇一九年)

大西巧「日清戦後における文部省教育政策をめぐる一考察」（『教育科学セミナリー』四一、二〇一〇年）
大西巧「文部省「八年計画」構想とその後の展開」（『大学史研究』二五、二〇一三年）a
大西巧「文部省「八年計画」の動向と報道」（その二）（『太成学院大学紀要』一五、二〇一三年）b
大沼宜規「官吏木村正辞の活動」（『近代史料研究』四、日本近代史研究会、二〇〇四年）
大沼宜規『考証の世紀』（吉川弘文館、二〇二一年）
尾形裕康『学制成立史の研究』（校倉書房、一九七三年）
小熊伸一「教育ジャーナリズム史研究の動向と課題」（『家政研究』三〇、一九九九年）
大日方純夫『「新しい内務省史」構築のための基礎的研究』（研究成果報告書、二〇〇八年）
海後宗臣『臨時教育会議の研究』（東京大学出版会、一九六〇年）
海後宗臣編『井上毅の教育政策』（東京大学出版会、一九六八年）
掛本勲夫「文部省視学官制度の成立過程」（鈴木博雄編『日本近代教育史の研究』振学出版、一九九〇年）
柏原宏紀『工部省の研究』（慶應義塾大学出版会、二〇〇九年）
柏原宏紀「明治零年代後半における洋行官僚に関する一考察」（『関西大学経済論集』六七-四、二〇一八年）
上村直己「明治初期ドイツ留学生安東清人」（『熊本大学教養部紀要』外国語・外国文学編、一九、一九八四年）
川手摂「高文官僚の人事秩序の形成に関する試論」（『都市問題』一〇四-七、二〇一三年）
神田修「地方「視学」機構編成論」（『東京大学教育学部紀要』六、一九六四年）
官僚機構研究会編『文部省残酷物語』（エール出版社、一九七八年）
木戸若雄『大正時代の教育ジャーナリズム』（玉川大学出版部、一九八五年）
木戸若雄『昭和の教育ジャーナリズム』（大空社、一九九〇年）
木戸若雄『明治の教育ジャーナリズム』（大空社、一九九〇年、底本は近代日本社、一九六二年）
木野主計『井上毅研究』（木野主計著作集一、続群書類従完成会、一九九五年）
教育ジャーナリズム史研究会編『教育関係雑誌目次集成』第Ⅰ期教育一般編、二〇（日本図書センター、一九八七年）
教育ジャーナリズム史研究会編『教育関係雑誌目次集成』第Ⅱ期学校教育編、二〇（日本図書センター、一九八九年）
近代日本研究会編『官僚制の形成と展開』（山川出版社、一九八六年）
久保義三「政治は教育にどう関係してきたか」（同『日本ファシズムと教育史』久保義三教育学著作集五、エムティ出版、一九

九五年、初出は一九五八年）
熊田淳美『三大編纂物群書類従・古事類苑・国書総目録の出版文化史』（勉誠出版、二〇〇九年）
倉沢剛『学制の研究』（講談社、一九七三年）
倉沢剛『教育令の研究』（講談社、一九七五年）
榑松かほる・菅原亮芳「民間教育雑誌の成立に関する一断面」上・下（『桜美林論集』一般教育篇一五～一六、一九八八～八九年）
黒澤良『内務省の政治史』（藤原書店、二〇一三年）
小池聖一『アーカイブズと歴史学』（刀水書房、二〇二〇年）
国立教育研究所編『日本近代教育百年史』（教育研究振興会、一九七三～七四年）
佐々木隆『伊藤博文の情報戦略』（中央公論新社、一九九九年）
佐々木隆『藩閥政府と立憲政治』（吉川弘文館、一九九二年）
佐藤秀夫「日本近代教育史に関する研究史料の考察」（『日本の教育史学』一三、一九七〇年）
佐藤秀夫「明治二三年の諸学校制度改革案に関する考察」（『日本の教育史学』一四、一九七一年）
佐藤秀夫「文部官僚としての沢柳政太郎」（『沢柳政太郎研究』三六、成城学園沢柳研究会、一九七七年）
佐藤慶幸『官僚制の社会学』新版（文眞堂、一九九一年）
清水唯一朗『政党と官僚の近代』（藤原書店、二〇〇七年）
清水唯一朗『近代日本の官僚』（中央公論新社、二〇一三年）
鄭賢珠「近代日本の文部省人事構造」（『史林』八八-三、二〇〇五年）
鄭賢珠『近代日本教育行政における人事体制』（博士論文、未刊行、二〇〇六年）a
鄭賢珠「第二次松方内閣における文部省紛擾」（『教育史フォーラム』一、二〇〇六年）b
鄭賢珠「東書文庫明治廿三年久保田譲視察報告書」（『一八八〇年代教育史研究ニューズレター』二〇、二〇〇八年）
鄭賢珠「第一次桂内閣期の文部省廃止構想と阻止運動」（『Humanitas』三四、二〇〇九年）
菅井凰展「実業専門教育」（本山幸彦編『帝国議会と教育政策』思文閣出版、一九八一年）
菅原亮芳『受験・進学・学校』（学文社、二〇〇八年）
鈴木博雄編『日本近代教育史の研究』（振学出版、一九九〇年）

副田義也『内務省の社会史』（東京大学出版会、二〇〇七年）
副田義也編『内務省の歴史社会学』（東京大学出版会、二〇一〇年）
曽我謙悟「サーベイにみる文部科学省官僚の認識と行動」（青木栄一編『文部科学省の解剖』東信堂、二〇一九年）
大霞会編『内務省史』一（原書房、一九八〇年、初出は一九七一年）
高田宏『言葉の海へ』（新潮社、一九八四年）
瀧井一博『伊藤博文』（中央公論新社、二〇一〇年）
田中惣五郎『近代日本官僚史』（東洋経済新報社、一九四一年）
田中智子「東書文庫久保田譲旧蔵文書について」（『一八八〇年代教育史研究ニューズレター』二〇、二〇〇八年）
茶谷誠一『牧野伸顕』（吉川弘文館、二〇一三年）
辻清明『日本官僚制の研究』新版（東京大学出版会、一九六九年）
辻直人『近代日本海外留学の目的変容』（東信堂、二〇一〇年）
土屋忠雄『明治前期教育政策史の研究』（講談社、一九六二年）
手嶋泰伸「東北帝国大学総長人事からみる文部官僚出身総長」（『龍谷紀要』四五‐二、二〇二四年）
寺﨑昌男「高等教育改革の施策と思想」（『森有礼の思想と教育』『東京大学教育学部紀要』八、一九六五年）
寺脇研『文部科学省』（中央公論新社、二〇一三年）
徳田武『小原鉄心と大垣維新史』（勉誠出版、二〇一三年）
德久恭子『日本型教育システムの誕生』（木鐸社、二〇〇八年）
長尾宗典「法科と文科」（中野目徹編『官僚制の思想史』吉川弘文館、二〇二〇年）
中野実「解説」（『男爵辻新次翁』伝記叢書二〇、大空社、一九八七年、底本は仁寿生命保険、一九四〇年）
中野実「帝国大学体制の成立とその改編の動向」（寺﨑昌男ほか編『近代日本における知の配分と国民統合』第一法規、一九九三年）
中野目徹「序」（同編『官僚制の思想史』吉川弘文館、二〇二〇年）
中林良雄「もう一人の「西洋文学通」」（『翻訳と歴史　文学・社会・書誌』二八、二九、三三、二〇〇六～〇七年）
中林良雄「磯野徳三郎履歴書」（『翻訳と歴史　文学・社会・書誌』六〇、二〇一二年）
中村政則「日清「戦後経営」論」（『一橋論叢』六四‐五、一九七〇年）

波形昭一・堀越芳昭編『近代日本の経済官僚』（日本経済評論社、二〇〇〇年）
西尾隆『日本森林行政史の研究』（東京大学出版会、一九八八年）
日本行政学会編『年報行政研究五〇　行政の専門性と人材育成』ぎょうせい、二〇一五年）
橋川文三「革新官僚」（神島二郎編『権力の思想』筑摩書房、一九六五年）
橋本鉱市・丸山和昭「近代日本における「教育界」の構造分析」（『東京大学大学院教育学研究科紀要』四九、二〇一〇年）
林奈生子『自治体職員の「専門性」概念』（公人の友社、二〇一三年）
坂野潤治『明治憲法体制の確立』（東京大学出版会、一九七一年）
久木幸男「明治戦間期の『教育時論』」（『教育時論』総目次、自明治二十八年至明治三十四年、雄松堂書店、一九八一年）
久木幸男「創刊一千号前後の『教育時論』」（『教育時論』総目次、自大正元年至大正五年、雄松堂書店、一九八四年）
久木幸男「一八九〇年前後における文部省廃止問題」（『横浜国立大学教育紀要』二五、一九八五年）
久木幸男「『教育報知』と明治期教育雑誌」（『教育報知』別巻、ゆまに書房、一九八六年）
久木幸男「一九世紀末の文部省廃止論」（『横浜国立大学教育紀要』二六、一九八六年）
平田宗史『明治地方視学制度史の研究』（風間書房、一九七九年）
平原春好『日本教育行政研究序説』（東京大学出版会、一九七〇年）
平原春好『教育行政学』（東京大学出版会、一九九三年）
福井淳「嚶鳴社員官吏と「改正教育令」」（『歴史学研究』五三五、一九八四年）
福嶋寛之「「社会教育」官僚の登場」（『九州史学』一二九、二〇〇一年）
福地重孝「依田学海」（国史大辞典編集委員会編『国史大辞典』一四、吉川弘文館、一九九三年）
藤田由紀子『公務員制度と専門性』（専修大学出版局、二〇〇八年）
藤野真挙「明治二〇年代初頭における文部省内の勢力構造」（『日本歴史』七一六、二〇〇八年）
藤野真挙「聖域化する文部省」（韓日次世代学術 FORUM 編『次世代人文社会研究』五、二〇〇九年）
藤田大誠『近代国学の研究』（弘文社、二〇〇七年）
船寄俊雄「一八九〇年代における高等師範学校存廃論争」（続）（『研究論叢』四、一九九六年）
フリードリヒ・ヘーゲル『法の哲学』二（藤野渉・赤沢正敏訳、中央公論新社、二〇〇一年）
古川隆久『昭和戦中期の総合国策機関』（吉川弘文館、一九九二年）

細川哲「教育権独立論と教育法制」（『鳥取大学教育学部研究報告』人文社会科学、二八―一、一九七七年）
堀内守「教育行政」（海後宗臣編『井上毅の教育政策』東京大学出版会、一九六八年）
前川喜平「文部省の政策形成過程」（城山英明・細野助博編『続・中央省庁の政策形成過程』中央大学出版部、二〇〇二年）
牧原出「「官房」の理論とその論理構造」（『年報行政研究』四〇、ぎょうせい、二〇〇五年）
升味準之輔『日本政党史論』四（東京大学出版会、一九六八年）
町田三郎『明治の漢学者たち』（研文出版、一九九八年）
マックス・ウェーバー『官僚制』（阿閉吉男・脇圭平訳、恒星社厚生閣、一九八七年）
松村巌「岩崎秋溟」（『土佐史談』四一、土佐史談会、一九三二年）
真辺将之『西村茂樹研究』（思文閣出版、二〇〇九年）
真渕勝『官僚』（東京大学出版会、二〇一〇年）
三上昭美ほか編『日本古文書学講座』九、近代Ⅰ（雄山閣、一九七九年）
御厨貴『明治国家形成と地方経営』（東京大学出版会、一九八〇年）
御厨貴『首都計画の政治』（山川出版社、一九八四年）
御厨貴『政策の総合と権力』（東京大学出版会、一九九六年）
水谷三公『官僚の風貌』（中央公論新社、一九九九年）
三谷宗一郎『戦後日本の医療保険制度改革』（有斐閣、二〇二二年）
三谷太一郎『日本政党政治の形成』増補版（東京大学出版会、一九九五年）
三原芳一「「文部省八年計画調査書」に関する一考察」（『花園大学文学部研究紀要』三四、二〇〇二年）
三原芳一「文部省八年計画と帝国議会」（『花園大学文学部研究紀要』三九、二〇〇七年）
宮澤康人「実業教育」（海後宗臣編『井上毅の教育政策』東京大学出版会、一九六八年）
迎由理男「大蔵官僚と税制改革」（波形昭一・堀越芳昭編『近代日本の経済官僚』日本経済評論社、二〇〇〇年）
宗像誠也『教育行政学序説』（有斐閣、一九五四年）
村上祐介『教育行政の政治学』（木鐸社、二〇一一年）
村上祐介・橋野晶寛『教育政策・行政の考え方』（有斐閣、二〇二〇年）
村松岐夫『戦後日本の官僚制』（東洋経済新報社、一九八一年）

村松岐夫『日本の行政』（中央公論社、一九九四年）
村松岐夫「教育行政と分権改革」（西尾勝・小川正人編『分権改革と教育行政』ぎょうせい、二〇〇〇年）
本山幸彦編『帝国議会と教育政策』（思文閣出版、一九八一年）
森隆夫『教育行政における法的思考と教育的思考』（森隆夫著作集一三、ぎょうせい、一九九六年）
山中永之佑『日本近代国家の形成と官僚制』（弘文堂、一九七四年）
湯川文彦『立法と事務の明治維新』（東京大学出版会、二〇一七年）
吉川卓治「文部省「八年計画」の再検討」（『教育史研究室年報』一〇、二〇〇四年）
米田俊彦『近代日本中学校制度の確立』（東京大学出版会、一九九二年）
米田俊彦「教育審議会と松浦鎮次郎」（『人間発達研究』二一、一九九八年）
レナーテ・マインツ『行政の機能と構造』（片岡寛光監修・縣公一郎訳、成文堂、一九八六年）
若月剛史『戦前日本の政党内閣と官僚制』（東京大学出版会、二〇一四年）
若林悠『日本気象行政史の研究』（東京大学出版会、二〇一九年）
渡辺恵子『国立大学職員の人事システム』（東信堂、二〇一八年）
渡辺実『近代日本海外留学生史』上・下（講談社、一九七七〜七八年）

あとがき

本書は、二〇二三年二月に早稲田大学大学院文学研究科へ提出した博士論文「近代日本官僚制の展開と文部省の変容——文部官僚の任用・登用と専門性——」に加筆・修正を行ったものである。本書の原型となった論文は左の通りである。

第1章「内閣制度導入前後における文部官僚：「教育」経歴の実態」『早稲田大学大学院文学研究科紀要』六六、二〇二一年

第2章「官僚任用制度展開期における文部省：文部官僚と専門性」『史学雑誌』一二六-一、二〇一七年

第3章「文官高等試験実施初期における文部省の官僚任用：文部官僚像の再検討」『日本史研究』六九七、二〇二〇年

第4章「西村茂樹と文部省・編輯局」『弘道』一一二八・一一二九、二〇二〇年

第5章「官僚任用制度確立期における文部省と文部省視学官」『早稲田大学大学院文学研究科紀要』六三、二〇一八年

第6章「明治中後期における文部官僚の欧米派遣：官僚のキャリアと政策課題」『日本歴史』九〇四、二〇二三年

第7章「明治期教育雑誌における文部官僚の評価：『教育時論』・『教育報知』を中心に」『史観』一八四、二〇二一年

筆者は、もともと中高の社会科教員になろうと思い、早稲田大学教育学部社会科に入学し、学部三年次に日本近現代史のゼミに入った。結局、教職ではなく、同大学大学院文学研究科の修士課程に進学した。日本近現代史をより学びたいと思ったのと、卒論の出来が満足できるものではなかったからである。しかし、卒論を執筆するうちに、重要だと思われながらも、研究されてこなかったものが案外に多いことが分かってきた。その一つに行政機関内部の構造的な分析があった。卒論では教育に関する諮問機関を取り上げたが、文部省がどのような機関であるかがどうにも判然としなかった。修士課程では、文部省の内部構造の変容や政策過程を検討することで、教育行政がいかに政治から影響を受けたのか（あるいは受けなかったのか）を研究したいと思ったのである。

しかし、修士課程に入って研究計画の変更が必要となった。やられていない研究には何かしらの理由があり、文部省も例外ではなかったのである。文部省の内部史料がほぼ皆無だったのである。また、文部官僚の個人の関係文書を漁ってみても、それが省全体の意思決定とどう関わるのかがよく分からなかった。このような事情から実証的な政策過程の分析はできないと思った。そこで、まず内部の実態がよく分からない文部省の見通しを少しでもよくする第一歩として、長期的なスパンから同省の変化を見ていくことで、その特徴が理解できるのではないかと思った。また、内部史料がないのであれば、外部の史料から文部省の変化を描けないかと考えるに至った（これは後付けかもしれない。実際のところは先に教育雑誌を見て、論証可能なテーマを探っていったという方が正しい気はする）。そして、文部省内部の検討は、政策過程やそれに伴う政治動向よりも、官僚制の変化に沿って説明した方がよいと考えた。特に近代日本の検討において官僚制への言及は不可避であるが、内政に関しては内務省史観とでも言うべき、内務省中心の近代日本の官僚制理解に対して少なからず違和感を抱いていた。このように考え、修士課程から現在まで研究を続けてきた。

結果として修士課程を三年やり、休学を含めて博士課程を八年やった。すでに年齢は三〇代も半ばになってしまった。プロ野球で活躍した八八年世代（ハンカチ世代）はすでに多くが引退している。博論提出と本書出版がこのように遅れてしまったのは、筆者の菲才と怠慢のためと言わざるを得ない。しかし、長く大学院で過ごすうちに多くの方が筆者を気にかけてくださり、時に叱咤激励してくださった。

大日方純夫先生は、筆者の修士・博士両課程の主査として指導してくださった。先生は、教育学部から移ってきた筆者の指導を快くお引き受けくださり、要領を得ない筆者を粘り強く指導してくださった。また、細部に異常な執着を示す筆者に対して、より大きな問題に正対し、「いかに問うのか」という点に常に目を向けるように指導してくださった。本書が大きな問いを提示できているとしたら、それは先生のご指導の賜物である。心残りなのは博士論文提出が先生の定年に間に合わなかったことである。本書を出版したことで、先生に少しでも感謝の念を示すことができたらと考えている。

大日方先生の定年後に、筆者の主査を引き受けてくださったのが真辺将之先生だった。先生は、修士課程以降、副査として指導していただいていたが、主査の学生が一人増えたことで、ご負担をおかけしたと思う。改めてお礼を申し上げたい。先生からは、特に「いかに書くか」をお教えいただいた。論文の考察においてあと一歩（二歩、三歩?）深堀りできない筆者に対して、いかに自身の考察を十分に展開して書いていくかをご指導いただいた。本書の記述、特に序章・終章、各章の最初と最後の節の記述でそのような点が見られるのであれば、それは先生のご指導の賜物である。また、先生には公私ともに多くの助言をいただいたが、その多くは研究室での堅苦しい面談のような形でなく、早慶戦後の食事やゼミ合宿前後の車中であったように思う。このようなリラックスした雰囲気で、様々な相談ができる場を作ってくださったことに感謝申し上げたい。

鶴見太郎先生も、筆者が修士課程の時から副査として指導していただいた。先生には、ある事象を説明する際に、多角的な視角から見ることの大切さをお教えいただいた。本書が文部省研究に収斂されない多様な視角から議論できるのであれば、それは先生のご指導によるものである。先生が、「顔の見える官僚（制）研究」と筆者の研究を評してくださったのは、それを意識しながら研究してきただけに嬉しかった。また、先生の研究室で学問からスポーツ、戦前戦後の知識人についてまで様々なトピックをマンツーマンでお話いただく機会も多かった。このような楽しい時間があったからこそ、長い院生生活を乗り切れたのだと考えている。

　真辺先生が主査になられたことに伴い、二〇二一年からは藤野裕子先生が副査を引き受けてくださった。先生が日本史コースの助教時代にお世話になっていたとはいえ、今まで指導されてこなかった博士六年であった筆者の論文の審査を快諾していただいた。ご多忙のなかで、博論の質を上げるために、筆者に惜しみない助言をくださった。先生には感謝が尽きない。また、先生の赴任時に筆者の進退が窮まっていたことも関係し、先生には研究者としての心構えや姿勢を教わった。

　筆者は、幸いにも二〇二三年度の日本学術振興会特別研究員（ＰＤ）に採用された。それまで二〇二三年度の進路が未定であったため学振の採用は大きな意味を持った。無職のままでは子どもを保育園に入れられず、そうなった場合、育児や家事に多くの時間を割こうと考えていたからである。それもそれで楽しいだろうが、学振に採用されたことで研究を中断することなく、本書を完成させることができた。学振に採択されたことの安堵を感じることこそあれ、学振の不採択のために研究の道を断念していった人のことを考えれば、浮かれることなど考えられなかった。学振採択から本書出版までの約二年間は自分なりに最善を尽くしてきたつもりである。本書には、科研費（２３ＫＪ０３５４）の成果も反映されている。

　この学振の受入教員となっていただいたのが牧原出先生であった。筆者は、ポスドク以前から牧原先生の研究会に参加させていただき、学振の受入教員もご快諾いただいた。現在、先生と過ごす日々は刺激に満ちたものである。また、先生は畑違いである文学研究科出身の筆者に様々な機会を惜しみなく与えてくださっている。研究会などで政治学や行政学の研究者や現役公務に携わる方と交流でき、それが筆者に多くの学びとなっている。このような研究会の参加を通じて、先輩研究者はもとより、若林悠氏や前田貴洋氏、山田健氏などの同年代の若手研究者と交流を持つことができた。

　筆者は、博士課程一年から三年まで、清水唯一朗先生の大学院ゼミに参加させていただいた。先生のゼミでは、多様な研究分野の新進の学生が集まっていた。それらの学生が、発表者の研究に寄り添いながらも、自身の研究領域の知見を総動員し、建設的なアドバイスを繰り出していた。発表の機会を何度もいただいた筆者もご多分に漏れず、彼ら彼女らの助言を享受した。また、先生には、プレゼンテーションの方法から発表のアウトプットの仕方まで実に多くのことをお教えいただいた。それが現在の筆者の基礎となっている。新宿駅（あるいは東京駅）から湘南台駅まで行くのは全く苦にならず、毎週楽しみであった。また、先生のゼミでお会いした三谷宗一郎氏や内藤寛子氏からは現在まで多くのことを学んでいる。

筆者は学部時には望月雅士先生の、修士課程時には吉良芳恵先生の史料読解の講義を受けた。お二人の講義から、個々の史料が持つ文脈や意味を丁寧に読み込むことの重要さを教わった。また、大西比呂志先生には、史料調査の同行や、史料整理など多くの貴重な機会をいただいており、そのなかで、櫻井良樹・季武嘉也・松本洋幸の諸先生から多くのことをお教えいただいている。

学内では、同期である渡邊桂子氏と渡邉剛氏にまずお礼を言いたい。二人との何気ないやりとりが、研究の英気を養うことになった。また、佐川享平・嶌田修・江永博・趙国・佐々木千恵・佐竹康扶・袁甲幸の各氏には、筆者の研究に多くの有益なコメントをいただいた。学内では、大学史資料センター（現・早稲田大学歴史館）で多くの先輩研究者からご指導をいただいた。特に業務を直接指導してくださった佐川享平氏と、『早稲田大学史記要』に史料紹介を執筆することをお誘いくださった大江洋代氏にお礼を申し上げたい。また、資料センターでは教育学研究科の梅本大介・山本剛・長谷川鷹士の各氏と、勤務時間の合間に教育学や教育史の研究状況などについてお話させていただいた。改めて感謝申し上げたい。

学外では、修士課程の時から内務省研究会に参加し、研究発表をする機会を幾度もいただいた。新旧の幹事の方をはじめ、現在、研究の最前線で活躍されている諸先生から、学内のゼミとはまったく異なる角度からご助言をいただいた。また、同研究会で多くの研究者の方と交流する機会に恵まれたことは、修士課程時代の筆者にとって幸運であった。特に同研究会で面識を得た若月剛史先生には、多くのアドバイスをいただき、時に申請書にまで目を通していただきご意見を賜った。お礼を申し上げたい。その他、教育史学会では、文部省について教育史の観点からコメントをいただいた。日本行政学会では、ポスター発表を行う機会を得た。過去の文部省にどこまで関心が向けられるか不安であったが、どの先生方も筆者に寄り添って、コメントをくださり、評価していただいた。

本書出版に際しては、一般社団法人尚友倶楽部の二〇二四年度学術図書刊行助成を受けることができた。審査に時間を割いてくださった先生と、推薦書をお書きくださった櫻井良樹先生、尚友倶楽部の窓口となってくださった藤澤恵美子氏に厚くお礼を申し上げたい。応募できる出版助成事業の少なさに途方に暮れていた私を、多くの先生が助けてくださった。尚友倶楽部とともに、助け舟を出してくださった先生方に改めてお礼を申し上げたい。また、本書の編集を担当してくださった法律文化社の田引勝二氏には、並々ならぬお力添えを賜った。初めての著書ということで鼻息を荒くする筆者を、巧みなタクト捌きで出版まで導いてくださった。また、田引氏を紹介してくださった大西比呂志先生にお礼を申し上げたい。

前述のように、本書は博論をもとにしているが、博論提出から間もない二〇二三年四月から、清水覧磨（校正者）・野間龍一（早大博士課程学生）の両氏に協力を仰ぎ、出版に向けて博論に大幅な修正を行った。両氏の仕事はとても私には真似できるものでなく、文章の校正や出典の精査から、研究内容の面まで本当に丁寧なコメントをくださった。結局、一年半以上もの間、両氏には本書に携わっていただいたことになる。もとより文責は筆者にあるが、最初の読者である両氏がいなければ本書は出来上がらなかった。感謝を申し上げたい。

最後に、家族に感謝したい。家族の支援がなければ、長い大学院生活を乗り切ることは到底できなかったからである。伯父・十郎には、近代日本を研究する先輩研究者として多くの助言をもらった。特に修士論文に取り組んでいた時に、幾度も野毛の飲み屋で朝まで筆者の話を聞いてくれたことを昨日のように思い出す。伯父のように他者の考えを尊重できる人になりたいと思っている。父・卓蔵と母・智江は、プラプラしている筆者を文字通り物心両面で支えてくれた。金がなくなれば、東京から横浜に南下し、金をせびり、さらには夕飯を食べ散らかし、帰京した。そんな息子を、「やりたいことをやれ」、「一つ一つこなしていけ」と大学院生活に対して全面的な理解を示し、支援してくれた。現在、幼児を持つ筆者が、両親と同じことができるかと言われると怪しい。

筆者は学生結婚をした。妻・志帆とは同じ研究科で知り合った。先行き不透明で金も時間もない博士課程学生（後にポスドク）の男と一緒に暮らすことの苦労は計り知れないはずである。日頃の金目の処理はほとんど妻がした。また、息子が生まれる前は、「私はプロの編集者だから」と博論の原稿のすべてに目を通してくれ、息子が乳児から幼児になった現在は、平日の激務にもかかわらず土日祝日の息子の遊び相手を引き受け、筆者の研究時間を確保してくれている。現にこの「あとがき」も日曜日に書いている。妻への感謝は筆舌に尽くしがたく、言葉にした瞬間に陳腐になる。しかし、本書は妻なくしては出来上がらなかったのだから、本当にありがとうと伝えたい。

二〇二四年一一月　東京・阿佐ヶ谷の自宅にて

松谷昇蔵

人名索引

あ 行

か 行

さ 行

た 行

な　行

は　行

ま　行

や　行

わ　行

事項索引

※「文部省」「官僚制」などは頻出するため省略した。

あ・か 行

さ 行

た 行

な 行

は 行

ま・ら 行

《著者紹介》

松谷昇蔵（まつたに・しょうぞう）

1988年　神奈川県横浜市生まれ。

2023年　早稲田大学大学院文学研究科博士後期課程修了。博士（文学）。

現　在　日本学術振興会特別研究員 PD、東京大学先端科学技術研究センター特別研究員。

著　作　「明治中後期における文部官僚の欧米派遣――官僚のキャリアと政策課題」『日本歴史』904号、2023年９月。

「明治期教育雑誌における文部官僚の評価――『教育時論』・『教育報知』を中心に」早稲田大学史学会『史観』第184冊、2021年３月。

「西村茂樹と文部省・編輯局」日本弘道会『弘道』第1128号〔2020年９-10月〕・第1129号〔同年11-12月〕〈西村茂樹研究論文入選論文（最優秀）〉。

「文官高等試験実施初期における文部省の官僚任用――文部官僚像の再検討」『日本史研究』697号、2020年９月。

「官僚任用制度展開期における文部省――文部官僚と専門性」『史学雑誌』第126編１号、2017年１月、ほか。

Horitsu Bunka Sha

近代日本官僚制と文部省
――「非主要官庁」の人事と専門性

2024年12月20日　初版第１刷発行

著　者　松谷昇蔵

発行者　畑　　光

発行所　株式会社 法律文化社

〒603-8053
京都市北区上賀茂岩ヶ垣内町71
電話 075(791)7131　FAX 075(721)8400
https://www.hou-bun.com/

印刷：中村印刷㈱／製本：新生製本㈱

装幀：奥野　章

ISBN978-4-589-04371-9